JN267913

マクロ経済学演習

井堀 利宏 著

新世社

はしがき

　本書は，例題を中心にマクロ経済学の基本的な理論と政策，日本経済との関わりについて，体系的に解説したものである。読者は，例題形式の解説を通して，マクロ経済学の初歩的な理論を理解するとともに，日本経済や世界経済が直面するマクロ経済問題を議論することで，大学におけるマクロ経済学の入門レベルの講義や公務員試験などの試験問題とほぼ同程度の内容を，容易に学習することができるだろう。したがって，入門レベルのマクロ経済学を学ぶ学生のみならず，マクロ経済政策に関心のある社会人にも，興味のある内容となっている。

　本書は，各節ごとに，解説，例題，問題の3つの部分から構成されている。解説ではマクロ経済学の基礎的な知識が順に整理されており，例題では代表的で重要な問題が詳細に解き明かされている。節末の問題は，練習問題として読者の理解を確認するものであり，巻末にすべての解答例が用意されている。

　1990年代の日本経済は混迷した。景気対策と中心とするマクロ経済政策も，思うような効果を上げなかった。その理由は何だろうか。このようなマクロ経済の現実に直面して，マクロ経済学はいま新しい段階を迎えている。本書は，こうした最新の動きについても配慮した構成になっている。マクロ経済学にはいろいろなアプローチが混在している分だけ，入門書といえども，内容が難解なものが多い。一方で，マクロ経済問題や日本経済の現状解説に関するやさしい入門書も多く出版されている。大学で教えているマクロ経済学の内容と現実のマクロ経済の見方には，乖離も少なくない。そうした乖離を埋めるために，本書ではできるだけ簡単なマクロ・モデルを用いるとともに，その現実への適用についても理論的整合性を最大限に考慮している。

　本書では問題形式を活用することで，マクロ経済学の理論的な知識を読者が

自己点検することができるようになっている。読者は，小さな努力で大きな成果が期待できるだろう。さらに，新世社から公刊されている『入門マクロ経済学』を，本書と同時に活用することで，マクロ経済学の初歩的な原理と日本経済への応用をより十分に学ぶことができるだろう。章の構成は，『入門マクロ経済学』と同じであるから，それぞれの章で扱われているトピックのより詳しい説明は，『入門マクロ経済学』を併用することが有益であろう。

　なお，マクロ経済学のテキストでは，入門レベルのものであっても，数学の知識を前提とするものが多い。とくに，経済成長やインフレーションなど動学的なマクロ分析では，そうした傾向がみられる。本書は，数学の知識をいっさい前提としていない。比較的コンパクトな分量で，理論と現実のバランスのとれた演習書にすることができたと，著者は考えている。

　本書の企画および出版に関しては，新世社の小関清氏から多くの助力を得た。また，新世社編集部の御園生晴彦氏，稲田久美子氏には，原稿の編集や校正段階で大変お世話になった。厚くお礼申し上げたい。

　　2000年4月

井堀　利宏

　第5刷に際して，主に第1章・第4章を中心として最小限の内容更新を行った。
　　2010年6月

目　次

1　マクロ経済学とマクロ経済　1

1.1　マクロ経済学の課題　1
1.2　GDP の概念　7
1.3　わが国のマクロ指標　13

2　乗数モデル　17

2.1　調整メカニズム　17
2.2　家計の消費需要　21
2.3　財市場の均衡　27
2.4　租税と自動安定化装置　32
2.5　均衡予算乗数　37

3　IS–LM 分析　43

3.1　貨幣と流動性選好仮説　43
3.2　IS 曲線　50
3.3　LM 曲線　56
3.4　IS–LM 分析と総需要管理政策　61

4 財政金融政策 67

4.1 財政政策の効果 67
4.2 公債残高の資産効果 73
4.3 金融政策の効果 78
4.4 貨幣供給のメカニズムと金融政策 83

5 失業とインフレーション 91

5.1 総供給関数 91
5.2 総需要関数 99
5.3 一般物価水準の決定 103
5.4 インフレーションとフィリップス曲線 108
5.5 インフレ期待の導入 117

6 開放経済 125

6.1 国際収支と為替レート 125
6.2 固定レート制度：45度線のモデル 130
6.3 固定レート制度：*IS-LM* モデル 136
6.4 変動レート制度 140
6.5 2国モデルでの政策の効果 147
6.6 為替レートの変動 152

7 経済成長モデル 159

7.1 ハロッド・ドーマーのモデル 159
7.2 財政金融政策の効果 166
7.3 ソロー・モデル 172
7.4 成長会計と技術進歩 177

8 経済成長と貯蓄，投資 *181*

8.1 貯蓄決定のメカニズムと経済成長 *181*
8.2 高貯蓄の原因 *186*
8.3 投資決定のメカニズム *191*

9 内生的成長モデル *197*

9.1 成長モデルと資本の限界生産 *197*
9.2 *AK* モデルとその拡張 *202*
9.3 不平等と経済成長 *210*

10 マクロ・ダイナミックス *215*

10.1 景気循環 *215*
10.2 外生的循環モデル *219*
10.3 循環理論の発展 *225*
10.4 資産価格とバブル *231*

11 中立命題とマクロ政策の有効性 *237*

11.1 世代間再分配政策 *237*
11.2 政府支出拡大の乗数効果 *244*
11.3 新古典派モデルにおける財政金融政策 *250*
11.4 ニュー・ケインジアンの理論 *258*

12 マクロ経済政策と政策当局 *265*

12.1 ルールか裁量か *265*
12.2 マクロ政策と政党 *270*
12.3 政府の失敗 *276*

問題解答 *280*
索　引 *294*

例題一覧 （＊印のあるものは要約してあります。）

■第1章　マクロ経済学とマクロ経済

1.1　マクロ経済学の課題
　例題1.1　マクロ経済学の歴史について説明せよ　*3*
　例題1.2　マクロ経済学の有用性について，説明せよ　*5*

1.2　GNP，GDP の概念
　例題1.3　GNP と GDP の相違を説明せよ　*10*
　例題1.4　GNP の計算の際の二重計算の問題＊　*11*

1.3　わが国のマクロ指標
　例題1.5　物価指数を説明せよ　*14*
　例題1.6　GDP を分配面から説明せよ　*15*

■第2章　乗数モデル

2.1　調整メカニズム
　例題2.1　「一般理論」でケインズが主張したことはどれか＊　*18*
　例題2.2　ケインズ・モデルの説明として正しくないものはどれか＊　*19*

2.2　家計の消費需要
　例題2.3　消費関数，貯蓄関数，均衡所得に関する問題＊　*23*
　例題2.4　貯蓄関数と限界貯蓄性向，平均貯蓄性向等に関する問題＊　*25*

2.3　財市場の均衡
　例題2.5　45度線と総供給曲線，総需要曲線等に関する問題＊　*28*
　例題2.6　総需要曲線，消費関数，45度線に関する問題＊　*30*

2.4　租税と自動安定化装置
　例題2.7　均衡 GDP，消費量，可処分所得，税収，政府の収支を求める問題＊　*34*
　例題2.8　限界消費性向，限界投資性向，限界税率，政府支出に関する問題＊　*35*

2.5　均衡予算乗数
　例題2.9　消費関数と財政赤字，GDP に関する問題＊　*39*
　例題2.10　均衡 GDP と完全雇用 GDP に関する問題＊　*40*

■第3章 IS-LM 分析

3.1 貨幣と流動性選好仮説
例題3.1　貨幣供給が1200でGDPが4800とする。貨幣の流通速度はいくらか　*46*
例題3.2　貨幣供給の増加と債券価格と利子率に関する問題*　*47*

3.2 IS 曲線
例題3.3　限界消費性向が上昇すると，IS 曲線と乗数はどう影響されるか*　*52*
例題3.4　貯蓄関数，投資関数から IS 曲線を求める問題*　*54*

3.3 LM 曲線
例題3.5　貨幣需要と利子率，LM 曲線に関する問題*　*58*
例題3.6　流動性のわなのときに，LM 曲線はどのように描けるか　*59*

3.4 IS-LM 分析と総需要管理政策
例題3.7　所与のモデルから IS 曲線，LM 曲線，均衡所得，利子率を求める問題*　*62*
例題3.8　総需要管理政策に関する問題*　*63*

■第4章 財政金融政策

4.1 財政政策の効果
例題4.1　政府支出拡大の効果を，IS-LM 曲線の図を用いて説明せよ　*69*
例題4.2　クラウディング・アウト効果について，正しくないものはどれか*　*71*

4.2 公債残高の資産効果
例題4.3　資産効果を考慮すると，政府支出拡大のマクロ効果はどうなるか*　*75*
例題4.4　消費に対する資産効果とマクロ・モデルに関する問題*　*76*

4.3 金融政策の効果
例題4.5　LM 曲線がランダムなショックにさらされているときの金融政策*　*79*
例題4.6　LM 曲線のシフトに関する問題*　*81*

4.4 貨幣供給のメカニズムと金融政策
例題4.7　信用創造のメカニズムに関する問題*　*86*
例題4.8　銀行への預金の増加と貨幣供給に関する問題*　*87*
例題4.9　現金通貨と預金通貨に関する問題*　*88*

■第5章 失業とインフレーション

5.1 総供給関数
例題5.1　総供給関数に関する問題*　*94*
例題5.2　労働者の賃金，物価に対する期待を明示して，総供給関数を導出せよ　*96*

5.2 総需要関数
例題5.3　内生的な政府支出政策と総需要曲線の傾きに関する問題*　*100*
例題5.4　投資関数，消費関数，貨幣需要関数から総需要曲線を求める問題*　*101*

5.3 一般物価水準の決定
例題5.5　総需要曲線と完全雇用 GDP，物価水準，物価，GDP に関する問題*　*104*

例題5.6　総供給曲線と総需要に関する問題*　106
5.4　インフレーションとフィリップス曲線
　　例題5.7　フィリップス曲線の意味に関する問題*　112
　　例題5.8　インフレの上昇をもたらす政策の組合せに関する問題*　114
5.5　インフレ期待の導入
　　例題5.9　フリードマンの論議に関する問題*　120
　　例題5.10　インフレ期待と総需要刺激政策の長期的な効果に関する問題*　122

■第6章　開放経済

6.1　国際収支と為替レート
　　例題6.1　1996年に大幅に改訂された国際収支表について説明せよ　127
　　例題6.2　対外資産負債残高表について，説明せよ　128
6.2　固定レート制度：45度線のモデル
　　例題6.3　消費関数と純輸出関数と均衡予算乗数に関する問題*　132
　　例題6.4　輸入関数と貿易赤字，貿易黒字に関する問題*　134
6.3　固定レート制度：IS-LM モデル
　　例題6.5　中央銀行の為替レート維持のための金融政策に関する問題*　138
6.4　変動レート制度
　　例題6.6　純輸出と利子率に関する問題*　142
　　例題6.7　資本移動が不完全な変動レート制度でのマクロ政策効果に関する問題*　144
　　例題6.8　完全雇用モデルと金融政策の効果に関する問題*　145
6.5　2国モデルでの政策の効果
　　例題6.9　GDP を通じる2国間での相互依存効果を説明せよ*　149
　　例題6.10　政策協調について説明せよ　150
6.6　為替レートの変動
　　例題6.11　Jカーブ効果について説明せよ　155
　　例題6.12　円安の結果として，もっともらしいのはどれか*　156

■第7章　経済成長モデル

7.1　ハロッド・ドーマーのモデル
　　例題7.1　投資の2面性について説明せよ　162
　　例題7.2　ナイフの刃について説明せよ　163
7.2　財政金融政策の効果
　　例題7.3　適正成長率を求める問題*　168
　　例題7.4　財政政策は適正成長率にどのように影響するか*　169
7.3　ソロー・モデル
　　例題7.5　ソロー・モデルについて，正しいものはどれか*　174
　　例題7.6　ソロー・モデルでの体系の安定性について説明せよ　175

7.4　成長会計と技術進歩
例題7.7　成長会計の仕組みを説明せよ　*178*
例題7.8　わが国の成長会計の特徴を説明せよ　*179*

■第8章　経済成長と貯蓄，投資

8.1　貯蓄決定のメカニズムと経済成長
例題8.1　消費関数，恒常所得等に関する問題*　*183*
例題8.2　短期と長期の消費関数の相違について説明せよ　*184*

8.2　高貯蓄の原因
例題8.3　貯蓄美徳仮説を経済学の立場で説明せよ　*188*
例題8.4　21世紀のわが国の貯蓄率はどうなるか　*189*

8.3　投資決定のメカニズム
例題8.5　ケインズ的な投資関数を説明せよ　*194*
例題8.6　トービンの q 理論を説明せよ　*195*

■第9章　内生的成長モデル

9.1　成長モデルと資本の限界生産
例題9.1　成長の前提として必要不可欠なものはどれか*　*199*
例題9.2　国際的な成長率の格差について説明せよ　*200*

9.2　AK モデルとその拡張
例題9.3　AK モデルについて説明せよ　*205*
例題9.4　公共投資と経済成長率との関係を説明せよ　*207*
例題9.5　日本の所得格差は，長期的にどのように変化してきたか　*211*
例題9.6　経済成長と経済厚生の改善の両立に関する問題*　*212*

■第10章　マクロ・ダイナミックス

10.1　景気循環
例題10.1　わが国の景気循環について，説明せよ　*217*

10.2　外生的循環モデル
例題10.2　景気循環を投資との関係で説明せよ　*221*
例題10.3　景気循環の振幅を小さくする政策に関する問題*　*222*

10.3　循環理論の発展
例題10.4　景気循環と総需要曲線，総供給曲線に関する問題*　*227*
例題10.5　内生的な景気循環モデルについて説明せよ　*228*

10.4　資産価格とバブル
例題10.6　1980年代後半のわが国のバブル経済について説明せよ　*233*
例題10.7　合理的なバブルの理論について説明せよ　*234*

■ 第11章 中立命題とマクロ政策の有効性

11.1 世代間再分配政策
　例題11.1　バローの中立命題について説明せよ　240
　例題11.2　財政赤字と世代会計の関係について，説明せよ　242

11.2 政府支出拡大の乗数効果
　例題11.3　新古典派モデルでは，実質GDPの減少はどのような理由で生じるか*　247
　例題11.4　新古典派モデルの説明に関する問題*　248

11.3 新古典派モデルにおける財政金融政策
　例題11.5　公債のクッション政策について説明せよ　252
　例題11.6　財政運営と公債のクッション政策に関する問題*　254
　例題11.7　予想外の拡張的な金融政策の短期的な効果に関する問題*　255

11.4 ニュー・ケインジアンの理論
　例題11.8　合理的期待形成に関する問題*　260
　例題11.9　効率的賃金仮説について説明せよ　261

■ 第12章 マクロ経済政策と政策当局

12.1 ルールか裁量か
　例題12.1　経済成長と財政赤字，利子率に関する問題*　267
　例題12.2　動学的不整合性について説明せよ　268

12.2 マクロ政策と政党
　例題12.3　政党の目的について説明せよ　272
　例題12.4　政策の収束について説明せよ　273
　例題12.5　党派的景気循環について説明せよ　274

12.3 政府の失敗
　例題12.6　景気対策に政府が失敗する理由を説明せよ　277
　例題12.7　1990年代以降のわが国マクロ政策の課題について説明せよ　278

1 マクロ経済学とマクロ経済

この章では，マクロ経済学がどのような経済対象を分析する経済学であるのかを解説する。また，マクロ経済の指標としてもっとも基本的な概念であるGNP，GDPについて，その特徴を整理する。

KEY CONCEPTS

●1.1 マクロ経済学の課題

[1] 大きな経済問題

経済学は，大きく分類すると，ミクロ経済学とマクロ経済学とからなる。

マクロ経済学は，個別の経済活動の共通点をまとめて，それを集計された大きな経済活動として捉えて，全体としての経済活動の指標として何が望ましいか，また，その指標の水準や変動はどのようにして起きるのかという，一国全体に関する経済問題を扱う。

例題1.1　具体的には，
- 国民経済全体としての経済活動
- 雇用
- 資本蓄積
- 物価水準，インフレーション
- 一国全体の経済活動をより活発にし，雇用を促進し，成長を刺激し，インフレを抑制するための政策
- 政策当局の行動

などを考える。

このような景気や雇用，成長，インフレなどという問題を広い視点から分析するのが，マクロ経済学の課題である。

[2] 一般均衡分析

▶ **一般均衡分析**：経済全体がどのように動いているのかについて，モデルのなかですべてを一般的に説明しようとする立場。

▶ **部分均衡分析**：ある限定された経済問題に対象をしぼって，その他の経済環境を一定と考えて部分的な分析を進めようとする立場。

国民経済全体を分析の対象とするマクロ経済学の理論的な枠組みは，一般均衡分析である。これは，完結したモデルを用いて，集計された経済変数（GDP，GNP，インフレ率など）の動きをそのモデルのなかで説明するアプローチである。

[3] ミクロ的基礎と市場の不完全性

マクロ経済学には，大きく分けると2つの考え方がある。

▶ **ケインズ・モデル**：経済主体はそれほど合理的でもないか，あるいは合理的に行動しようとしても，情報収集のコストなどを考慮すると，それほど合理的には行動していないと考える。

▶ **新古典派モデル**：経済主体の合理性を最大限に考慮する。ミクロ経済学の応用としてマクロの問題を分析することで，1つの首尾一貫した論理構成をもった分析用具が構築される。

例題1.2　短期的には，ケインズ・モデルの方がより現実的であり，長期的には，新古典派モデルの方がより現実的である。すなわち，不況，失業問題などの短期的な現象とみられる経済分析では，ケインズ・モデルが有益であり，経済成長などの長期的な現象とみられる経済分析では，新古典派モデルが有益であろう。

例題1.1

マクロ経済学の歴史について説明せよ。

　マクロ経済学は，1930年代の大不況を背景として公刊されたケインズ（Keynes, John M. 1883-1946）の『一般理論』（正式には『雇用・利子および貨幣の一般理論』）から出発している。以下の各章でも説明するように，この本のなかでケインズは市場メカニズムが完全ではなく，総需要が不足するために非自発的失業が生じることを指摘し，有効需要の原理や乗数などマクロ経済学の基本的な概念を導入した。政府が適切に財政政策を発動することで，失業を減少させることができるという政策的な含意も強調した。

　その後，国民経済全体の経済活動を表すマクロ指標である国民総生産（GNP）や国内総生産（GDP）の概念が整備され，実際にも国民経済計算として使用されるようになるとともに，一国全体の経済活動水準がどのように決まるのか，一国全体としての失業率やインフレ率，経済成長率はどのように決まるのか，また，それらを政策的に操作することは可能かどうかについて，活発な研究が行われて，マクロ経済学は発展してきた。

　まず，ヒックス（Hics, John R. 1904-1989）は『一般理論』の理論的な枠組みを IS-LM 分析というきわめて明快なモデルを用いて提示した。このモデルがケインズの経済学を適切にモデル化しているかどうかについては，議論の余地もあるが，IS-LM の枠組みによってマクロ経済学が飛躍的に広まったことはたしかである。その後，インフレーションなどの問題を扱うために，「新古典派総合」というモデルの拡張がサムエルソン（Samuelson, Paul A. 1915-2009）などによって行われ，マクロ経済学はミクロ経済学とともに，経済理論の重要な一分野となった。また，1960年代には財政金融政策を適切に用いることで，インフレなき完全雇用を実現することが可能とされた。

　しかし，1970年代後半のスタグフレーション（インフレーションと不況の同時進行）に対して，それまでのケインズ的なマクロ経済学は有効な解決策を提示できなかった。フリードマン（Friedman, Milton 1912-2006）やル

ーカス（Lucas, Robert E. Jr. 1937- ）などによって，インフレ期待の変化に注目して合理的期待形成をマクロモデルに取り入れる試みが行われ，新古典派的なマクロ経済学が発展した。その後は，ニュー・ケインジアンなどミクロ的な最適化行動を前提としたマクロ経済学がさまざまな形で研究され，また，定量的なマクロ・モデルによるシミュレーション分析も活発に行われている（図1-1）。

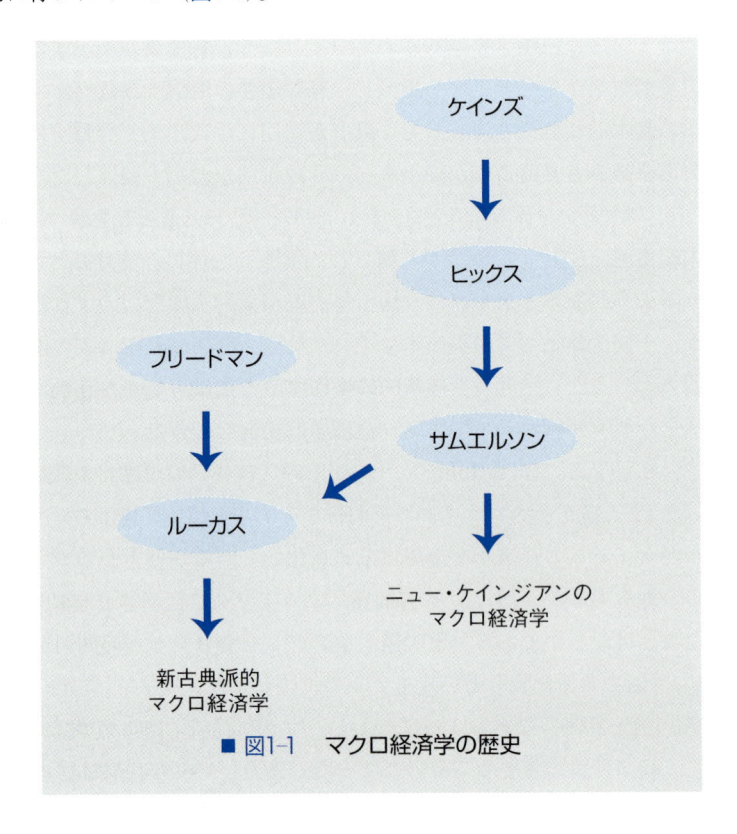

■ 図1-1　マクロ経済学の歴史

例題1.2

マクロ経済学の有用性について，説明せよ。

　マクロ経済学は一国全体の経済活動を対象とするから，マクロ経済学の有用性も一国全体の経済活動の大きさを分析することの経済的な有用性に関係している。たとえば，それぞれの企業や家計個人個人のレベルでは，景気の良い場合も悪い場合もあり，さまざまである。しかし，それぞれの経済活動は相互依存の関係にあるから，多くの場合，人々や企業の経済活動は同じように動いている。

　国民経済全体が好況であり，生産活動が総じて活発であるとしよう。人々の所得も増加し，働きたいと思っている人は職をみつけることが容易であり，企業の投資行動も旺盛で，経済的には望ましいといえるだろう。逆に，国民経済全体が不況であり，生産活動が総じて不活発であるとすれば，人々の所得はあまり増加せず，働きたいと思っている人も容易には職をみつけることができず，企業の投資活動も低迷している。こうした状況は，経済的に好ましくないだろう。

　このような意味で国民経済全体としてどの程度の活動水準にあるのかを把握することは，その国の経済活動のパフォーマンスを判断する上で重要なポイントである。マクロ経済学の有用性の第1は，そうした判断の指標，つまり，国民総生産（GNP）や国内総生産（GDP）の大きさを与える点にある。これは，国民経済の発展の度合いあるいは経済的満足度の水準を判断する有益な指標でもある。

　また，どのようにして国民所得が決まるのかをモデルを用いて分析することで，たとえば不況の場合にどのような政策で経済活動全体をより活発にすることができるのかを，議論することも可能になる。これが，マクロ経済学の第2の有用性である。

問 題

◆1.1 以下の（ ）に適当な用語を入れよ。
　経済全体がどのように動いているのかについて，その相互依存関係をモデルですべて説明しようとするのが，（ ）均衡分析である。また，ある限定された問題を取り上げて，その他の経済環境を一定とみなして議論をするのが，（ ）均衡分析である。

◆1.2 以下の文章のなかで正しいものはどれか。
（ア）一国全体のインフレや失業はミクロ経済学の分析対象である。
（イ）ある産業や特定の企業を対象としても，雇用や失業の問題を分析するかぎり，マクロ経済学が有益である。
（ウ）ケインズ・モデルはミクロ経済学の代表的なモデルである。
（エ）新古典派のマクロ・モデルは，ケインズ・モデルほどにはミクロ的基礎を重視しない。
（オ）最近のマクロ経済学では，ミクロ的な基礎を重視する傾向が強くなってきた。

◆1.3 マクロ経済学の分野でノーベル賞を受賞したのは，以下のうち誰か。
（ア）ハロッド
（イ）ドーマー
（ウ）バロー
（エ）フィッシャー
（オ）ルーカス

（→解答はp.280）

●1.2 GDP の概念

［1］ GDP の定義

　ある国の一国全体での国内総生産（**GDP**；Gross Domestic Product）は，ある一定期間（たとえば1年間）にある国内で新しく生産された財やサービスの付加価値の合計である。

例題1.3
　以前は，国民（居住者）が，国の内外を問わず稼いだ付加価値の合計である，国民総生産（GNP；Gross National Product）が用いられたが，1つの国の経済活動については GDP のほうがより適切な指標であるので，90年代に入ってからは GDP が用いられている。（外国との間で居住地を変更するような人の動きがなければ，どちらの概念も同じである。）

［2］ GDP の概念：3つの注意点

- GDP はある一定期間というフローの概念である。
- 付加価値の生産とは，企業などの生産者が生産活動によってつくり出した生産額から，その企業などの生産者が購入した原材料や燃料などの中間投入物の金額を差し引いたものである。
- 付加価値を合計するときには，(1) 純額で計算するのか，(2) 粗の額で計算するのかの2通りがある。純額で計算する場合は，生産に使われる機械などの資本ストックに対して，その減耗分を控除して計算する。生産に際して機械を使うと，それだけ磨耗し，機械の価値が減少するので，その減耗分を差し引くのである。

　国民総生産を純額で測ろうとしても，実際には，客観的な評価が難しい。機械の減耗を差し引かない粗の額で国民総生産を測れば，減耗を評価するという難しい仕事は回避できる。
　一般に，国内総生産（GDP）という場合には，「粗」の額で，また，国内純生産（NDP）という場合には，何らかの間接的方法で推計した減価を差し引いて，「純」の額で測ったものを用いている。

例題1.3

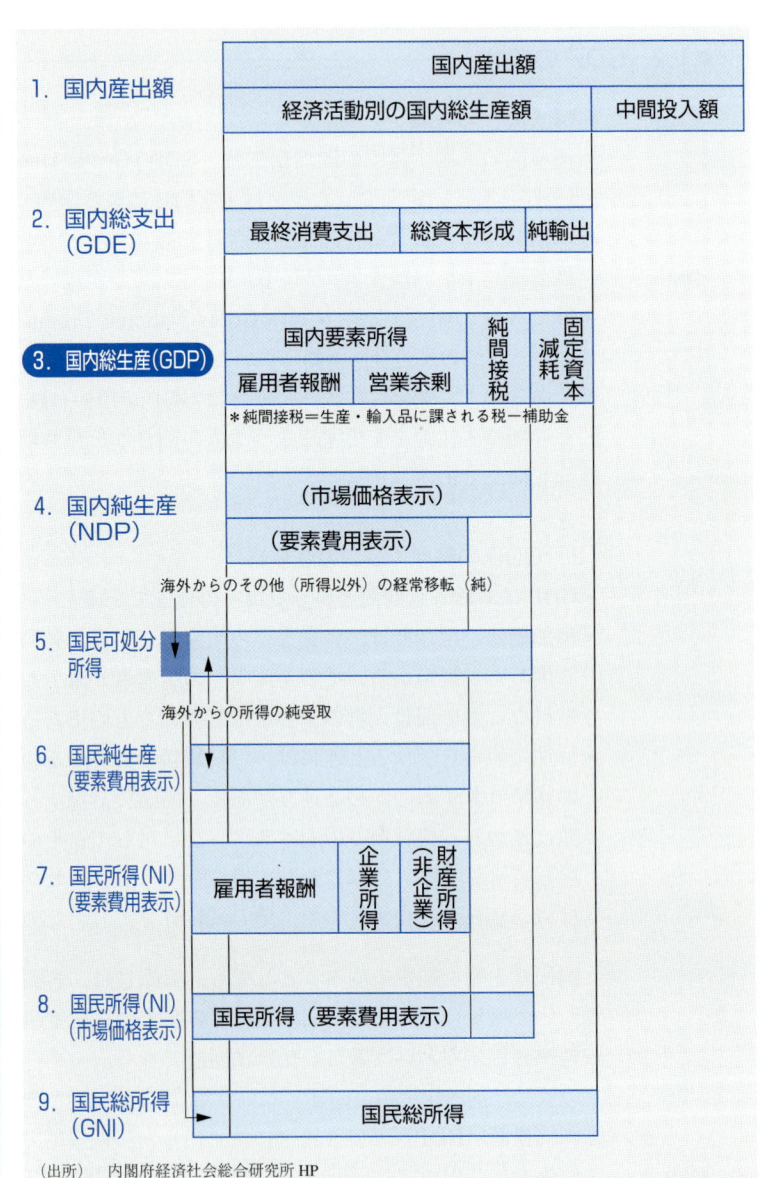

	国内産出額				
1. 国内産出額	経済活動別の国内総生産額				中間投入額
2. 国内総支出（GDE）	最終消費支出	総資本形成	純輸出		
3. 国内総生産(GDP)	国内要素所得		純間接税	固定資本減耗	
	雇用者報酬	営業余剰			

＊純間接税＝生産・輸入品に課される税－補助金

4. 国内純生産（NDP）	（市場価格表示）	
	（要素費用表示）	

海外からのその他（所得以外）の経常移転（純）

5. 国民可処分所得		

海外からの所得の純受取

6. 国民純生産（要素費用表示）			
7. 国民所得(NI)（要素費用表示）	雇用者報酬	企業所得	財産所得（非企業）
8. 国民所得(NI)（市場価格表示）	国民所得（要素費用表示）		
9. 国民総所得（GNI）	国民総所得		

(出所) 内閣府経済社会総合研究所HP

■ 図1-2　GDPとその他の指標の関係

[3] GDPに含まれないもの

　市場で取引されないために、国内総生産を測る際に含まれないものもある。家庭内での掃除、洗濯、料理などの労働サービスがその代表例である。

　家事サービスは、市場で取引されない家庭のなかのことなので、その付加価値を測定するのは困難である。

　さらに、土地の値上がりによる売却益（キャピタル・ゲイン）も、新しく生産活動の結果生み出された付加価値ではないから、GDPには含まれない。

[4] 間接的推計

　市場で取引されなくても、何らかの便法を用いて、その経済的な活動を国民総生産、国内総生産の計算に反映させるものも多い。
- 政府の付加価値。
- 自家消費の取扱い。

　自家消費とは、農家などが自分のところで生産したものを市場に出さないで、自分で消費することである。

[5] 3面等価の原則

　生産されたものは、誰かに分配され、誰かの所得になるし、何らかの形で使われるはずである。したがって、国内総生産には3面等価の原則があてはまる。

▶ **3面等価の原則**：国内総生産を生産面からみても、分配面からみても、支出面からみても、すべて等しい。

[6] GDPの規範的意味

　国内総生産は、その期間にどれだけ新しく経済的な価値が増加したかを示す指標であるから、これが大きいほど一般的には望ましい。しかし、国内総生産が上昇すれば、すべての面でよくなるとはいえない。市場で取引されないものは、国内総生産のなかには入っていない。とくに、公害に代表されるマイナスの生産活動は、考慮されていない。

例題1.3

GNPとGDPの相違を説明せよ。

GDPは国内総生産であり，GNPは国民総生産である。1つの国を地理的な領土としてとらえる場合が国内という概念であり，6か月以上居住している個人に注目してとらえる場合が国民という概念である（国籍のいかんを問わない。2年以上国外に居住する個人は非居住者とされる）。いいかえると，GDPはある国（たとえば日本）の領土内での総生産であり，GNPは日本の居住者（基本的には日本人）が行った総生産である。

したがって，日本のGDPには日本人が海外で稼いだ付加価値は含まれないが，外国人が日本で稼いだ付加価値は含まれる。逆に，日本のGNPは日本人が外国で行った生産活動も含まれる。財サービスが国境を越えて移動することだけでは，つまり，輸出輸入が単に拡大しても，GNPとGDPの乖離は生じない。人々が国境を越えて移動することで，はじめてこの2つの概念に差が生じる。

いいかえると，GDPとGNPの間には，次のような関係がある。

GDP＝GNP－海外からの要素所得の受け取り
　　　　　＋海外への要素所得の支払い

「国内」と「国民」との差は，経済活動が国際的に相互依存するようになったために，重要になってきている。90年代以前はGNPの方が一般的に用いられてきたが，最近ではGDPを用いる方が一般的である。

ちなみに，国民総所得（Gross National Income；GNI）とは，一国全体を所得の面から捉えたものであり，概念的には，各制度部門別の「第1次所得の配分勘定」のバランス項目である「第1次所得バランス（総）」（第1次所得の受取マイナス支払の総額）を合計したものである。生産でなく所得の測度ではあるが，数値的には，従来からの国民総生産（GNP）に相当する。この関係を図示したのが，8頁の図1-2である。

例題1.4

GDPを計算する際に，二重計算を回避するために有効な方法は次のうちどれか。

（ア）すべての市場で取引された財・サービスの金額を計算する。
（イ）GDPデフレーターを用いて実質化する。
（ウ）中間財の金額を計算する。
（エ）生産のそれぞれの段階で付加価値を計算する。
（オ）小売り段階で財の売り上げ金額のみを計算する。

答え：（エ）

　国内総生産は，ある一定の期間のうちにどの程度国民経済にとって利用可能な資源が増加したかを表す。したがって，各経済主体がどの程度新しく資源を増加させたかを示すものである。付加価値はそれぞれの経済主体がその生産活動によって，新しくつけ加えた価値のことであるから，単純にそれぞれの企業の生産額を合計することはできない。なぜなら，そのなかにはすでに他の経済活動によってつくられた財・サービスも含まれているからである。

　　　　付加価値総額＝生産物価値－中間財金額

（ア）は，すべての財・サービスを合計するものであるから，中間財の取引も含む付加価値以上の金額を求めている。（イ）は名目GDPから実質GDPを求める際には必要な計算である（例題1.5参照）が，二重計算の回避には直接かかわらない。（ウ）は最終財の付加価値の計算には対応していない。（オ）も最終財の付加価値以上の金額を求めている。

　なお，中間財とは，最終生産物ではなく，生産過程の構成物として必要な財である。たとえば，ガラス，鉄鋼，塗料などは，最終的に完成された自動車本体に含まれているから，自動車産業における中間財の投入である。

問 題

◆1.4 国民所得の概念から民間部門の可処分所得を計算する際に、以下の作業のうちで必要なものはどれか。
（ア）間接税を引く。
（イ）利子配当を引く。
（ウ）政府からの移転を引く。
（エ）所得税を引く。
（オ）社会保険料負担を足す。

◆1.5 国内総生産（GDP）と国内総所得（GDI）が一致するという関係は、以下のどれを意味するか。
（ア）所得，賃金，利子，地代が生産要素への支払いに等しい。
（イ）国民所得の成長にはGDPデフレーターの変化を考慮すべきである。
（ウ）最終生産に対する支出は最終生産からの所得に等しい。
（エ）家計の所得が国内純生産（NDP）に等しい。
（オ）GDPは経済成長や停滞の指標として有用である。

◆1.6 国民経済計算上の純投資（NNI）がゼロであるとすれば、以下のどれを意味するか。
（ア）投資がゼロである。
（イ）資本ストックが変化しない。
（ウ）新規の投資が資本減耗を上回った。
（エ）新規の投資が資本減耗以下であった。
（オ）資本の生産性が上昇した。

◆1.7 国民所得を計算する際に問題となる付加価値の二重計算に関する以下の文章のうちで、正しいものはどれか。
（ア）二重計算は、最終財の購入のみを国民所得に含めることで、避けられる。
（イ）二重計算は中間財の購入に関連して生じるものであり、付加価値は生産のそれぞれの段階における労働費用の合計に対応している。
（ウ）国民所得勘定では、二重計算は問題にならない。
（エ）二重計算も付加価値の計算も、国民所得勘定では避けるべきである。
（オ）上のどれも誤りである。

（→解答はp.280）

1.3 わが国のマクロ指標

最後に代表的な集計された経済変数のいくつかについて、わが国の指標を国際比較してみよう。

GDPの大きさで比較すると、国際的にもわが国の経済活動は無視できないほど大きな規模を占めている。

表1-1で産業別の総生産の構成比でみると、第1次産業の比率は極端に小さく、また、第2次産業の比率もそれほど大きなものではない。もっとも大きな規模を占めているのは、第3次産業であり、なかでもサービス産業の比重が年々増加する傾向にある。

■ 表1-1 産業別総生産の構成比（％）

年	1950	1965	2000	2008
第1次産業	26.0	9.5	1.7	1.4
第2次産業	31.8	10.1	28.5	25.5
第3次産業	42.2	50.3	69.8	73.1

表1-2は、GDPの構成を消費、投資、政府支出に分けて、その推移をみたものである。わが国は、他の先進諸国と比較すると、政府最終消費支出の割合が小さく、その分だけ国内総固定資本形成（＝投資）の割合が大きい。

■ 表1-2 GDP（支出側，名目）の構成比（％）

年	1995	2000	2005	2008
民間最終消費支出	55.1	56.2	57.0	57.8
政府最終消費支出	15.2	16.9	18.1	18.5
国内総固定資本形成	27.9	25.2	23.3	23.3
純輸出	1.4	1.5	1.4	0.1

例題1.5

物価指数を説明せよ。

　GDPは一国全体の生産活動の水準を指標にしたものであるが，一国全体の物価水準を指標化するものが，**物価指数**である。物価指数としては，**消費者物価指数**と**企業物価指数**がある。前者は消費財から構成される物価指数であり，後者は原材料や輸入・輸出財など企業の生産活動に用いられる財から構成される物価指数である。また，**GDPデフレーター**という物価指数もある。これは各年の生産物をその年の市場価格で評価して算出した名目GDPと物価変動の影響を取り除いて算出した実質GDPの比率として計算される物価指数であり，名目GDPが実質GDPよりも大きな率で上昇すれば，GDPデフレーターがその差の率で上昇したとみなすことになる。

　消費者あるいは家計の消費行動にとってもっとも身近な物価指数は，消費者物価指数である。この指数が上昇するとき，家計は消費財サービスの価格が上昇して，インフレが進行していると感じる。企業にとっては卸売物価指数も重要な価格指数となる。生産活動をするのに中間財の購入は不可欠であるが，その際に問題となるのは消費財ではなく，生産財である。GDPデフレーターは，消費財の価格も生産財の価格もともに考慮した物価指数であり，一国全体の物価の変動をまとめて指標化する際には，もっとも適切な指数といえる。

　なお，たとえば1970年（基準年）と比較して2000年（当該年）の物価がどれだけ変化したかを計算する方法として，**ラスパイレス指数**と**パーシェ指数**がある。ラスパイレス指数では，「基準年と同じ財を同じ量だけ当該年にも購入するとすれば，当該年の購入金額が基準年と比較してどれだけ変化するか」をみる。パーシェ指数では，「当該年と同じ財を同じ量だけ基準年にも購入するとすれば，基準年の購入金額が当該年と比較してどれだけ変化するか」をみる。通常は，当該年が変わってもウェイトを変える必要のないラスパイレス指数の方がよく用いられている。

例題1.6
GDP を分配面から説明せよ。

　国内総生産（GDP）から固定資本減耗を差し引いたものが国内純生産（NDP）である。これは，雇用者報酬，営業余剰，間接税－補助金，統計上の不都合に分類される。雇用者報酬は勤労者の所得に加えて，個人企業主や会社企業の役員の給与・俸給も含まれている。営業余剰には，株式配当，社債・借入金利息，企業所得などが含まれている。雇用者報酬と営業余剰を加えたものが，要素表示の国民所得であり，これに（間接税 － 補助金）を加えたものが，市場価格表示の国民所得である。

　NDPやGDPは市場価格で評価されているため，間接税を支払う消費者あるいは購入者が市場価格でその財を購入するなかに，税負担も含まれている。それを生産者あるいは販売者が事後的に政府に納付する。いいかえると，（間接税 － 補助金）は政府部門の所得＝収入になる。これに，雇用者所得と営業余剰に配分された後で直接税として政府が手にするものが，政府部門の所得の合計になる。

　2008年では，GDPはおよそ505兆円，NDPはおよそ397兆円である。（間接税－補助金）はおよそ40兆円，雇用者報酬がおよそ264兆円，営業余剰がおよそ84兆円という数字になっている。要素表示の国民所得と雇用者報酬の比率を，労働分配率という。わが国ではほぼ70％程度である。

■ 表1-3　労働分配率（％）

年	1990	1995	2000	2005	2008
労働分配率	67.0	72.9	73.4	70.2	72.4

問題

◆1.8 ある経済における1999年の名目GDPが200兆円で2000年には210兆円であったとする。また，物価水準が1999年に120で2000年に126であったとする。実質GDPは1999年と2000年を比較すると，どう変化したか。

◆1.9 物価指数が1年間に324.3から327.7に上昇したとする。物価水準はどれだけ変化したか。

◆1.10 以下の現象のなかで，実質GDPの減少を説明できるものはどれか。
（ア）生産された財の減少による付加価値の低下。
（イ）一般物価水準の上昇。
（ウ）生産された財の減少による付加価値の減少と一般物価水準の上昇。
（エ）（ア）か（イ）のどれでも説明可能。
（オ）（ア）（イ）（ウ）のどれでも説明可能。

◆1.11 1999年から2000年で名目GDPが500兆円から550兆円に増加し，また，物価水準が100から110へと上昇したとしよう。実質GDPはどのように変化したか。

◆1.12 1990年から2000年までに10年間に，かりに日本のGDPが3％上昇し，また，人口が2.4％上昇したとする。この期間全体で1人あたりのGDPはどれだけ増加したか。

（→解答はp.280, 281）

乗数モデル

この章では，ケインズ・モデルのもっとも基本的な考え方である有効需要の原理を説明する。ここでは，マクロ経済学としてもっとも単純なモデル（＝財市場での均衡条件のみを考慮する45度線の乗数モデル）を取り上げ，このモデルを用いて，マクロ経済政策の効果について分析を進めていく。

KEY CONCEPTS

● 2.1 調整メカニズム

[1] 価格調整か数量調整か

▶ **ケインズ経済学の基本的な立場**：需要と供給との差を調整するのは，価格ではなく数量である。

　──→価格の調整スピードが遅く，需要と供給の調整は，短期的には数量による。

例題2.1

[2] 需要とケインズ経済学

ケインズ経済学では，生産能力に余裕があり，現在の価格水準のもとでは，いくらでも需要があるだけ生産するのが企業にとって採算上有利である状況を想定している。価格の調整スピードは短期的に遅く，また，企業の生産能力があり余っている不況期にあてはまる。

　──→財市場において総需要がどう決まるかが最大の問題となる。

とくに，本章で展開するような単純なモデル（＝45度線の乗数モデル）では，財に対する各経済主体（家計，企業，政府）の需要が，国民所得を決定する要因である。

例題2.2

例題2.1

『一般理論』で，ケインズが主張したことはどれか。
（ア）経済は自動的に完全雇用均衡に到達する。
（イ）失業があれば，インフレが起きやすい。
（ウ）不完全雇用の均衡に経済は陥りやすい。
（エ）利子率は重要ではない。
（オ）物価と賃金が伸縮的であれば，失業は消滅する。

答え：（ウ）

　ケインズは理論的にはマクロ経済学の基礎を築き上げ，さらに現実面でも彼の議論は大きな影響をもたらした。イギリスのケンブリッジに生まれ，インド省，ケンブリッジ大学，大蔵省などに勤務した。その主要な業績としては，有効需要の原理，流動性選好の理論，乗数理論，貨幣価値に関する基本方程式などがある。また，第1次世界大戦後の大蔵省の首席代表として，ドイツの賠償金問題にかかわり，国際収支や通貨制度でも大きな業績がある。著書には，『確率論』(1921年)，『貨幣論』(1930年)，『雇用・利子および貨幣の一般理論』(1936年) などがある。

　『一般理論』はマクロ経済が不完全雇用均衡になりやすいことを説明している。それまでの古典派経済学では，短期的に労働者が失業したり，企業の設備が遊休したりすることは認めても，それは一時的な現象であるとされた。財の価格や労働者の賃金が十分に調整されれば，失業や設備の遊休も解消されるはずであると考えた。これに対して，ケインズは，価格や賃金の調整には限界があり，失業は長期的にも解消しないことを主張した。さらに，完全雇用を実現するには，市場メカニズムを通じた賃金の調整よりも，政府による財政政策の方が有効であることを指摘した。

　失業があれば，賃金の上昇圧力は大きくならないから，インフレ圧力は生じない。また，ケインズは財政政策を不況対策の政策手段として重視したが，利子率や金融的な側面が無視されているわけではない。むしろ，『一般理論』では，貨幣需要と利子率との関係を分析することで，なぜ不況期に金融政策が有効ではないかを議論している。

> **例題2.2**
>
> ケインズ・モデルの説明として正しくないものはどれか。
> （ア）失業対策と総需要の不足問題を分析している。
> （イ）均衡での所得や雇用が完全雇用水準以下になることを示している。
> （ウ）均衡所得水準では，意図する投資と貯蓄が等しくなることを示している。
> （エ）賃金が上方にも下方にも伸縮的であることを想定している。
> （オ）税金が経済に与える効果と補助金が経済に与える効果とは，逆になることを示している。

答え：（エ）

　総需要が不足することによる失業への対策は，ケインズ・モデルの最大の関心である。それを説明するために，均衡での所得や雇用が完全雇用水準以下になることを示している。そして，こうした議論の前提となるのが，均衡国民所得の決定メカニズムである。どういう条件の下で，財市場を均衡させる所得＝生産量が決まるのか，とくに，不完全雇用でも均衡するのかを説明している。ケインズ・モデルでは，賃金の調整に関して限界があることを想定している。すなわち，ケインズ・モデルにおける通常の想定では，賃金は下方には下がりにくい（下方硬直的である）とされている。その結果，労働市場では労働需要に応じて雇用量が決まる。総需要が不足すれば，労働需要も小さくなり，失業が生じる。

　さらに，不完全雇用での均衡所得を増加させるには，どのような政策的対応が必要かも議論している。財政政策の代表的なものは，政府支出の拡大である。それとほぼ同様な効果をもつのが税金の減額である。また，補助金を民間部門に支給することは，税金を減額するのと同じ効果をもっている。こうした減税や補助金の増額がどの程度均衡所得を増加させるのかも，ケインズ経済学の関心事である。

問題

◆2.1 次の（ ）のなかに適当な言葉を入れよ.
ケインズ・モデルの基本的な立場では，需要と供給の乖離を調整するのが，（ ）ではなくて，（ ）である．これは，（ ）期にあてはまる考え方である．

◆2.2 次の経済変数のなかで，ケインズ・モデルによるマクロ経済学であまり問題としないものはどれか．
（ア）国内総生産
（イ）失業率
（ウ）利子率
（エ）為替レート
（オ）地価

◆2.3 以下の文章のなかで正しいものはどれか．
（ア）ヒックスはケインズ・モデルを拡張して，経済成長の標準的なモデルをつくった．
（イ）サムエルソンはケインズ・モデルを批判して，新古典派の新しいモデルをつくった．
（ウ）フリードマンはケインズ・モデルを批判して，マネタリストの考え方を広めた．
（エ）トービンはケインズ・モデルを拡張して，貨幣的な要因を重視した．
（オ）ルーカスはケインズ・モデルを拡張して，新古典派総合の標準モデルをつくった．

（→解答はp.281）

● 2.2 家計の消費需要

［1］消費関数

家計の消費需要の決定メカニズムを定式化したのが消費関数である。

財市場で生産される国民総生産，あるいは，（分配面からみた）国民所得の大きさを Y で表す。いま，家計の消費 C が次のように決まるとしよう。

$$C = c_0 + c_1 Y$$
$$c_0 > 0,\ 0 < c_1 < 1$$

これは，消費を所得に依存させて説明しようとする試みであり，消費関数と呼ばれている。

例題2.3

---消費関数の性質---
- 消費は所得の増加関数である。
- Y が1円増加しても，C は c_1 円しか増加しない。

▶ **限界消費性向 c_1**：所得が限界的に1単位増加したときの消費の限界的な増加分：$\dfrac{\Delta C}{\Delta Y}$

▶ **限界貯蓄性向 $1-c_1$**：所得が限界的に1単位増加したときの貯蓄の限界的な増加分：$\dfrac{\Delta(Y-C)}{\Delta Y}$

▶ **平均消費性向**：消費と所得との比率：$\dfrac{C}{Y}$

▶ **平均貯蓄性向**：貯蓄と所得との比率：$\dfrac{Y-C}{Y}$

例題2.4

▶ c_0：所得とは無関係に必要となる消費水準。

（Δ はデルタと読み（ギリシア文字），変化量を示す。）

[2] 図による説明

図2-1は，縦軸に消費 C を，横軸に所得 Y を表している。

前頁で定式化した消費関数の式は，切片 c_0，傾き c_1 の直線となる。限界消費性向は直線の傾き c_1 であるから一定である。

平均消費性向は原点 O からの傾きであるから，c_0 がプラスであれば，Y の増加とともに次第に逓減する。

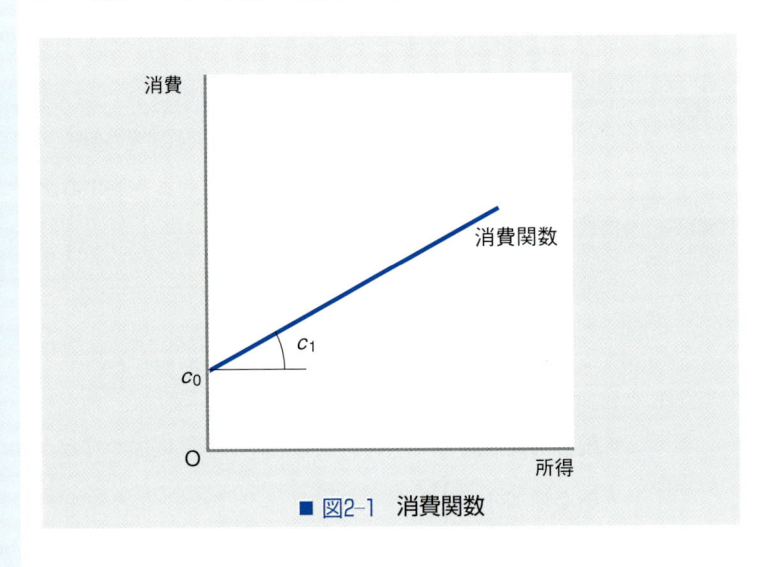

■ 図2-1 消費関数

例題2.3

所得 Y と消費 C に関するデータが次のように与えられている。

Y	100	150	200	250	300	350
C	110	155	200	245	290	335

(ア) 消費関数を求めよ。
(イ) 貯蓄関数を求めよ。
(ウ) 均衡での貯蓄水準が25兆円であるとしよう。均衡所得はいくらか。

(ア) 所得と消費の関係を図示すると，下の図2-2になる。この図から限界消費性向を求めると，50の所得の増加に対して，消費の増加は45であるから，0.9となる。したがって，次のような関数型が求められる。

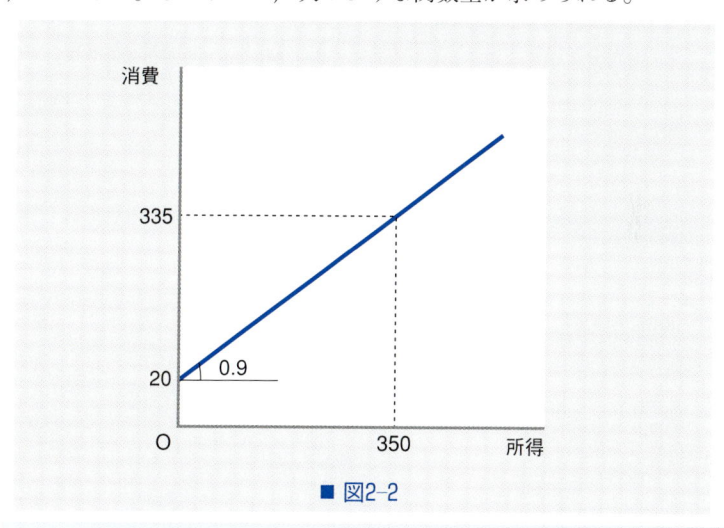

$$C = c_0 + 0.9Y$$

この数式に，$Y=350$，$C=335$ を代入して，切片 c_0 を求めると，20となる。したがって，消費関数は

$$C = 20 + 0.9Y$$

となる。

（イ）　所得は消費か貯蓄に回るから，
$$Y = C + S$$
の式に，（ア）で求めた消費関数を代入すると，
$$S = -20 + 0.1Y$$
これが貯蓄関数である。

（ウ）　貯蓄関数に $S = 25$ を代入すると
$$25 = -20 + 0.1Y$$
これより Y を求めると，
$$Y = 450$$
となる。

例題2.4

貯蓄関数が
$$S = -50 + 0.20Y$$
で表されるとき，以下の問いに答えよ。
（ア）負の貯蓄は所得がいくら以下のときに生じるか。
（イ）消費が貯蓄の10倍の水準になる所得はいくらか。
（ウ）限界貯蓄性向はいくらか。
（エ）所得が500のときに，平均貯蓄性向はいくらか。
（オ）所得が増加すると，平均貯蓄性向はどう変化するか。

（ア）$0 = -50 + 0.20Y$ より

$Y = 250$

（イ）$C = Y - S = 10S$ より

$Y + 50 - 0.20Y = (-50 + 0.20Y) \cdot 10$

$Y = 458$

（ウ）0.20

（エ）$-50 + 0.20 \times 500 = 50$

したがって，$\dfrac{50}{500} = 0.1$

となる。

（オ）平均貯蓄性向は，

$$\frac{S}{Y} = -\frac{50}{Y} + 0.20$$

と書ける。これは，所得 Y の増加関数である。つまり，所得が増加すると，平均貯蓄性向も増加する。その上限は0.2である。

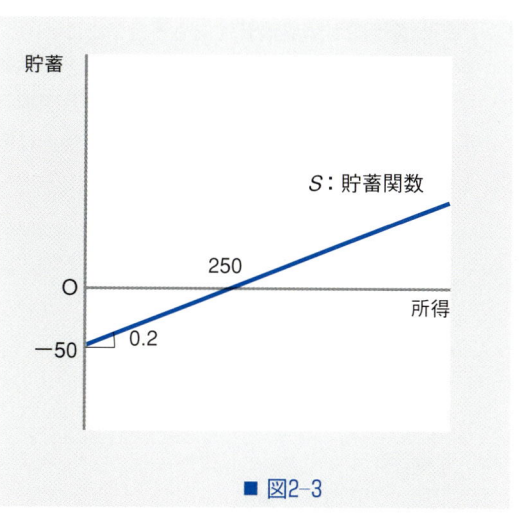

■ 図2-3

問 題

◆2.4 所得が1500から2000に増加したとき，貯蓄は50から250に増加したとする。限界消費性向はいくらか。

◆2.5 以下の文章の（ ）のなかに適当な用語を入れよ。
　限界消費性向は所得が1単位増加したときの（ ）の限界的な増加幅を表す。通常は（ ）と（ ）の間の値をとる。また，線型の消費関数を前提とするとき，所得がゼロでも消費量がプラスであれば，限界消費性向は（ ）消費性向とは一致しない。その場合，所得とともに（ ）消費性向は一定であるが，（ ）消費性向は低下する。

◆2.6 可処分所得 Y_d が所得 Y に対して
$$Y_d = 0.8Y$$
の関係があるとする。限界消費性向が0.8であるとき，所得 Y が10000円増加すると，消費はどれだけ増加するか。

◆2.7 消費関数が
$$C = 100 + 0.8Y$$
のとき，以下の文章のうちで正しいものはどれか。
（ア）平均消費性向も限界消費性向も一定である。
（イ）平均消費性向も限界消費性向も，所得とともに減少する。
（ウ）平均消費性向は所得とともに減少するが，限界消費性向は一定である。
（エ）平均消費性向は一定であるが，限界消費性向は所得とともに減少する。
（オ）上のどれも誤り。

（→解答はp.281）

2.3 財市場の均衡

[1] 国民所得の決定

財市場における総需要 A は，消費 C と投資 I と政府支出 G の合計で与えられる。

$$A = C + I + G$$
$$= c_0 + c_1 Y + I + G$$

投資と政府支出は所与（外生）と考える。

消費が Y の増加関数であるため，総需要 A も Y の増加関数となる。

所得が1単位増加したときに何単位総需要が増加するか（=**限界支出性向** $\dfrac{\Delta A}{\Delta Y}$）は，**限界消費性向** $\dfrac{\Delta C}{\Delta Y}$ に等しい。限界消費性向は1より小さいから，所得の増加ほどには総需要は増加しない。

例題2.5

▶ **財市場の需要と供給が一致する条件**：総需要（A）に等しい生産（Y）が行われる。

$$Y = A$$

▶ **有効需要の原理**：総需要の大きさに見合うように生産が調整される。
──→ケインズ経済学の基本的な国民所得の決定メカニズム。

[2] 乗 数

$$\frac{\text{国民所得の増加}}{\text{外生的支出の増加}}$$

政府支出や投資が外生的に変化した場合の国民所得に与える効果。乗数は1よりも大きい。──→乗数メカニズムは，当初のショック（外生的支出の増加）が内生変数（消費やGDP）を増幅させるプロセスである。

外生的に需要が1兆円だけ増加すると，国民所得は $\dfrac{1}{1-c_1}$ 兆円だけ増加する。$\dfrac{1}{1-c_1}$ は，限界貯蓄性向の逆数に等しい。この増幅の大きさが **乗数** $= \dfrac{1}{1-c_1}$。

> **例題2.5**
>
> 45度線の図について，以下の文章のうち正しいものはどれか。
> （ア）原点を通る45度線は総供給曲線である。
> （イ）総需要曲線はかならず原点を通る。
> （ウ）総需要曲線の傾きが乗数である。
> （エ）乗数は総供給曲線の傾きの逆数である。
> （オ）均衡所得水準はかならず完全雇用所得水準になる。

答え：（ア）

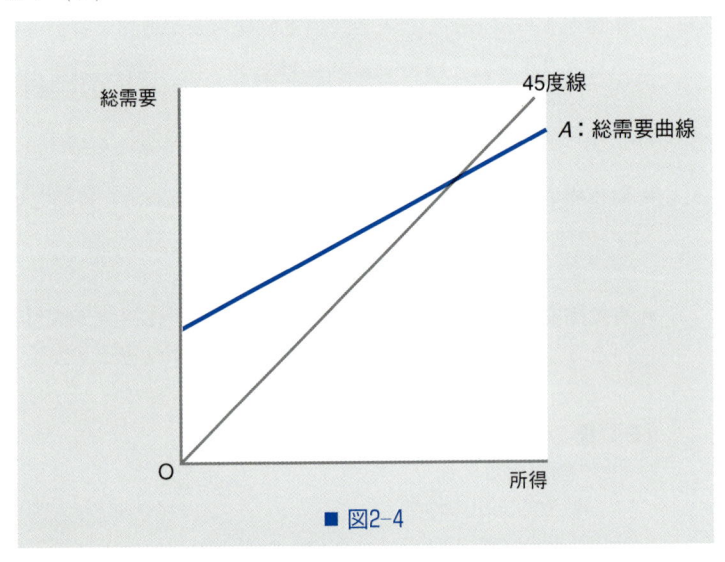

■ 図2–4

　45度線の図は，<u>財市場の均衡条件</u>を示したものである。図2–4で総需要曲線は A で示されており，総供給曲線は45度線である。45度線が総供給曲線であるのは，需要に見合うだけの生産が行われるという想定にもとづいている。つまり，不完全雇用状態で労働者も企業の設備もあまっており，需要があれば，それに見合うだけの生産をすることが可能であり，また，それが企業にとっても望ましい状況である。

　総需要曲線 A は $Y=0$ のときに $A=0$ にならない。つまり，原点を通らない。その理由は，$Y=0$ であっても，人々は必要最小限の消費水準を確保

したいと思うし（その大きさが消費関数の切片 c_0 である），また，企業の投資や政府の支出も所得水準の増減とは無関係に外生的にある水準で行われるからである。いいかえると，$Y=0$ であっても，一定の消費，投資や政府支出は行われる。

総需要曲線の傾きは，所得が増加するときに総需要がどれだけ増加するかを示しており，限界消費性向に対応している。また，総供給曲線は45度線であるから，その傾きは常に1である。乗数は限界貯蓄性向の逆数であるから，1から総需要曲線の傾きを差し引いたものの逆数に等しい。

なお，均衡所得水準は労働供給とは無関係に決まるため，完全雇用に一致する保証がない。

例題2.6

以下の図2-5を用いて，所得が100のときに正しいものを答えよ。なお，C は消費，A は総需要，Y は所得を示す。

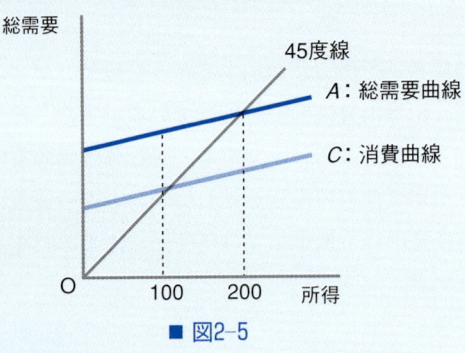

総需要
45度線
A：総需要曲線
C：消費曲線
O　　100　200　所得

■ 図2-5

（ア）平均消費性向は1よりも小さい。
（イ）財市場は均衡している。
（ウ）消費は100である。
（エ）限界消費性向の方が平均消費性向よりも大きい。
（オ）負の貯蓄が生じている。

答え：（ウ）

　　所得が100のときには，消費関数が45度線と交わっている。すなわち，所得と消費とが一致している。総需要は，民間消費に加えて，民間投資と政府支出の合計になる。したがって，所得が100のときには総需要が総供給を上回っている。いいかえると，所得が100では財市場は均衡していない。$Y=200$で均衡する。

　　また，所得と消費とが一致しているから，平均消費性向はこの水準の所得のもとでは1になる。限界消費性向は1よりは小さいから，平均消費性向よりも限界消費性向の方が小さい。貯蓄は所得から消費を差し引いた残りであるから，この水準の所得のもとでは，貯蓄はゼロになっている。

問題

◆2.8 完全雇用 GDP が1500で，当初の GDP が1200とする。限界消費性向が $\frac{2}{3}$ とすると，完全雇用を実現するには，どれだけ政府支出を拡大すればいいか。

◆2.9 GDP が500兆円で消費支出が300兆円とする。以下のどれがもっともらしいか。
（ア）限界消費性向は0.6である。
（イ）限界貯蓄性向は0.4である。
（ウ）乗数は2.5である。
（エ）上の3つとも正しい。
（オ）上の3つはすべて誤り。

◆2.10 総支出が当初の GDP よりも大きいとき，在庫と所得はどうなるか。
（ア）在庫は増加し，所得は減少する。
（イ）在庫は減少し，所得は減少する。
（ウ）在庫は増加し，所得は減少する。
（エ）在庫は減少し，所得は増加する。
（オ）在庫は減少し，所得は変化しない。

◆2.11 以下のマクロ・モデルを想定する。
　　　$C = 80 + 0.6Y$
　　　$I = 10$
　　　$G = 30$
（1）均衡 GDP を求めよ。
（2）政府支出が2倍に増加すると，GDP はどれだけ増加するか。

◆2.12 外生的な投資の変化による乗数と同じ大きさの乗数は，次のどれか。
（ア）外生的な政府支出の変化。
（イ）外生的な消費の変化。
（ウ）外生的な輸出の変化。
（エ）上の3つすべて。
（オ）どれもあてはまらない。

（→解答は p.281, 282）

●2.4 租税と自動安定化装置

［1］租税関数

租税を導入する。線形の比例的な租税関数

$$T = tY \qquad 0 < t < 1$$

を想定しよう。ここで，T は税収，t は税率である。
このとき，消費関数は，次のように修正される。

$$C = c_0 + c_1(Y - T) = c_0 + c_1(1-t)Y$$

ここで，$Y - T$ は可処分所得である。

政府支出が増大したときの乗数の大きさ

$$\frac{\Delta Y}{\Delta G} = \frac{1}{1 - c_1(1-t)}$$

──→ t が入った分だけ，乗数の値は小さくなる。
所得が増大しても，税負担が同時に増大することで，可処分所得の増加幅は小さくなる。

例題2.7

──→消費の増大が少し相殺されて，総需要の増大効果が少しだけ小さくなる。

［2］減税乗数

税収 T を政策変数として操作するケース。
T を外生的に操作するように，t がモデルのなかで調整される。

このとき財市場の均衡条件は，次のようになる。

$$Y = c_0 + c_1(Y - T) + I + G$$

減税乗数の大きさ

$$\frac{\Delta Y}{\Delta T} = -\frac{c_1}{1 - c_1}$$

減税によって有効需要が増大するのは，減税による可処分所得の拡大のために，消費が刺激されて，財市場で超過需要となり，生産が拡大するからである。

[3] 税制の自動安定化装置

民間投資の変化の場合には，乗数値の小さい方が有効需要の変動も小さく，より安定な体系である。なぜなら，需要が外生的に変動したとき，乗数倍だけ有効需要が変動するからである。

▶ **税制の自動安定化機能（ビルト・イン・スタビライザー）**：外生的なショックの変動で所得（＝生産活動）があまり大きく変動しない方が，体系は安定的である。所得税が導入されると，そうでない場合よりも乗数が小さくなるという意味で，より体系が安定的になる。

コラム

国民負担率

国民の税負担の大きさを測る指標として，国民負担率という概念がある。公的年金の負担金である社会保険料も同じ国民の負担であるから，社会保険料の負担率と租税負担率を合わせたものを国民負担率（国民負担の対国民所得比率）と呼ぶ。社会保障の負担率は，毎年着実に上昇している。しかし，租税負担率がむしろ低下しているので，国民負担率はそれほど上昇していない。政府目標は，高齢化がピークに達した時点でもこの率を50％以下に抑えることである。現時点ではまだ40％以下であり，余裕があるようにみえる。とはいえ，租税負担率（あるいは，国民負担率）が下がっているから，それで政府の規模が小さくなっているとはいえない。現在税金を負担していない分だけ，財政赤字が発生し，公債が出ている。公債発行分を含めて考えると，あるいは歳出面での大きさをみると，2009年度実績見込みですでに負担率は54％程度に達している。これが潜在的国民負担率という指標である。これに，過去に発行した公債の償還に必要な増税や将来の高齢化に伴う支出増を考慮すると，このままでは長期的に国民負担率が50％以上に上昇するのは容易に想像できる。

例題2.7

消費関数が
$$C=100+0.8(1-t)Y$$
税率が
$$t=0.25$$
投資が
$$I=300$$
政府支出が
$$G=1000$$
とする。均衡GDP，消費量，可処分所得，税収，政府の収支を求めよ。

財市場の均衡条件式より
$$100+0.8(1-0.25)Y+300+1000=Y$$
したがって，この式より Y を求めると
$$Y=3500$$
$$C=100+0.8(1-0.25)3500=2200$$
可処分所得は
$$3500\times0.75=2625$$
税収は
$$3500\times0.25=875$$
税収（875）と政府支出（1000）の差額を求めると，政府収支は
$$1000-875=125$$
の赤字になる。

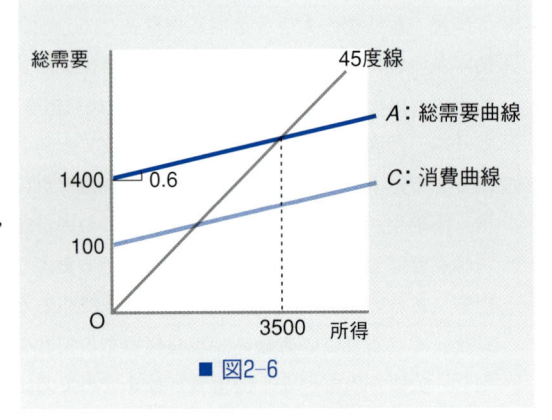

■ 図2-6

例題2.8

限界消費性向が0.8で，限界投資性向が0.2で，限界税率が0.25とする。政府支出乗数はいくらか。

ここでは，所得が増加すると，企業の将来に対する期待が改善されて投資需要が刺激されるというメカニズムを考慮している。**限界投資性向**とは，所得が限界的に1単位増加するときに，投資がどれだけ増加するかを示す。その結果，投資は所得の増加関数として定式化される。

投資が所得に依存するマクロ・モデルを書くと，以下のように定式化される。

$$C = c_0 + c_1(Y - T)$$
$$I = eY$$
$$T = tY$$

ここで，C 消費，Y 所得，I 投資，T 税収，c_1 限界消費性向，e 限界投資性向，t 税率である。

財市場の均衡条件より

$$Y = c_0 + c_1(Y - T) + eY + G$$

したがって，Y について解くと，

$$Y = \frac{c_0 + G}{1 - c_1 - e + c_1 t}$$

変化分を求めると，

$$\frac{\Delta Y}{\Delta G} = \frac{1}{1 - c_1 - e + c_1 t}$$

この式からわかるように，限界投資性向 e が入ってくると，乗数は

$$\frac{1}{1 - c_1 - e + c_1 t}$$

となる。よって，この式に問題で与えられたパラメーターの数字を代入すると，

$$\frac{1}{1 - 0.8 - 0.2 + 0.8 \times 0.25} = 5$$

となる。

問 題

◆2.13 もし税収と貯蓄の合計が政府支出と投資の合計よりも大きければ，何が生じるか。

◆2.14 経済が当初 $Y=180$ の水準で均衡していたとする。減税政策によって税負担が20だけ低下したとき，新しい GDP はどの水準になるか。なお，限界消費性向は0.75とする。

◆2.15 限界消費性向が0.8で，税率が0.25とする。20だけの所得の増加はどれだけ消費を増加させるか。

◆2.16 租税関数が
$$T=80+0.6Y$$
で与えられる。また，限界消費性向が0.8とする。50兆円の所得の増加はどれだけの消費の増加をもたらすか。

◆2.17 消費関数 $C=20+0.9(Y-T)$，投資 $I=50$，政府支出 $G=100$，税収 $T=100$，とする。均衡 GDP と消費量を求めよ。

◆2.18 租税関数を考慮したときの乗数は，
$$\frac{1}{1-c(1-t)}$$
となる。ここで，c は限界消費性向，t は限界税率である。この乗数を s（＝限界貯蓄性向）を用いて書き直すと，どう表現できるか。

（→解答はp.282）

●2.5 均衡予算乗数

[1] 政府の予算制約

税収 T と政府支出 G を同額だけ増加させるという均衡予算の制約のもとでの乗数の大きさ＝**均衡予算乗数**。

財市場の均衡条件
$$Y = c_0 + c_1(Y-T) + I + G$$

変化分の関係をみると，
$$\Delta Y = c_1 \Delta Y - c_1 \Delta T + \Delta G$$

ここで，均衡予算 $\Delta T = \Delta G$ の制約を考慮すると，
$$\frac{\Delta Y}{\Delta G} = 1$$

となる。

例題2.9　均衡予算乗数は消費性向とは独立に，常に1になる。
　──▶ **均衡予算乗数の定理**

[2] マクロ・バランス

貯蓄 S の定義式
$$S = Y - T - C$$
を財市場の均衡条件
$$Y = C + I + G$$
に代入すると，**マクロ・バランス**の式が得られる。
$$S + T = G + I$$

この式で，左辺は**マクロの貯蓄**を，また右辺は**マクロの投資**を意味する。財市場の均衡条件は，総貯蓄＝総投資の均衡とも解釈できる。

均衡予算原則のもとで $G-T$ が変化しない以上，そして，民間投資が外生的に一定である以上，民間貯蓄 S も一定となる。S は可処分所得の関数である。したがって，可処分所得 $Y-T$ が一定となるから，均衡予算が拡大しても，T の増加分に等しい大きさだけ，Y は増加する。

［3］政府支出乗数と減税乗数

減税の乗数と政府支出の乗数を比べてみると，政府支出乗数の方がかならず大きい。

政府支出が増加すると，財市場で直接需要の増加となるが，減税の場合には，可処分所得の増加が消費を刺激するという間接的な効果でしかない。

1 兆円の減税の場合，そのうちの $(1-c_1)$ 兆円は貯蓄に回され，有効需要の増加とはならない。

［4］完全雇用財政赤字

ケインズ・モデルでは，完全雇用を達成するように総需要を管理することが，重要な政策目標であって，かならずしも財政収支を均衡させる必要はない。経済状態次第では財政赤字の発生を容認する方が望ましい。

例題2.10

▶ **完全雇用財政赤字**：税制（$T(Y)$）や政府支出構造（G）が所与で変わらないとき，もし国民経済が完全雇用水準（Y_F）で生産活動が行われたとすると，実現したであろう財政赤字の大きさ

$$\mathrm{FED} = G - T(Y_F)$$

完全雇用財政赤字（FED）をゼロにすることが，政策目標である。

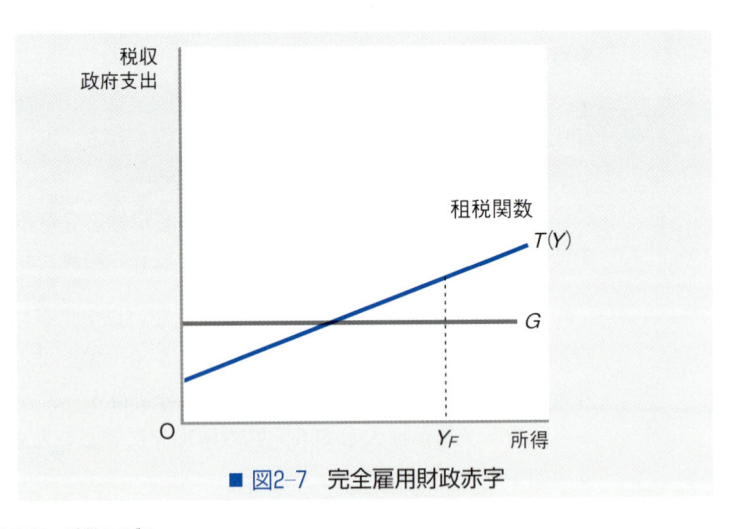

■ 図2-7　完全雇用財政赤字

例題2.9

消費関数が
$$C = -100 + 0.8(1-t)Y$$
税率 $t=0.2$，投資 $I=200$，政府支出 $G=800$ とする。
（ア）財政赤字はどのくらいか。
（イ）財政赤字を減少するために，増税と政府支出の削減を同時に行うと，GDPはどのように変化するか。

（ア）まず，均衡GDPを求める。財市場の均衡条件より
$$-100 + 0.64Y + 200 + 800 = Y$$
これより，均衡GDPは $Y=2500$ となる。このGDPの水準では税収は500となり，財政赤字が $800-500=300$ だけ生じている。

（イ）増税と政府支出の削減を同時に進めると，いずれの政策も総需要を抑制するから，均衡GDPは2500以下に低下する。

たとえば，政府支出を100だけ削減し，税率を0.25に5%ポイント引き上げると，財市場の均衡条件は，次のようになる。
$$-100 + 0.60Y + 200 + 700 = Y$$
これより，$Y=2000$ となる。この水準での税収は500で前と同じになるが，政府支出が100だけ削減されているので，財政赤字は $700-500=200$ になり，前の場合（300）よりも100だけ減少している。

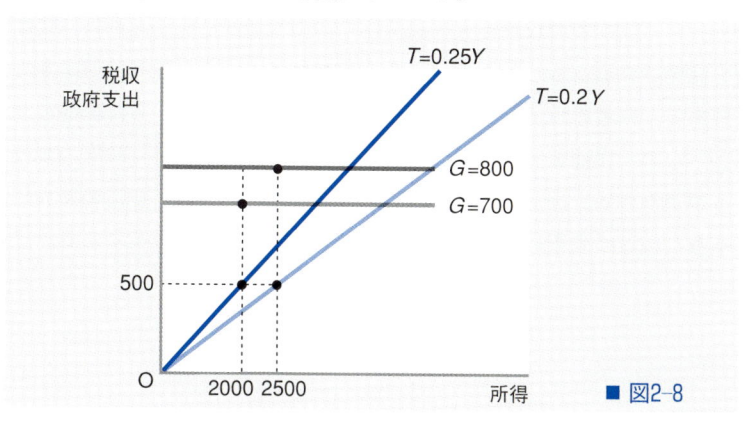

■ 図2-8

例題2.10

均衡 GDP が完全雇用 GDP よりも小さいとき，そのギャップを埋める政策としては次のうちのどれがもっともらしいか。

(ア) 増税
(イ) 政府支出の削減
(ウ) 増税と政府支出の削減
(エ) 政府支出の拡大
(オ) 上のどれも誤り

答え：(エ)

　政府支出の拡大のような拡張的な財政政策によって総需要を増加させることで，均衡 GDP を完全雇用 GDP の方までもっていくことができる。

　増税すれば，均衡 GDP が小さくなるので，ますます完全雇用 GDP とのギャップは拡大する。政府支出の削減も同じ効果をもっている。

　ところで，総需要を拡大させるという点では，減税と政府支出の増加とは同じ効果をもっている。ただし，その定量的な大きさ（すなわち乗数の大きさ）は異なり，政府支出の拡大の方が効果が大きい。

　しかし，総需要の中身に与える影響は上の2つの政策では異なる。政府支出を拡大させると，公的な需要を増加させて，総需要が拡大する。減税では，公的需要ではなくて民間需要，とくに民間消費が拡大して，総需要が拡大する。前者の政策でも経済全体の活動水準が活発になれば，民間需要も誘発されるかもしれないが，あくまでも基本的な目標は公的需要の拡大にある。後者の政策では政府支出は一定に維持されるから，公的需要は増加しない。民間需要が増加しないと総需要も増加しない。政府の規模という視点からいえば，前者の政策は「大きな政府」による総需要拡大政策であり，後者の政策は「小さな政府」による総需要拡大政策である。

━━━ 問 題 ━━━

◆2.19 公共投資の増加が減税よりも大きな乗数効果を期待できるのは，以下のどの理由によるか。
（ア）減税による可処分所得の増加が，すべては支出の増加に向かわないから。
（イ）減税よりも公共投資の拡大の方が，貨幣供給の増加が大きいから。
（ウ）減税による可処分所得の拡大は，他の理由による可処分所得の拡大よりも，消費を刺激する効果が小さいから。
（エ）減税が政府の収入を増加させるから。
（イ）公共投資の財源として，新しい貨幣が増発されるから。

◆2.20 政府支出と税収が同じ大きさだけ増加するときの乗数は，以下の何と呼ばれるか。
（ア）ケインズ乗数
（イ）均衡予算乗数
（ウ）財政赤字乗数
（エ）誘導型乗数
（オ）大きな政府乗数

◆2.21 以下の文章の（ ）に適当な用語を入れよ。
均衡予算を維持したまま政府支出を拡大すると，同時に（ ）も増加するが，（ ）は一定に維持される。このときの乗数は（ ）に依存しないで，（ ）となる。

◆2.22 減税政策の効果としては，次のうちどれがもっともらしいか。
（ア）消費は増加せず，貯蓄だけが増加する。
（イ）乗数分だけ総需要が増加する。
（ウ）政府支出が増加したのと定量的に同じ規模で，総需要が増加する。
（エ）GDPが低下する。
（オ）上のどれでもない。

（→解答はp.283）

3 IS–LM 分析

第2章の分析の枠組みは財市場に限定されており，投資が外生的に扱われていた。この章では投資を内生的に説明し，利子率をモデルに導入して，貨幣市場での均衡を考慮する。すなわち，GNP，GDP と利子率を同時に市場で決定する理論的な枠組み＝IS–LM のモデルを説明する。

KEY CONCEPTS

● 3.1 貨幣と流動性選好仮説

[1] 貨幣の機能

▶ **ケインズ経済学**：貨幣は中立ではなく，実質的な経済変数に影響を与える。

ケインズ経済学の貨幣理論は，流動性選好仮説である。

貨幣の基本的な機能は，財と財との交換を効率化することにある。貨幣は，また富の蓄積手段でもある。貨幣は利子を生まない資産である。

資産価格の変動は，平均的な財価格の変動であるインフレ率の変動よりもはるかに大きくなり得る。したがって，貨幣保有の方が相対的に蓄積手段としては安全といえる。

[2] 貨幣需要

▶ **取引需要**：貨幣経済での市場取引に使われる貨幣需要。この需要は，取引の大きさに依存する。

取引の大きさは，経済全体での生産活動の大きさに対応しているから，取引需要は，国民所得，あるいは，国民総生産にプラスに依存している。

——▶ 貨幣の取引需要は，国民所得の増加関数である。

▶ **資産需要（投機的需要）**：資産保有の機能に対応する貨幣需要。ケ

インズによって流動性選好仮説として分析された。債券を保有する場合には，将来その債券の価格がどう変動するかが問題となる。債券の保有は，不確実な資産の保有にほかならない。

債券の価格が正常と思われる水準よりかなり高いと判断するとき，人々は，将来の債券価格は低下するという予想をたてる。いま，債券を保有すると将来その債券を売る際に低い価格でしか売れない。キャピタル・ロスを被ることが容易に予想されるため，人々は債券を保有するよりは，貨幣をもとうとする。

──▶ 貨幣の資産需要は，利子率の減少関数となる。

貨幣需要は，利子率の減少関数であり，国民所得の増加関数である。

[3] 貨幣市場の均衡

図を用いて，貨幣市場の均衡を検討する。この図3-1は，縦軸に利子率を，横軸に貨幣の需要と供給を示す。

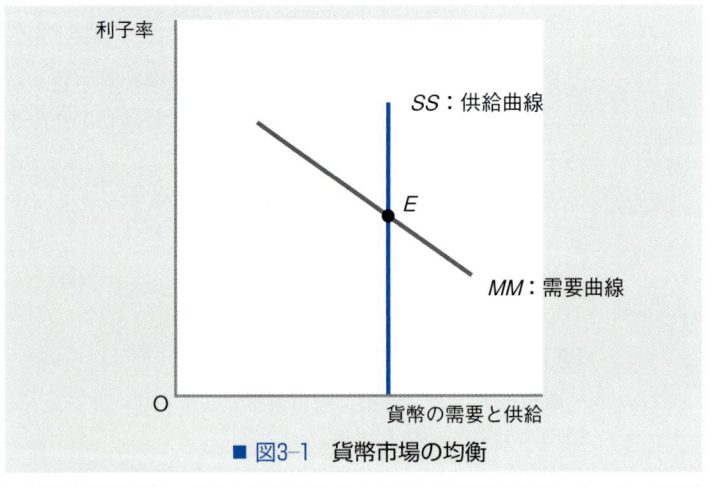

■ 図3-1　貨幣市場の均衡

▶ **流動性選好表**：MM 曲線は貨幣に対する需要を示している。取引需要は，国民所得が一定である限り変化しない。利子率に反応する貨幣需要は資産需要である。この資産需要と利子率は負の関係であるから，右下がりの MM 曲線がかける。これが，流動性選好表である。

▶ **貨幣供給**：供給曲線 SS は，利子率とは独立であり，図3-1では垂直線となる。

　貨幣市場の均衡は，需要と供給を等しくさせる利子率の調整によって，E 点で決まる。

例題3.2　▶ **金融政策の効果**：金融政策が変化して，中央銀行が貨幣供給を増大させると，債券価格は上昇し，利子率は低下する。

[4] 流動性のわな
▶ **流動性のわな**：貨幣の需要曲線である流動性選好表が水平である状態。

　貨幣需要の利子弾力性（＝利子率が 1 ％低下したときに，貨幣需要が何％増加するかを示す指標）は無限大となる。

コラム

債券と貨幣

　債券は，その保有者に一定の金利で利子が支払われる。満期が来れば，額面金額で償還される。貨幣は，利子も生まないし，満期もない。いつでも額面金額で流通する。どちらもその限りでは安全資産である。しかし，債券を満期まで保有しないで，途中で売却するときには，額面金額で売却できるとはかぎらない。既発債券の売買市場は流通市場である。債券価格はこの流通市場の需要と供給のバランスで決まる。過去に低い金利で発行された債券は，金利が上昇すると，あまり資産として魅力がなくなる。その分だけ，流通市場で人気がなく，債券価格は下落する。逆に，過去に高金利で発行された債券は，金利が低下すると，新発債と比較して金利が有利となって人気が出てくるから，その債券価格は上昇する。したがって，金利が上昇すると，債券価格は下落し，金利が下落すると，債券価格は上昇する。このように，債券価格と利子率とは負の関係がある。

例題3.1

貨幣供給が1200で名目 GDP が4800とする。貨幣の流通速度はいくらか。

貨幣の流通速度 V とは，ある一定期間（通常は1年間）に貨幣供給が最終財あるいはサービスの取引に用いられる速度，すなわち，貨幣が1年間に最終財あるいはサービスの購入のために循環する平均的な回数を意味する。これは，国内総生産 GDP を貨幣供給量 M で割った値に等しい。

$$MV = \text{GDP}$$

この式に $M=1200$，GDP$=4800$ を代入すると，$V=4$ となる。すなわち，貨幣の流通速度は4である。

上の式は，フィッシャーの交換方程式とも呼ばれる。これは

$$MV = PT$$

と定式化される。ここで，P は一般物価水準，T は実質総取引量である。PT は名目総取引量であり，名目 GDP に対応する概念である。

貨幣の流通速度を一定と考えるのが，貨幣数量説である。もし実質 GDP あるいは実質総取引量が貨幣供給とは独立に決定されるとすれば，貨幣の流通速度が一定であるとき，貨幣供給と物価水準とは1対1に対応する。すなわち，貨幣供給が2倍になれば，物価水準も2倍になる。これは，貨幣供給が物価水準のみを決定するという古典派の考え方にもとづいている。

より一般的な貨幣数量説では，流通速度 V は短期的には一定であるが，長期的には変化すると想定している。

例題3.2

中央銀行が貨幣供給を増加させるときに，債券価格と利子率はどのように変化するか。

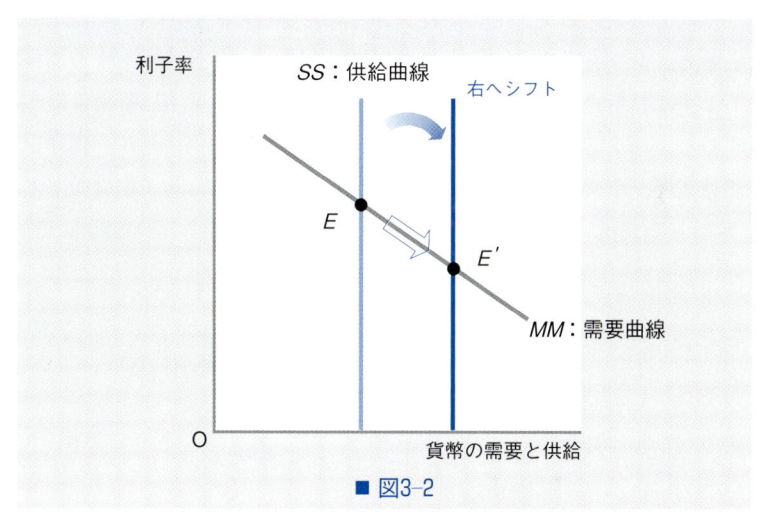

図3-2

図を用いて，貨幣市場の均衡を検討しよう。図3-2は，縦軸に利子率を，横軸に貨幣の需要と供給を示したものである。MM 曲線は，貨幣に対する需要を示している。この資産需要と利子率の関係は負の関係であるから，利子率が上昇すれば貨幣需要は減少する。他方，貨幣の供給曲線 SS は，利子率とは独立であり，垂直線となる。貨幣市場の均衡は，需要と供給を等しくさせる利子率の調整によって，E 点で決まる。

E 点の上方では，貨幣に対する需要より貨幣の供給の方が上回っており，貨幣市場が超過供給の状態にある。これを債券市場の方からみると，債券に対する超過需要の状態にある。なぜなら，人々の資産（＝総資産蓄積水準）は，貨幣か債券かの2種類であるから，その時点での債券と貨幣の需要の合計は一定だからである。総資産蓄積水準は貯蓄によって長期的に増加していく。したがって，債券市場と貨幣市場を合計して考えると，かならず，総需要は総供給に等しい。債券価格と利子率とは負の関係にあるか

ら，利子率は低下する。利子率の低下は，貨幣市場で需要と供給が等しくなる E 点まで続く。逆に，E 点の下方では，貨幣の需要が供給を上回る超過需要の状態にある。このときは，債券の価格が低下し，利子率が上昇して，やがては，均衡点 E 点にいたる。

　金融政策が変化して，中央銀行が貨幣供給を増大させると，供給曲線 SS が右の方にシフトする。均衡点は，MM 線に沿って，E 点の右下方に移動する。すなわち，貨幣供給の増大は，利子率を低下させる。貨幣供給が増大すると，今までの利子率のままでは，貨幣市場で超過供給が，債券市場で超過需要が生ずる。したがって，債券価格は上昇し，利子率は低下する。

━━━ 問 題 ━━━

◆3.1 貨幣の資産需要（投機的需要）の説明として，もっともらしいものはどれか。
（ア）近い将来の取引のための需要
（イ）予想外の支出に必要な需要
（ウ）将来の投資のために必要な需要
（エ）毎月の支出のために必要な需要
（オ）税金を支払うために必要な需要

◆3.2 もし利子率が高くて，貨幣の取引需要が小さいなら，以下の文章のなかでもっともらしいのはどれか。
（ア）貨幣の資産需要（投機的需要）が増加する。
（イ）貨幣の流通速度が上昇する。
（ウ）消費者のクレジット使用が抑制される。
（エ）中央銀行が拡張的な金融政策を採用する。
（オ）大量の失業が生じる。

◆3.3 以下の文章の（ ）に適当な用語を入れよ。
　貨幣需要は国民所得の（ ）関数であり，利子率の（ ）関数である。この関係を縦軸に（ ），横軸にGDPの図で描くと，（ ）の曲線になる。この曲線が（ ）表を示している。

(→解答はp.283)

●3.2 IS 曲線

[1] IS-LM 分析

▶ **IS-LM 分析**：国民所得，あるいは国民総生産は，貨幣市場で決まる利子率の動向にも依存しているし，利子率も，財市場で決まる国民所得の動向にも影響される。──▶国民所得と利子率を同時に説明するマクロ分析。

ケインズ経済学の標準的な理論的枠組みである。

[2] IS 曲線

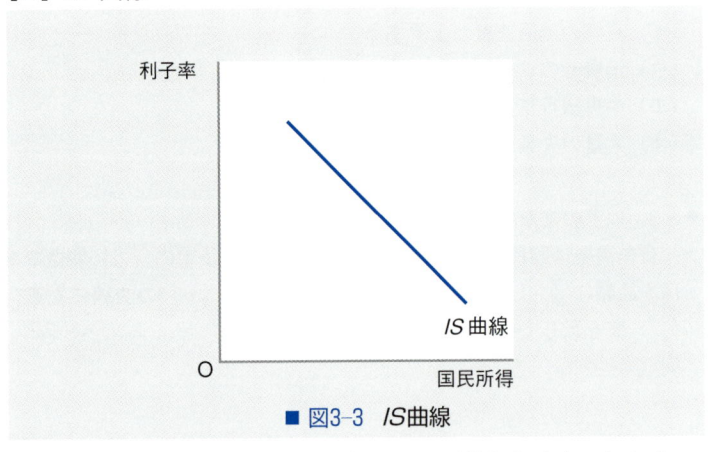

■ 図3-3 IS曲線

▶ **IS 曲線**：財市場が均衡するような国民所得と利子率の組合せ。

$$Y = C(Y) + I(r) + G$$

ここで，Y は国民所得，C は民間消費，I は民間投資，r は利子率，G は政府支出である。

▶ **消費関数 $C(Y)$**：消費が国民所得に依存して決まる。
▶ **投資関数 $I(r)$**：投資は利子率の減少関数である。
▶ **投資の限界効率**：追加的な投資から得られる限界的な収益。

利子率が上昇すれば，いままでより高い投資の限界効率を確保できるような投資プロジェクトしか採算がとれなくなるから，投資量は抑制される。

例題3.3
例題3.4

▶ **投資の利子弾力性**：利子率が1％低下したとき，投資が何％増加するか。

財市場の均衡条件式を，横軸に国民所得，縦軸に利子率をとる図で図示したものが，IS 曲線である。
──→IS 曲線は右下がりとなる。

利子率が上昇すれば，投資需要が減少するから，今までと同じ国民所得のままでは，財市場が超過供給になる。財市場の超過供給を解消するには，生産が減少しなければならない。よって，利子率の上昇と生産量の減少という組合せで，財市場の均衡が維持される。

投資の利子弾力性が低いと，IS 曲線の傾きはより垂直に近くなる。

[3] 政府支出の拡大

政府支出 G が増加すると，IS 曲線はシフトする。G はシフト・パラメーターである。

G は総需要の1つの項目だから，G の増加によって，これまでの Y と r のままでは，財市場で総需要が総供給を上回り，超過需要が生まれる。この超過需要を解消するには，かりに Y が一定であるとすれば，r が上昇して投資需要を抑制する必要がある。IS 曲線は，図3-4に示すように右上方にシフトする。

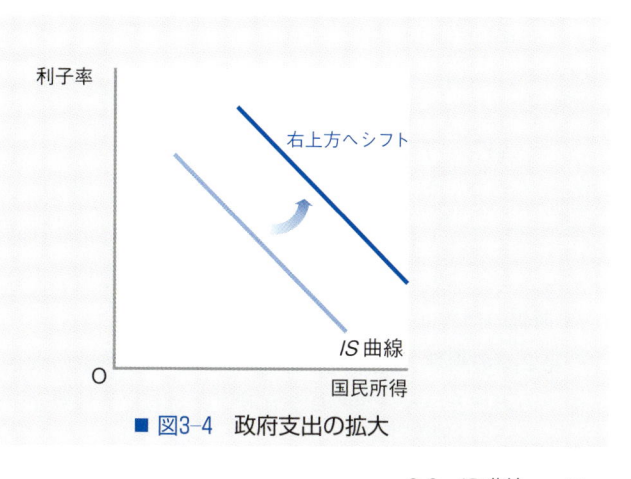

■ 図3-4 政府支出の拡大

例題3.3

限界消費性向が上昇すると，IS 曲線と乗数はどう影響されるか。
- （ア）IS 曲線の傾きが緩やかになり，乗数は大きくなる。
- （イ）IS 曲線は変化しないが，乗数は大きくなる。
- （ウ）IS 曲線の傾きが急になり，乗数は大きくなる。
- （エ）IS 曲線の傾きが急になり，乗数は小さくなる。
- （オ）限界貯蓄性向は小さくなるが，IS 曲線は変化しない。乗数は小さくなる。

答え：（ア）

　限界消費性向が大きいと，所得が増加するときに，消費が大きく増加する。したがって，生産＝所得 Y が増加するときに，総需要量もかなり大きく増加するので，財市場での超過供給はあまり大きくならない。財市場の超過供給を解消させるために必要とされる投資需要の増加も，あまり大きくならない。その結果，利子率の低下の幅もあまり大きくならない。いいかえると，Y の増加に対応する r の低下の幅があまり大きくないから，IS 曲線の傾きはより緩やかになる。

　式では次のように説明できる。財市場の均衡条件

$$Y = C(Y) + I(r) + G$$

より，その変化分をとると，

$$\Delta Y = C_Y \Delta Y + I_r \Delta r$$

よって，

$$\frac{\Delta r}{\Delta Y} = \frac{1 - C_Y}{I_r}$$

なお，$C(Y)$ は消費関数，$I(r)$ は投資関数，C_Y は限界消費性向，I_r は利子率の上昇に対する投資需要の反応を示す。限界消費性向が大きいほど，分子の大きさは小さくなるから，右辺の絶対値も小さくなる。いいかえると，IS 曲線の傾きはより緩やかになる。

　第 2 章の乗数モデルでも説明したように，乗数の大きさは外生的な政府支出の増加という一次的なショックに対して，消費がどれだけ追加的に増

加するかで決まる。追加的に増加する消費の量が大きいほど，乗数値も大きくなる。限界消費性向が大きいほど，所得の増加が消費の拡大をもたらす効果も大きくなるから，乗数は大きくなる。

コラム

右上がりの *IS* 曲線

IS 曲線は，本文でも説明したように右下がりの曲線である。では，もし *IS* 曲線が右上がりの曲線として描かれるとすれば，それはどういう状況を想定すればいいだろうか。投資が利子率の減少関数であるのは，もっともな想定である。したがって，利子率が上昇すれば，その限りでは投資需要が抑制されて，総需要も抑制される。このとき，通常であれば，GDP が減少することで財市場の均衡が回復するが，逆に，GDP が増加することで財市場が均衡に戻る状況を考えればよい。そのためには，GDP の増加で生産が増加する以上に総需要が増加するというメカニズムが働く必要がある。限界消費性向が 1 よりも小さいというのも，もっともらしい想定である。これだけでは GDP の増加以下しか需要が増加しない。したがって，投資需要が GDP とプラスに関係していて，GDP が増加するときに，消費と投資を合わせた総需要がそれ以上に増加すると考えればいい。つまり，限界消費性向と限界投資性向の合計が 1 を上回ると，*IS* 曲線は右上がりになる。標準的な *IS–LM* のモデルで，こうした右上がりの *IS* 曲線を想定していないのは，もし *IS* 曲線が右上がりであれば，同じく右上がりである *LM* 曲線との交点が，複数存在する可能性が生じるからである。このとき，不安定な均衡点が存在するので，財政金融政策の効果によって，GDP が均衡点から大きく乖離するかもしれない。

例題3.4

次のモデルを想定する。
$$S = -50 + 0.2Y$$
$$I = 50 - 10r$$
ここで，S 貯蓄，Y 所得，I 投資，r 利子率である。IS 曲線を求めよ。

$S = I$ より
$$-50 + 0.2Y = 50 - 10r$$
したがって，
$$Y = 500 - 50r \text{ となる。}$$

あるいは，財市場の均衡条件から書き直すと，消費関数は
$$C = Y - S = -50 + 0.8Y \text{ となるから，}$$
$Y = C + I$ より
$$Y = 50 + 0.8Y + 50 - 10r$$
とも書き表せる。この式を整理しても，同じ IS 曲線を得る。

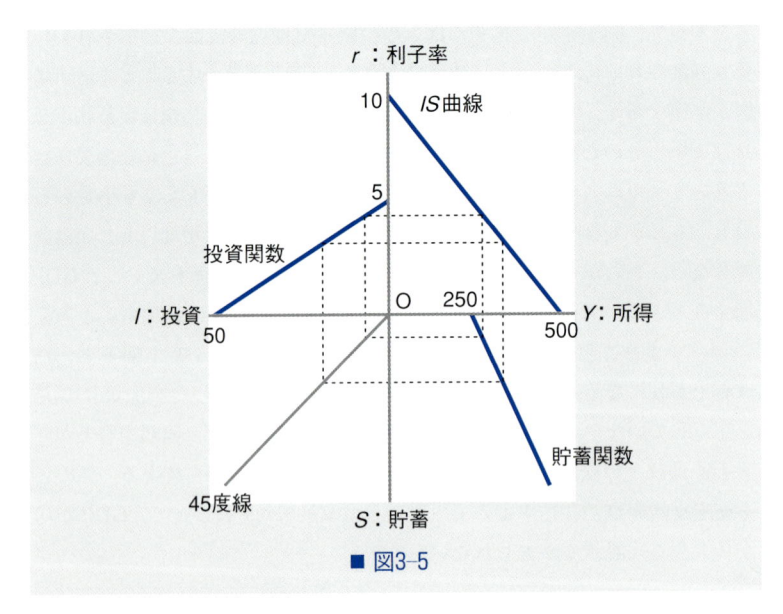

■ 図3-5

問題

◆3.4 *IS* 曲線は以下のどのような仮定にもとづいているか。
(ア) 財市場が均衡するある1つのみの利子率と所得水準の組合せである。
(イ) 投資と貯蓄が等しい条件である。なお、投資は利子率の減少関数であり、貯蓄は所得の増加関数である。
(ウ) 貨幣市場を均衡させる利子率と所得の可能な組合せである。
(エ) 投資や貯蓄が所得に依存することから導出される関係である。
(オ) 利子率が高いときに株価が低い関係を示す。

◆3.5 ケインズ的な立場では、投資の減少は以下のどの要因によるか。
(ア) 利子率の低下
(イ) 法人税の増加
(ウ) 投資期待の低下
(エ) 資本減耗の増加
(オ) 消費の増加

◆3.6 以下の文章の（　）に適当な用語を入れよ。
　IS 曲線は、（　）市場の均衡を意味する曲線である。縦軸に利子率、横軸に（　）をとると、この曲線は（　）となる。また、限界消費性向が高いほど、その傾きはより（　）になり、投資の利子率への反応が大きいほど、その傾きはより（　）になる。

（→解答はp.283）

3.3 LM 曲線

[1] 貨幣市場の均衡

▶ **LM 曲線**：貨幣市場を均衡させる国民所得（あるいは GDP）と利子率の組合せ。

$$M = L(Y, r)$$

M は貨幣供給，L は貨幣需要を示す。

LM 曲線は右上がりである（図3-6）。

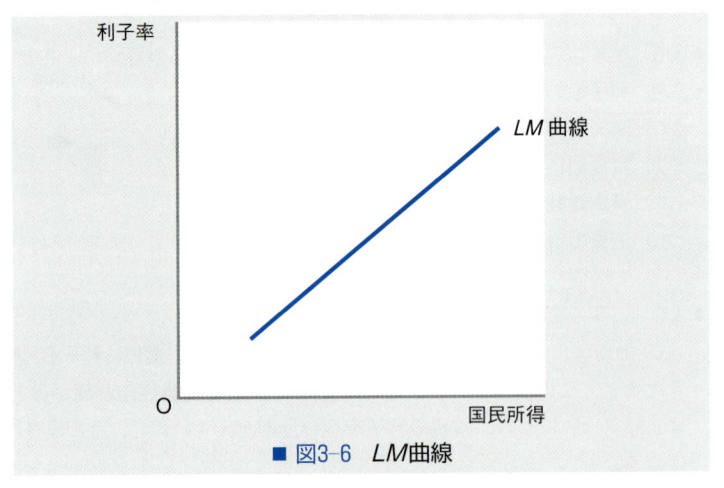

■ 図3-6　LM曲線

利子率が上昇すると，今までの国民所得のままでは貨幣需要が減少するから，貨幣市場は超過供給の状態になる。貨幣の供給は一定であるから，貨幣市場の均衡を回復するには，貨幣需要が元に戻るように，国民所得が増大して，貨幣の取引需要を刺激しなければならない。──→利子率の上昇に対して国民所得も増加することで，貨幣市場の均衡は維持される。

▶ **貨幣の利子弾力性**：利子率が1％上昇したとき，貨幣の資産需要がどれだけ（何％）減少するか。

例題3.5　　貨幣の利子弾力性が大きければ，LM 曲線はより水平に近くなる。
例題3.6

[２] 貨幣供給の増大

　金融当局が貨幣供給 M を変化させると，LM 曲線はシフトする。M が拡大（縮小）すると，LM 曲線は右下方（左上方）にシフトする（図3-7）。

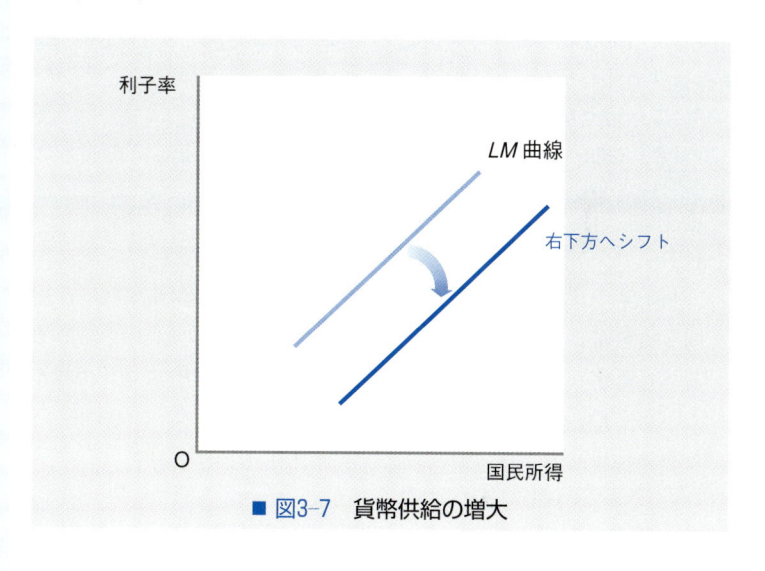

■ 図3-7　貨幣供給の増大

例題3.5

貨幣需要が利子率の変化に対してあまり反応しなくなれば，LM 曲線の形状はどうなるか。

（ア）より緩やかになる。
（イ）より急になる。
（ウ）変わらない。
（エ）どうなるか一般的には確定しない。
（オ）GDP が低い水準では緩やかになるが，次第にその傾きは急になる。

答え：（イ）

利子率の変化に対して貨幣需要があまり反応しなくなれば，いままでと同じ貨幣需要を維持するのに必要とされる GDP の変化の大きさも小さくなる。したがって，ある利子率の変化に対応する GDP の変化の幅が小さくなるから，LM 曲線の傾きはより急になる。

式では次のように説明される。貨幣市場の均衡条件は，

$$M = L(Y, r)$$

この式の変化分をとると，

$$0 = L_r \Delta r + L_Y \Delta Y$$

したがって，LM 曲線の傾きは次式で表される。

$$\frac{\Delta r}{\Delta Y} = -\frac{L_Y}{L_r}$$

ここで，$L(\ )$ は貨幣需要関数，L_Y は貨幣需要が GDP にどの程度反応するかを示し，L_r は貨幣需要が利子率にどの程度反応するかを示す。L_r（の絶対値）が小さくなれば，上の式右辺の分母が小さくなるから，LM 曲線の傾きは大きくなる。

例題3.6

流動性のわなのときに，*LM* 曲線はどのように描けるか。

利子率が1％上昇したとき，貨幣の資産需要がどれだけ減少するかで，貨幣の利子弾力性を表すことができる。貨幣の利子弾力性が大きければ，利子率のわずかな変化で，貨幣需要は大きく変化することになる。

貨幣の利子弾力性が大きくなると，*LM* 曲線の形はどうなるだろうか。いま国民所得だけが増加したとしよう。貨幣の超過需要が発生するが，これを解消するには，利子率が上昇しなければならない。貨幣の利子弾力性が大きいと，利子率が少しだけ上昇すれば，容易に貨幣需要は大きく減少して，貨幣市場の均衡を回復することができる。よって，*LM* 曲線は，より水平に近くなる。

貨幣需要の利子弾力性が無限大となる流動性のわなの状態では，利子率が少しでも低下すると，貨幣の需要が無限にでてくる。このような流動性のわなは，人々のもつ正常な利子率の水準に対して，市場で決まる利子率が極端に低く，ほとんどすべての人々が債券価格は将来かならず上昇するという期待をもっている場合に対応している。したがって，*LM* 曲線は水平となる（図3-8）。

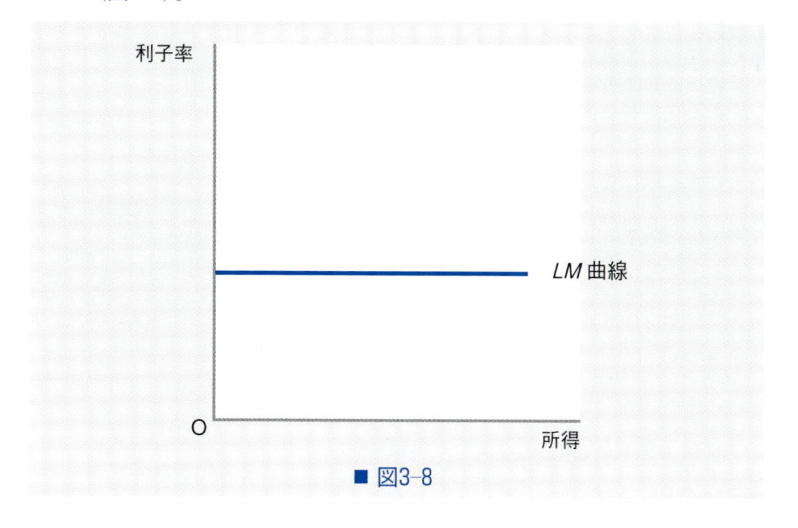

■ 図3-8

問題

◆3.7 限界消費性向が0.8で政府支出が20だけ増加したとする。LM曲線はどうなるか。
（ア）100だけ右方にシフトする。
（イ）20だけ右方にシフトする。
（ウ）シフトしない。
（エ）20だけ左方にシフトする。
（オ）100だけ左方にシフトする。

◆3.8 以下の文章のなかで正しいものはどれか。
（ア）貨幣需要がある程度利子弾力的なときに，貨幣供給を増加させても，LM曲線はシフトしない。
（イ）物価が上昇すると，LM曲線は左上方にシフトする。
（ウ）貨幣供給が増加すると，LM曲線は左上方にシフトする。
（エ）流動性のわなのときには，LM曲線は垂直になる。
（オ）財市場が均衡する点では，LM曲線は垂直になる。

◆3.9 以下の文章の（　）に適当な用語を入れよ。
　利子率が上昇してGDPが一定であれば，貨幣需要は（　）する。貨幣市場の均衡を維持するためには，利子率が（　）するか，GDPが（　）する必要がある。したがって，LM曲線は（　）となる。

● 3.4　IS-LM 分析と総需要管理政策

［1］一般均衡モデル

▶ **財市場と貨幣市場の両方の均衡**：IS 曲線と LM 曲線の両方を用いて，財市場と貨幣市場の両方の均衡を分析する。

財市場と貨幣市場が同時に均衡する利子率と国民所得の組合せは，IS 曲線と LM 曲線の交点における利子率と国民所得である。

図3-9では，E 点で示されている。それに応じて，均衡での消費，投資，貨幣需要などのマクロ変数も決定される。

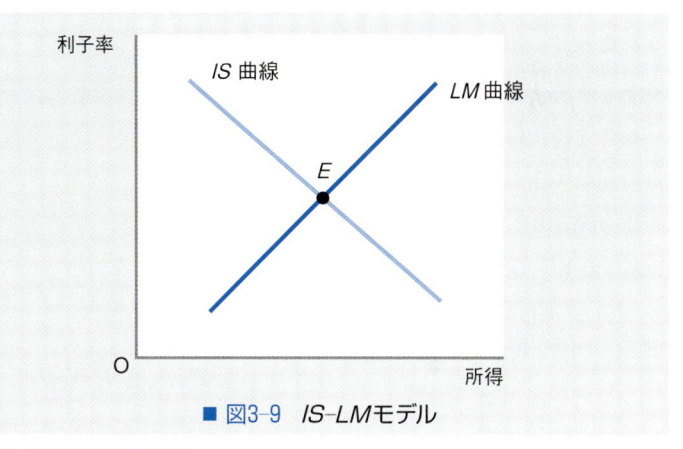

■ 図3-9　IS-LMモデル

［2］総需要管理政策

E 点では，財市場も貨幣市場も均衡している。しかし，E 点はかならずしも望ましい点ではない。一般的には，労働市場で非自発的失業が存在している。労働者（＝労働雇用）は，E 点に対応する均衡国民所得を生産するのに必要な数だけ雇用される。これは，外生的に与えられる完全雇用のもとでの労働供給水準より小さい。

▶ **完全雇用国民所得**：労働供給を完全に雇用して生産される所得。

▶ **ケインズ経済学の総需要管理政策**：完全雇用を実現するために，IS 曲線や LM 曲線を政府がうまくコントロールすることで，均衡国民所得と完全雇用国民所得を一致させる政策。

例題3.7

次のようなモデルを想定する。

$I = 40 - 5r$

$S = -15 + 0.2Y$

$M = 95$

$L = 85 + 0.2Y - 10r$

ここで，I は投資，r は利子率，S は貯蓄，Y は所得，M は貨幣供給，L は貨幣需要である。

(ア) IS 曲線を求めよ。
(イ) LM 曲線を求めよ。
(ウ) 均衡での所得と利子率を求めよ。

(ア) 財市場の均衡条件（$I=S$）より

$-15 + 0.2Y = 40 - 5r$

この式より，IS 曲線は

$Y = 275 - 25r$

(イ) 貨幣市場の均衡条件（$L=M$）より

$85 + 0.2Y - 10r = 95$

この式より，LM 曲線は

$Y = 50 + 50r$

(ウ) IS，LM 2つの曲線より

$275 - 25r = 50 + 50r$

$r = 3$

また，

$Y = 50 + 50 \times 3 = 200$

となる（図3-10）。

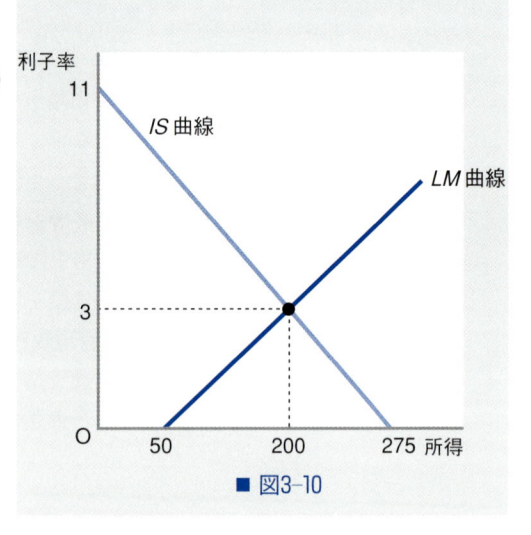

■ 図3-10

例題3.8

総需要管理政策について，以下の文章のうちで正しいものはどれか。
（ア）総需要を適切に操作することだけが重要で，その中身は重要でない。
（イ）総需要の大きさもその中身も重要である。
（ウ）総需要の大きさよりも，その中身を適切に変えることが重要である。
（エ）総供給を適切に操作することが重要である。
（オ）総需要も総供給もどちらも適切に操作することが重要である。

答え：（ア）

　市場が失敗して不況になると，大量の失業者が発生する。こうしたコストを是正するために，政府の介入＝不況対策を正当化するのが，**総需要管理政策**である。したがって，ケインズ経済学では，一国経済全体の財市場において総需要がどう決まるかが最大の問題となる。一国全体の財に対する各経済主体（家計，企業，政府）の需要が，一国全体の経済活動水準＝国民所得の決定メカニズムの重要なポイントである。供給の方は，需要に見合うだけ生産が行われると考えている。

　IS，*LM* 曲線の交点で決まる生産水準＝GDP（国内総生産）は政策的にみて望ましいだろうか。ケインズ経済学では，こうした均衡生産量はかならずしも望ましい水準ではない。一般的には，労働市場で**非自発的失業**が存在していると考えるからである。労働者（＝労働雇用）は，均衡国民所得を生産するのに必要な数だけ雇用されるが，この水準は，外生的に与えられる完全雇用労働供給の水準より小さい。経済全体で存在する労働供給を完全に雇用して生産される所得が，完全雇用国民所得である。この完全雇用国民所得を実現するためには，政府がうまく総需要をコントロールすることで，**均衡国民所得と完全雇用国民所得を一致させなければならない**。これが，ケインズ経済学の総需要管理政策の背後にある基本的な考え方である。

　したがって，総需要管理政策では総需要の大きさをどれだけ刺激するか（あるいは抑制するか）が最大の関心事であり，その内訳は問題にされない。また，その時点での総需要のみが目標となるから，そうした政策が長期的

に供給サイドあるいは利用価値（公共事業の結果生み出された社会資本の使い道）にどれだけ貢献するかも，無関心になる。

> **コラム**
>
> **公共投資と民間投資**
>
> 　公共投資の拡大が民間消費に与える効果は，より現実的な枠組みで考えると，*IS-LM* 分析が対象とする乗数効果だけではない。公共投資の財源として税負担も増加すれば，その限りで可処分所得は減少する。つまり，公共投資の民間消費への効果は，公共投資によって所得がどれだけ増加するか（乗数効果）に加えて，財源負担としての増税をどれだけ認識しているか（将来の税負担効果）にも依存する。また，公共投資の成果に伴う効果も現実の経済では重要である。公共投資によって社会資本が蓄積されると，そこからの便益で家計の実質的な所得は増加する。これは，可処分所得に対するプラスの効果である。他方で，公共資本の利用に伴い，維持費用も将来に発生するだろう。こうした将来の便益や負担を家計が予想すれば，さらに現在の民間消費も影響される。そして，公共投資の便益が費用よりも大きいほど，民間消費を刺激する効果も大きくなる。

━━━━ 問 題 ━━━━

◆3.10 以下の（ ）に適当な用語を入れよ。
　IS-LM のモデルは、（ ）市場と（ ）市場の2つの市場の均衡を同時に考慮するモデルである。IS-LM 両曲線の交点で与えられる均衡 GDP は（ ）GDP と一致する必然性はない。

◆3.11 以下のマクロ・モデルを想定する。
　　$C = 100 + 0.8Y$
　　$I = 100 - 20r$
　　$M = 100$
　　$L = 0.4Y - 20r$
　ここで、C は消費、I は投資、M は貨幣供給、L は貨幣需要、Y は GDP、r は利子率である。
（1）IS 曲線を求めよ。
（2）LM 曲線を求めよ。
（3）均衡での所得と利子率を求めよ。

◆3.12 以下の文章のなかで正しいものはどれか。
（ア）IS 曲線は貨幣市場の均衡を表している。
（イ）LM 曲線は財市場の均衡を表している。
（ウ）IS、LM の交点は財市場の均衡を表しているが、貨幣市場はかならずしも均衡していない。
（エ）IS、LM の交点では財市場も貨幣市場も均衡しており、完全雇用の状態にある。
（オ）IS、LM の交点では財市場も貨幣市場も均衡しているが、完全雇用とは限らない。

◆3.13 貨幣供給が増加すると、IS-LM のモデルでは何が生じるか。
（ア）利子率の上昇と GDP の増加。
（イ）利子率の低下と GDP の増加。
（ウ）GDP や物価水準への影響はない。

（エ）GDP の増加と投資の減少。
（オ）公債の価格の低下と GDP の減少。

◆3.14 もし投資家の期待が強気になり，いままでの利子率のもとで投資が増加したとすると，何がいえるか。
（ア）IS 曲線は上方にシフトする。
（イ）IS 曲線は下方にシフトする。
（ウ）LM 曲線は上方にシフトする。
（エ）LM 曲線は下方にシフトする。
（オ）IS，LM 両曲線はシフトしない。

（→解答は p.283, 284）

4 財政金融政策

この章では，財政金融政策の効果をケインズ経済学の理論的な枠組み＝IS-LM の枠組みのなかで，分析する。財政政策では，クラウディング・アウト効果や資産効果を説明する。金融政策では，貨幣供給のメカニズムや中央銀行の政策手段を説明する。

KEY CONCEPTS

● 4.1 財政政策の効果

［1］政府支出の拡大

財市場だけではなく，貨幣市場も考慮した IS-LM の枠組みを用いて，財政政策の効果を分析する。

▶ **政府支出拡大の効果**：政府支出が増大すれば，IS 曲線が右上方にシフトする。

財政政策が変化しても LM 曲線はシフトしないから，均衡点は LM 曲線上を移動する。

例題4.1　──→国民所得は増大し，利子率も上昇する。

［2］クラウディング・アウト効果

利子率が上昇すると，投資需要が抑制される。これは，財市場で総需要を抑制する。したがって，利子率がまったく上昇しない場合より，政府支出乗数の値は小さくなる。

▶ **政府支出のクラウディング・アウト効果（押し退け効果）**：政府
例題4.2　支出の増加によって，部分的に民間投資が減少すること。

［3］極端なケース

▶ **貨幣需要の利子弾力性が無限大である流動性のわなのケース**：LM 曲線が水平。

4.1 財政政策の効果　67

財政政策によって IS 曲線がシフトしても，利子率は全然変化しない。したがって，投資も抑制されない。
　　──→クラウディング・アウト効果は何ら生じない。
▶ **投資が利子率に対して何ら反応しないケース**：IS 曲線が垂直。
財政政策によって，利子率が上昇しても投資は何ら抑制されない。
　　──→クラウディング・アウト効果は何ら生じない。
▶ **貨幣需要の利子弾力性がゼロ**：LM 曲線が垂直。
拡張的な財政政策によって IS 曲線がシフトしても，利子率が上昇することで投資が同額減少して，国民所得は全然増加しない。
　　──→100％のクラウディング・アウト効果
▶ **投資の利子弾力性が無限大**：IS 曲線が水平。
IS 曲線が，財政政策によってシフトしない。
　　──→100％のクラウディング・アウト効果

例題4.1

政府支出拡大の効果を，IS-LM曲線の図を用いて説明せよ。

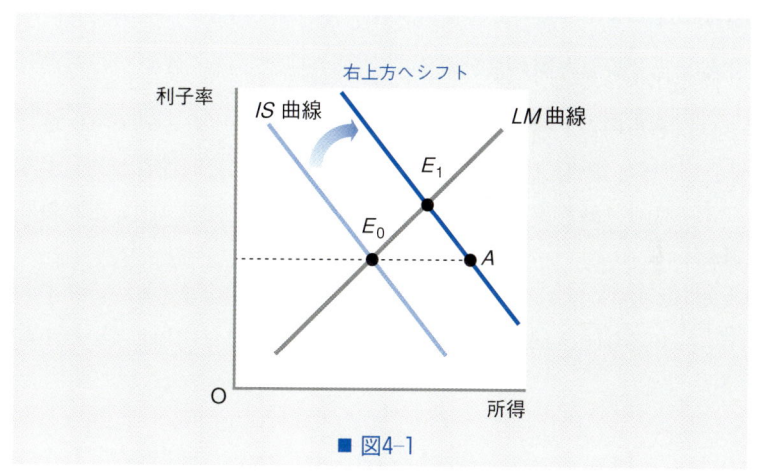

図4-1

（図：縦軸「利子率」，横軸「所得」，IS曲線が右上方へシフトし，LM曲線との交点がE_0からE_1へ移動する様子。点Aも示されている。）

図4-1は，財市場の均衡を示すIS曲線と貨幣市場の均衡を示すLM曲線を描いたものである。政府支出が増大すれば，これまでの利子率（r）のもとでは財市場が超過需要になるから，財市場の均衡を維持するためには，国民所得（Y）も増加しなければならない。したがって，IS曲線が右上方にシフトする。IS，LM両曲線の交点で与えられる均衡点はE_0からE_1へ動く。財政政策が変化してもLM曲線はシフトしないから，均衡点はLM曲線上を移動する。E_0点とE_1点とを比べると，国民所得は増大し，利子率も上昇する。

政府支出の増加により，財市場で超過需要となり，生産が刺激され，国民所得が増大すると，貨幣の取引需要が増加する。今までの利子率のままでは貨幣市場はもはや均衡せず，超過需要が発生する。このため，貨幣市場の均衡を回復するように，利子率が上昇する。貨幣供給が一定である以上，利子率が上昇してはじめて貨幣需要が抑制され，貨幣市場の均衡が維持される。

利子率が上昇すると，投資需要が抑制される。投資需要も総需要の一部

であるから,財市場で総需要も抑制される。したがって,利子率がまったく上昇しない場合より,政府支出乗数の値は小さくなる。

　図で A 点は,利子率がもとの E_0 のままであるときの財市場の新しい均衡点を示している。これは,第2章で財市場だけで政府支出増加の有効需要創出効果を分析した際の乗数の値 $\dfrac{1}{1-c_1}$ に対応している。A 点から E_1 点への動きは,利子率が上昇したために,投資需要が抑制される効果を反映している。これは,政府支出の増加によって,部分的に民間投資が減少することであるから,政府支出のクラウディング・アウト効果（押し退け効果）と呼ばれる。

　ただし,100％以上のクラウディング・アウト効果は生じない。利子率が上昇している以上,LM 曲線に沿ってかならず GDP は増加しているからである。

例題4.2

クラウディング・アウト効果について，正しくないものはどれか。

（ア）クラウディング・アウト効果は，循環的な財政赤字の効果に対応する。
（イ）クラウディング・アウト効果は，100％以上になることはない。
（ウ）クラウディング・アウト効果は，利子率が上昇することで投資が抑制される効果に対応する。
（エ）クラウディング・アウト効果は，新古典派のモデルでは完全であって，政府支出の拡大によって投資が100％減少する。
（オ）クラウディング・アウト効果は，財政政策の効果が45度線の単純なケインズ・モデルの乗数よりは小さくなることを意味する。

答え：（ア）

クラウディング・アウト効果は，政府支出の拡大が民間需要，とくに，民間投資を抑制する効果である。これがケインズ・モデルで用いられる場合には，景気対策として行われる政府支出の拡大がかならずしも大きな乗数効果をもたらさないことを意味する。したがって，政府支出拡大の財源は公債発行であり，財政赤字の拡大を伴っている。裁量的な政府支出の拡大による財政赤字は，構造的な財政赤字である。循環的な財政赤字とは，景気循環の過程で税収がGDPの変動に対応して動く場合の財政赤字であり，政策的な変化によるものではない。

なお，新古典派モデルにおけるクラウディング・アウト効果は，政府支出が公債発行で調達されるかどうかにかかわらず，100％民間投資を抑制する。その理由は，新古典派モデルではGDPは供給側の要因で決定されており，これが不変であれば，政府支出が拡大しても，GDPは増加せず，同額だけ民間需要を押さえ込むと考えるからである。

問 題

◆4.1 増税政策の効果を *IS-LM* のモデルを用いて，説明せよ。

◆4.2 *LM* 曲線が右上がりであるとしよう。政府支出の拡大が GDP に与える効果に関する以下の文章のうちで，45度線のモデルにおける乗数と比較して，正しいものはどれか。
　(ア) 利子率が低下して投資が刺激される分だけ，乗数の値は大きくなる。
　(イ) 政府支出の財源として貨幣を必要とするので，乗数の値は小さくなる。
　(ウ) 貨幣供給も増加するので，乗数の値は大きくなる。
　(エ) 利子率が上昇して投資を抑制する分だけ，乗数の値は小さくなる。
　(オ) 上のどれもあてはまらない。

◆4.3 *IS-LM* のモデルを前提とすると，政府支出乗数についての記述のうちで，正しいものはどれか。
　(ア) *LM* 曲線上を移動することで貯蓄性向が上昇するから，利子率は上昇する。
　(イ) 投資の増加で所得は低下し，雇用も落ち込む。
　(ウ) 利子率が上昇して投資が低迷するので，雇用は増加する。
　(エ) 消費の増加がさらなる消費の増加をもたらす。
　(オ) *LM* 曲線上を移動することで貨幣供給が増加するから，物価も上昇する。

(→解答は p.284)

●4.2 公債残高の資産効果

[1] 財政赤字と公債発行

▶ **政府の予算制約**：増税をしないで政府支出が増加すれば，財政赤字（＝政府支出－政府収入）が発生する。

それが何で賄われるのか，政府の予算制約式を考慮する。

　　　公債発行＝政府支出－税収

公債を市場で消化し，その財源で政府支出を行うのが一般的である。

公債残高が増加する効果

①消費に与える効果　公債残高は，家計にとっては資産の一部とみなされるから，公債が増えれば，資産が増える。現在の可処分所得が同じであっても，家計の消費は増える。

②資産市場に与える効果　家計の資産選択の立場から考えると，公債残高が増えるとき，そのうちの一部を貨幣に変える方が有利となる。したがって，貨幣需要を刺激する。

---

[2] 資産効果と IS-LM 分析

▶ **IS 曲線**：公債残高の消費に対する資産効果のために，右上方にシフトする。

▶ **LM 曲線**：公債残高の貨幣需要に対する資産効果のために，左上方にシフトする。

公債残高の増加により，新しい均衡点 E_1 は古い均衡点 E_0 の上方にある。公債残高が増加することで利子率はかならず上昇するが，国民所得が増加するかどうかははっきりしない。

例題4.3

[3] 政府の収支

政府の財政収支が，財政政策の結果として長期的にどのように変化するか。

乗数効果による税収増を見込んでも，当初は財政赤字が発生する。

なぜなら，かなりの税収をあげるには税率が高くなくてはならないが，そうであれば乗数は小さくなってしまう。

貨幣に対する資産効果の方が大きければ，国民所得は減少するから，税収も減少する。財政赤字は拡大する。これは，さらに公債の追加的な発行で賄われるから，また，公債の資産効果（貨幣に対する資産効果）のために，国民所得が減少し，さらに，税収も減少してしまう。この状態になれば，どんどん財政赤字は拡大し，国民所得と税収は減少する一方となる。経済は破局をむかえる。

公債のもつ資産効果が全体として，国民所得を増加させるのかそうでないのかは，財政政策の有効性を分析するとき，重要な意味をもつ。

[4] 体系の安定性

公債発行による政府支出の拡大が，短期的には財政赤字を伴っても，長期的に均衡財政に回復するためには，消費に対する資産効果の方が資産市場での資産効果よりも大きくなくてはならない。

消費に対する資産効果が小さいと，公債調達による政府支出の拡大で，体系が不安定になる。

例題4.4

公債の消費に対する資産効果は，家計が公債をどの程度資産とみなすかに依存している。

──▶政府支出の拡大あるいは減税というマクロ財政政策の有効性にとって，重要なポイントであり，ケインズ的立場と新古典派的立場で見解が分かれる点でもある。

例題4.3

資産効果を考慮すると，政府支出拡大のマクロ効果はどうなるか。
（ア）利子率は上昇し，GDPは増加する。
（イ）利子率は上昇するが，GDPの変化は不確定となる。
（ウ）利子率の変化は不確定であるが，GDPは増加する。
（エ）利子率は低下し，GDPは減少する。
（オ）利子率の変化もGDPの変化も不確定となる。

答え：（イ）

　IS曲線は，公債残高の消費に対する資産効果のために，右上方にシフトする。なぜなら，公債残高が増加すると，今までの国民所得（Y）と利子率（r）のもとでは，財市場で消費が増えるために，超過需要になるからである。

　超過需要を解消するには，国民所得が増えるか，利子率が上昇しなければならない。つぎに，LM曲線は，公債残高の貨幣需要に対する資産効果のために，左上方にシフトする。なぜなら，公債残高が増加して，貨幣需要が増えると，今までの利子率と国民所得のままでは，貨幣市場が超過需要になるからである。超過需要を解消するには，利子率が上昇するか，国民所得が減少しなければならない。公債残高の増加により，IS曲線が右上方にシフトし，LM曲線が左上方にシフトするから，新しい均衡点E_1は古い均衡点E_0の上方にある。しかし，E_1がE_0の右にあるか，左にあるかは定性的にははっきりしない。公債残高が増加することによって，利子率はかならず上昇するが，国民所得が増加するかどうかははっきりしない。

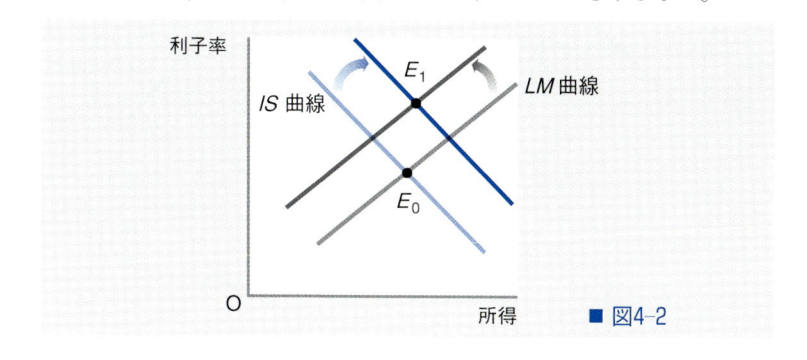

■ 図4–2

4.2　公債残高の資産効果

例題4.4

消費に対する資産効果がかなり大きくないと，マクロ・モデルが不安定になることを説明せよ。

　消費に対する資産効果が小さいと，公債残高の増加で国民所得（あるいはGDP）は減少する。政府の予算制約と公債残高との関係を図で表すと，公債残高とともに財政赤字（＝政府支出－税収）は拡大する。なぜなら，公債残高が増加してGDPが減少すると，税収も減少するからである。その結果，追加的に必要となる公債発行も大きくなり，これがまたGDPを減少させる資産効果をもっているので，ますますGDPは減少し，財政赤字も拡大する。

　消費に対する資産効果がある程度大きくなれば，公債残高の増加でGDPは増加する。この場合税収も増加するので，財政収支への効果は安定的に働く。ただし，公債残高が大きくなれば，利払い費も増加するので，それを上回るだけの税収の増加があってはじめて，財政赤字は縮小する。つまり，図4-3のような右下がりの曲線が描かれる。そのためには，消費に対する資産効果はかなり大きい必要がある。

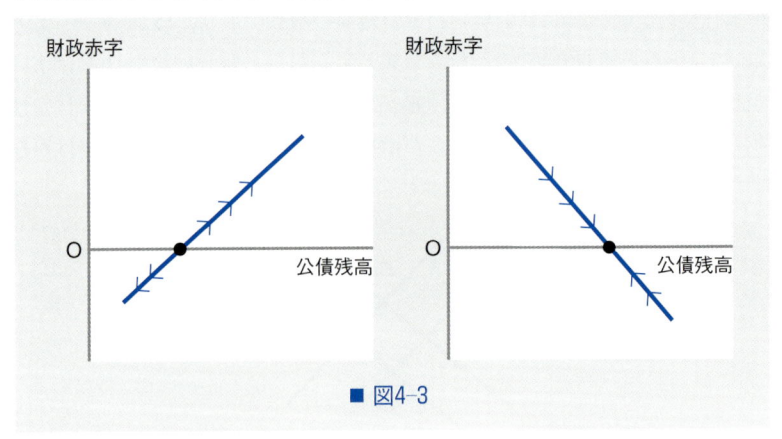

■ 図4-3

問 題

◆4.4 以下の文章の（ ）に適当な用語を入れよ。
公債も家計にとって（ ）の一部とみなされる場合には，公債が増加すれば，消費は（ ）する。また，公債の増加は資産市場では貨幣需要を（ ）する。

◆4.5 以下の文章のうちで正しいものはどれか。
（ア）消費に対する資産効果を考慮すると，IS 曲線の傾きが緩やかになる。
（イ）消費に対する資産効果を考慮すると，IS 曲線の傾きが急になる。
（ウ）消費に対する資産効果を考慮しても，IS 曲線の傾きが変わらない。
（エ）消費に対する資産効果を考慮すると，LM 曲線の傾きが緩やかになる。
（オ）消費に対する資産効果を考慮すると，LM 曲線の傾きが急になる。

◆4.6 次のマクロ・モデルを想定する。
$C = 100 + 0.8Y + 0.01B$
$I = 100 - 20r$
$M = 100$
$L = 0.4Y - 20r + 0.04B$
ここで，C：消費，I：投資，M：貨幣供給，L：貨幣需要，Y：所得，r：利子率，B：公債残高である。当初の公債が1000でそれが1100へと100だけ増加すると，均衡所得はいくらからいくらへと変化するか。

（→解答は p.284）

4.3 金融政策の効果

[1] 貨幣供給の増加

▶ **金融政策**：中央銀行による貨幣供給の増加。

貨幣供給 M が増加すると，LM 曲線は右下方にシフトする。均衡点は E_1 に移動する。E_1 では E_0 と比べて，利子率が低下し，国民所得は増加する（図4-4）。

例題4.5

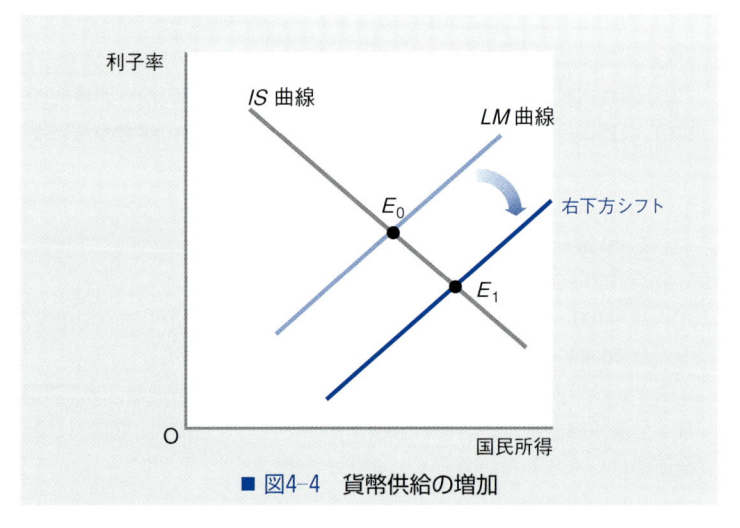

■ 図4-4　貨幣供給の増加

[2] 貨幣乗数

▶ **貨幣乗数**：貨幣供給の増加が総需要を拡大させる効果。

貨幣乗数の大きさは，貨幣供給の増加に対応してどのくらい利子率が低下するのか，また，利子率の低下に対応してどのくらい投資需要が刺激されるのかに，大きく依存する。

貨幣需要の利子弾力性が小さいほど，貨幣供給の増大は利子率の低下を引き起こしやすく，また，投資需要の利子弾力性が大きいほど，利子率の低下は投資を拡大しやすいため，貨幣乗数も大きくなる。

例題4.6

例題4.5

LM 曲線がランダムなショックにさらされているとしよう。また，財政政策は完全雇用 GDP と現実の GDP とのギャップを埋めるようになされるとする。これに適合する金融政策としては，どのようなものが望ましいか。

景気対策としての財政政策が制度的に織り込まれているとすれば，
$$G = G_0 + g(Y_F - Y)$$
のように定式化できる。ここで，G_0 はある外生的な政府支出の水準であり，g はプラスのパラメーターである。この式は，均衡所得 Y が完全雇用 GDP である Y_F よりも小さい場合には，その乖離幅に応じて政府支出が追加されることを意味する。

このときに，IS 曲線は
$$Y = c_0 + c_1 Y + I(r) + G$$
と書ける。ここで c_1 は限界消費性向である。上の G に関する政策の式を代入すると，
$$Y = c_0 + G_0 + (c_1 - g)Y + I(r) + gY_F$$
と書き直せる。したがって，IS 曲線の傾きは，
$$\frac{\Delta r}{\Delta Y} = \frac{1 - (c_1 - g)}{I_r}$$
となる。g が入るケースでは，限界消費性向 c_1 が同じであっても，g がない場合の実質的な限界消費性向を小さくするのと同じ効果をもつ。上の式の右辺の絶対値は大きくなり，IS 曲線の傾きは急になる。すなわち，不完全雇用の状態では，GDP と政府支出がプラスの相関をもつことになるから，それを織り込んだ IS 曲線は，より傾きが急になる。

こうした場合に LM 曲線がランダムなショックに応じてシフトすると，GDP の変化よりも利子率の変化の方が大きくなる（図4-5）。したがって，利子率 r を一定にするように金融政策を調整することで，LM 曲線に対するランダムなショックを政策的に相殺できる。利子率を目標として金融政策を操作することが，望ましい。

■ 図4-5

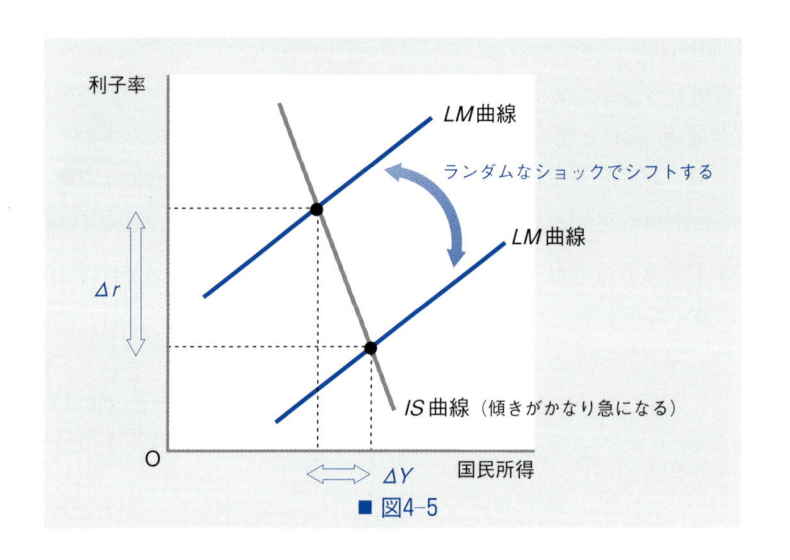

例題4.6

以下の文章のなかで，LM 曲線をシフトさせないものはどれか。
（ア）中央銀行による債券の購入
（イ）貨幣の資産需要（投機的需要）の落ち込み
（ウ）中央銀行による公定歩合の引き下げ
（エ）貨幣供給の増加
（オ）利子率の変化

答え：（オ）

　LM 曲線は貨幣供給一定の想定で描かれるため，その量が変化すれば，シフトする。（ア）（ウ）（エ）はいずれも貨幣供給の変化をもたらすから，LM 曲線をシフトさせる。（イ）は貨幣需要がいままでと同じ GDP と利子率のもとでも減少することを意味するので，これも LM 曲線をシフトさせる。利子率は IS，LM 両曲線の交点で決定される内生変数である。LM 曲線がシフトしなくても，IS 曲線がシフトすれば，（オ）は起こり得る現象である。

　なお，シフト・パラメーターはその図における 2 つの内生変数（LM 曲線の場合は所得と利子率）以外の要因で，その曲線に影響を与える変数あるいは変化を意味する。（ア）から（エ）まではすべてシフト・パラメーターの変化を意味する。

問題

◆4.7 以下の変化のなかで LM 曲線をシフトさせるものはどれか。
（ア）消費関数のシフト
（イ）投資関数のシフト
（ウ）流動性選好のシフト
（エ）政府支出の変化
（オ）政府税制の変化

◆4.8 貨幣需要が突然増加したとしよう。GDP と利子率をいままでと同じ水準に維持するためには，以下のどのような政策が適切か。
（ア）貨幣供給の縮小と政府支出の増加
（イ）政府支出の増加
（ウ）貨幣供給の増加
（エ）貨幣供給の増加と税率の引き下げ
（オ）どのような財政金融政策でも，無理である。

◆4.9 不況のときに望ましい財政金融政策の組合せとして，もっともらしいのは次のうちどれか。
（ア）税率の引き上げと拡張的な金融政策
（イ）縮小的な金融政策と税率の引き上げ
（ウ）政府支出の増加と拡張的な金融政策
（エ）政府支出の削減と税率の引き上げ，さらに中立的な金融政策
（オ）税率の引き下げと政府支出の抑制，さらに中立的な金融政策

◆4.10 家計の（平均）消費性向が上昇したとする。以下の政策的な対応のうち，望ましいものはどれか。
（ア）景気の後退に対応するために，貨幣供給を増加させる。
（イ）景気の過熱を抑制するために，税率を引き下げる。
（ウ）景気の過熱を抑制するために，貨幣供給を縮小し，税率を引き下げる。
（エ）景気の過熱を抑制するために，貨幣供給を縮小し，政府支出を減少させる。
（オ）利子率の低下を防ぐために，貨幣供給を拡大させる。

（→解答は p.284）

●4.4　貨幣供給のメカニズムと金融政策

［1］ハイパワード・マネー

▶ **貨幣供給のメカニズム**：中央銀行が直接コントロールできる貨幣＝ハイパワード・マネーが重要な役割を演じる。

▶ **ハイパワード・マネー**：中央銀行の債務項目である現金通貨と預金通貨銀行（＝市中銀行）による中央銀行への預け金を加えたもの。

［2］貨幣の信用創造乗数

▶ **預金準備率**：預金に対する中央銀行への預け金の比率。

▶ **信用創造**：現金通貨の増加が預金準備率の逆数倍の預金通貨をもたらすプロセス。

例題4.7
例題4.8
　　　⟶ 準備率の逆数＝信用創造の乗数。

［3］貨幣の信用乗数

ハイパワード・マネーを H，貨幣供給を M，公衆保有の現金（市中で流通している現金）を CU，預金を D，銀行の現金保有を V，中央銀行への預け金を R とすると，

$$M = CU + D$$
$$H = CU + V + R$$

の関係がある。両者の比をとると，次式を得る。

$$\frac{M}{H} = \frac{\frac{CU}{D} + 1}{\frac{CU}{D} + \frac{V}{D} + \frac{R}{D}}$$

公衆の現金・預金保有比率 $\frac{CU}{D}$，銀行の現金・預金比率 $\frac{V}{D}$，そして，中央銀行預け金・預金比率 $\frac{R}{D}$ が比較的安定しているか，操作可能であれば，この関係を利用して，ハイパワード・マネー H を通じた貨幣供給 M のコントロールが可能となる。

例題4.9

[4] 3つの比率

▶ **中央銀行への預け金・預金比率** $\frac{R}{D}$：法定準備率を引き上げると，$\frac{R}{D}$ も上昇して，$\frac{M}{H}$ は低下する。

▶ **銀行が保有する現金と預金との比率** $\frac{V}{D}$：銀行が支払い準備のために，法定の準備を越えて必要とする現金。金融の技術進歩によって，銀行がより効率的に現金を管理できるようになれば，$\frac{V}{D}$ は低下する。

▶ **公衆の現金・預金比率** $\frac{CU}{D}$：金融における技術革新とともに低下する。預金金利の上昇は，公衆の現金保有の機会費用を増加させて，$\frac{CU}{D}$ を低下させる。

中央銀行がハイパワード・マネーをコントロールしても，かならずしも貨幣供給量も正確にコントロールできるわけではない。利子率が上昇すれば，銀行は現金準備を節約し，また，公衆は現金保有を節約する。したがって，貨幣供給は利子率の増加関数となる。

貨幣供給は，政策変数であるハイパワード・マネーの増加関数であるとともに，内生変数である利子率の増加関数でもある。

[5] 金融政策の効果

貨幣供給が利子率の増加関数であれば，そうでない場合よりも，LM 曲線の傾きはより水平になる。その分だけ金融政策の量的な効果は小さくなり，逆に，財政政策の効果は大きくなる。

▶ **金融政策**：中央銀行が貨幣供給をコントロールして，民間の経済活動水準や物価に影響を与えること。

⟶ 金融政策は，価格政策と数量政策に分かれる。

(1) 基準金利政策

▶ **基準金利**：日本銀行は，1994年まで，公定歩合（日本銀行が民間銀行へ貸付を行う際に適用する基準金利）を操作することで金融政策

を行ってきた。すなわち景気の過熱を抑制する手段としては公定歩合を引き上げ，景気の回復を促進する手段として公定歩合を引き下げてきたが，1994年に民間銀行の金利が完全に自由化されてからは，短期金融市場の金利（無担保コール翌日物の金利（基準金利）。正式名称は「基準割引率および基準貸付利率」）を操作している。

　基準金利の変更が現実にどのくらいの効果をもつかは，民間の投資需要，投資の利子弾力性など，そのときの経済状態に依存する。
▶ **アナウンスメント効果**：基準金利は，中央銀行のもつ政策上の態度を反映する指標でもあり，基準金利の変更は，民間の経済主体の期待形成に直接影響を与える。このような基準金利のもつ，シグナルとしての効果。

(2) 公開市場操作
▶ **公開市場操作**：中央銀行が手持ちの債券や手形を市場で売り買いする方法。中央銀行が手形や債券を債券市場で売ったり（売りオペ），買ったり（買いオペ）することで，貨幣供給を操作する。

(3) 法定準備率操作
▶ **法定準備率**：民間の金融機関は，受け入れた預金の一定割合を準備金として，保有しなければならない。この法律で決められた一定割合。
▶ **準備率の操作**：中央銀行が法定準備率を変更する政策。

　法定準備率が1%変化するだけで，預金の変化はかなり大きい。法定準備率の操作は，貨幣供給の微調整に適した政策手段ではなく，金融政策の大きな流れを決定するのに適した手段である。

例題4.7

信用創造のメカニズムを説明せよ。ただし，公衆は通貨を預金としてだけ保有し，現金は保有しないとする。

　一般に，銀行は預金の支払いにあてる現金を100％準備しておくことはない。現金でもっていても何の収益も生まないからである。それよりも，貸出に回して収益をあげようとする。中央銀行は，市中の銀行に対して，支払い準備のための現金を中央銀行への預け金の形で，保有するように求めている。預金に対する中央銀行への預け金の比率が預金準備率である。現金通貨の増加が，預金準備率の逆数倍の預金通貨をもたらすプロセスが，信用創造である。準備率の逆数が信用創造の乗数である。

　いま，預金準備率が10％であるとして，信用創造のメカニズムを説明しよう。現金が10億円だけ増加したとする。これは，さしあたっては，どこかの銀行の預金の増加となる。このとき，銀行は$10 \times 0.1 = 1$億円を中央銀行への預け金に回し，残りを貸し付けに回す。なぜなら，銀行は貸付によって得られる利子率をその収益源としているからである。貸し付けられたお金は，どこかの銀行の口座に振り込まれる。その銀行は，9億円のうち，$9 \times 0.1 = 0.9$億円を中央銀行への預け金に回し，残りの8.1億円をさらに貸付にまわす。

　このプロセスが限りなく続けば，各銀行の口座に振り込まれて預金通貨となる金額の総額は，以下のような無限等比数列の和で示される。

$$10 + 9 + 8.1 + \cdots = \frac{10}{1 - 0.9} = 100$$

すなわち，預金準備率が10％で現金通貨が10億円増加したときには，預金通貨は準備率の逆数倍だけ，この例では10億円の10倍の100億円だけ増加する。

例題4.8

銀行Aへの新しい預金の増加は，貨幣供給にどのように影響するか。ただし，公衆は通貨を預金としてだけ保有し，現金は保有しないとする。
(ア) 基準金利を低下させて，貨幣供給を増加させる。
(イ) 銀行Aへの預金増加と同じ額だけ，貨幣供給は増加する。
(ウ) 新しい預金が増加しても，貨幣供給は増加しない。
(エ) 必要準備率の逆数だけ，潜在的には貨幣供給は増加し得る。
(オ) 1から必要準備率の逆数を引いた大きさだけ，潜在的には貨幣供給が増加し得る。

答え：(エ)

たとえば，準備率が20%で420万円が新しく銀行に預金されたとする。最初に銀行Aに預金される420万円のうち20%＝84万円が預金準備として銀行の手元に保有され，残りの336万円が新たな貸し出しに向けられる。借り入れた企業が現金の形で保有しないですべて預金にすると，また，336万円の20%が準備として保有され，残りが貸し出しに回される。この額は，420×0.8^2 となる。このようにして考えると，最終的に信用創造される預金準備は

$$\frac{420 \times 0.8}{1-0.8} = 1680$$

となる。

したがって，貨幣供給は

$$1680 + 420 = 2100$$

だけ増加し得る。これは，当初の預金の増加420万円と比較すると，必要準備率の逆数

$$\frac{420}{0.2} = 2100$$

になっている。

例題4.9

公衆が保有する現金通貨と預金通貨の額をそれぞれ CU, D, 銀行部門が保有する支払準備の額と現金通貨の額を R, V とする。いま、公衆の現金・預金比率 $\dfrac{CU}{D}$ を0.2, 銀行部門の支払準備・預金比率 $\dfrac{R}{D}$ を0.1, 銀行部門の現金・預金比率 $\dfrac{V}{D}$ を0.1とする。

(ア) ハイパワード・マネーが30兆円のとき、公衆が保有する現金通貨の額 D はいくらか。
(イ) 銀行部門が現金を保有しないとき ($V=0$), 上の問いの答えはいくらか。
(ウ) (イ)に加えて、公衆も現金を保有しないとき ($CU=0$), 上の問の答えはいくらか。

(ア) ハイパワード・マネーは、$CU+R+V$ の合計になる。問題の条件より、

$$\frac{CU}{D}+\frac{R}{D}+\frac{V}{D}=0.2+0.1+0.1$$

あるいは

$$CU+R+V=(0.2+0.1+0.1)D=0.4D$$

したがって

$$30=0.4D$$
$$D=75$$

(イ) (ア) と同じような式を求めると、

$$CU+R=(0.2+0.1)D$$
$$30=0.3D$$
$$D=100$$

(ウ) 同様にして、(ア) と同じような式を求めると、

$$CU=0.2D$$
$$30=0.2D$$
$$D=150$$

問　題

◆4.11　消費が利子率の減少関数であるとき，金融政策の効果はどうなるか．

◆4.12　以下のいずれの政策が貨幣供給を増加させるか．
（ア）中央銀行による債券の購入
（イ）中央銀行による債券の売却
（ウ）必要準備率の引き上げ
（エ）基準金利の引き上げ
（オ）減税

◆4.13　もし中央銀行が緊縮的な金融政策を採用するとすれば，以下のうちどれが適切か．
（ア）基準金利を引き上げ，公債を購入し，法定準備率を引き下げる．
（イ）基準金利を引き上げ，公債を購入し，法定準備率を引き上げる．
（ウ）基準金利を引き上げ，公債を売却し，法定準備率を引き上げる．
（エ）基準金利を引き下げ，公債を購入し，法定準備率を引き上げる．
（オ）基準金利を引き下げ，公債を購入し，法定準備率を引き下げる．

◆4.14　貨幣の信用創造乗数が4であり，金融システムで創造可能な貨幣が40000とする．法定準備率と準備金（中央銀行預け金）について，以下のうち正しいものはどれか．
（ア）40％と4000
（イ）40％と10000
（ウ）25％と2500
（エ）25％と10000
（オ）25％と不確定

◆4.15　準備率を25％から20％に低下させると，以下のどれがもっともらしいか．
（ア）貨幣供給の縮小
（イ）景気の低迷
（ウ）準備金の増加と潜在的な貨幣供給の増加
（エ）準備金の減少と潜在的な貨幣供給の増加
（オ）準備金の増加と潜在的な貨幣供給の減少

◆4.16　基準金利の上昇は債券価格にどのような影響を与えるか。

◆4.17　金融機関の技術進歩によって貨幣の取引需要が減少したとしよう。貨幣供給が一定とすると，この技術的な変化はどのようなマクロ経済効果をもたらすか。

> **コラム**
>
> ### 金融不安
>
> 　1990年代に入ってバブル経済が崩壊すると，銀行やノンバンクは大量の不良債権を抱え込むことになり，金融不安が広がった。さらに銀行の貸し渋りも加わって，1997年には大手の証券会社をはじめ各種金融機関が経営破綻をきたした。こうした状況で，預金者保護のために預金保険機構の役割が注目されている。この機関は，金融機関の倒産などで預金の払い戻しが不可能になった場合，金融機関に代わって預金者に対し預金払い戻しを肩代わり・保証する機関である。破綻金融機関に係わる合併に関して資金援助や不良債権の買い取りなども行う。また，金融政策の信頼性を高めるために，1997年に日銀法が改正された。政策委員会が，日本銀行の最高意思決定機関であり，原則月2回開催される「金融政策決定会合」で金融政策について審議する。金融政策の決定過程を透明にするため，議事録要旨は約1ヶ月後に公開される。1998年には金融再生委員会が発足し，金融機関の検査・監督，金融再生法に基づく破綻処理，早期健全化法による公的資金の注入などの枠組みが整備されてきた。

（→解答は p.285）

5 失業とインフレーション

この章では，労働市場を考慮し，右上がりの供給曲線を導出する。また，国民所得とともに物価水準を内生的に決定するモデルを構築する。さらに，物価水準の変化であるインフレーションも分析の対象とする。

KEY CONCEPTS

●5.1 総供給関数

[1] 生産関数

企業の生産関数は，次のように与えられる。

$Y = F(N)$

- 労働投入 N が増加すると生産 Y も増加する。
- その増加の程度（＝限界生産）は次第に逓減する。

──→マクロの生産関数（図5-1）

すべての企業を集計すれば，一国全体の生産活動においても同様の N と Y の関係が定式化できる。

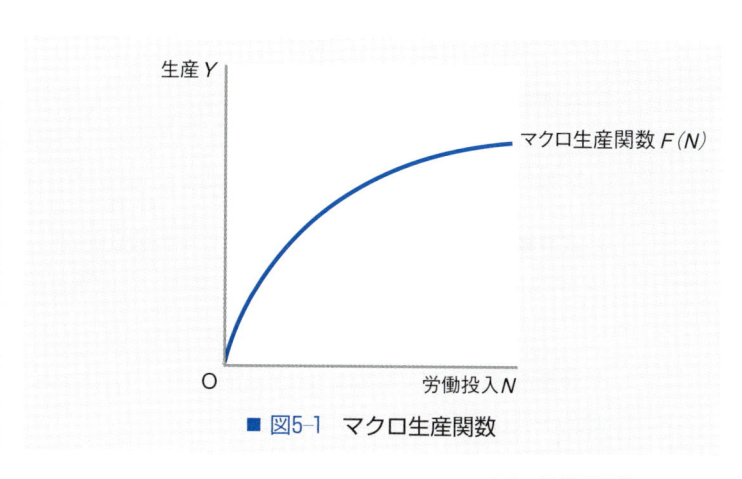

■ 図5-1 マクロ生産関数

5.1 総供給関数　91

▶**企業の労働需要**：労働の限界生産（$=\dfrac{\Delta F}{\Delta N}=F_n$）が，労働の限界費用である実質賃金率$\dfrac{w}{p}$に等しいところまで労働需要が生じる。$p$ は物価水準，あるいは企業の生産する財の価格，w は貨幣（＝名目）賃金率である。

労働の限界生産 F_n は，生産関数の仮定（限界生産力逓減）により労働投入 N の減少関数であり，他方で，労働の限界費用は実質賃金率$\dfrac{w}{p}$で与えられるから，企業の主体的均衡点では次式が成立する。

$$F_n(N)=\dfrac{w}{p}$$

[２] 労働市場と均衡雇用量

企業の利潤最大化行動を前提とすると，労働需要は，貨幣賃金率の減少関数，価格水準の増加関数となる。

- 貨幣賃金率が上昇すれば，労働コストが割高になるから，労働需要は減少する。
- 価格が上昇すれば，いままでよりも生産するのが有利になるから，労働需要は拡大する。

▶**労働供給の定式化**：労働者は，ある貨幣賃金率 w_F のもとでいくらでも労働供給をしたい。

労働供給曲線 N_S は，w_F を通る水平線で表される。ただし，労働供給可能時間 N_F を超える労働供給はできないから，労働供給曲線は N_F までは水平線で，N_F を超えると垂直になる（図5-2）。

▶**貨幣錯覚**：労働者は貨幣賃金の水準のみに関心を示し，物価水準とは無関係に労働供給行動を決定する。労働者は貨幣賃金と実質賃金を混同する。

▶**労働市場の均衡**：労働需要，供給両曲線の交点 E。N_F-N_E は非自発的失業に相当する（図5-2）。

■ 図5-2　労働市場の均衡

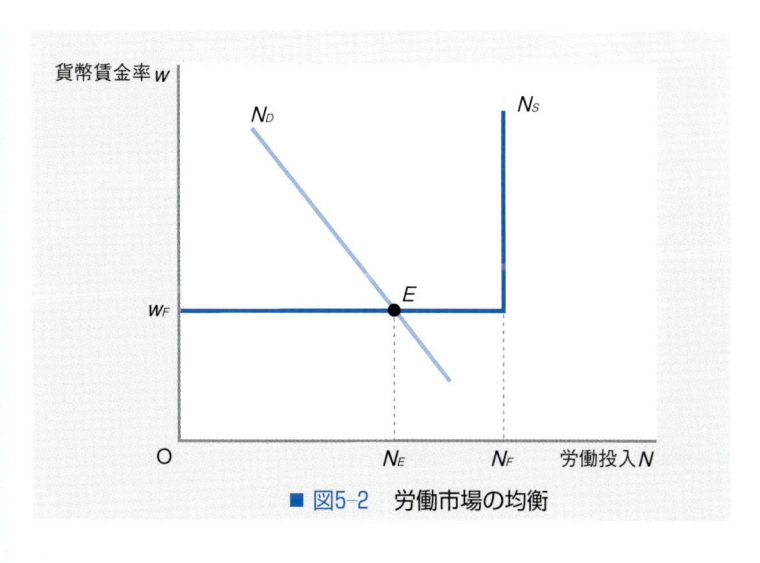

例題5.1　▶ **価格上昇の効果**：労働需要曲線 N_D は，図5-2において右上方にシフトする。

　　→均衡点は労働供給曲線上で右側に移動する。すなわち，労働雇用 N も生産量 Y も増加する。

　価格が上昇すれば，貨幣賃金一定のもとでは実質賃金が低下して，実質的に労働者を安く雇用できるから，いままで以上に生産を拡大することで企業の利潤が増大する。

▶ **総供給関数**：価格と生産水準との<u>プラス</u>の関係。

例題5.2
$$Y = Y_s(p)$$

5.1　総供給関数

例題5.1

総供給関数を縦軸に物価水準，横軸に GDP をとる図で表すと，以下のどれがもっともらしいか。

（ア）右上がりとなる。
（イ）右下がりとなる。
（ウ）GDP の小さな水準では右上がりで，GDP が大きくなると右下がりとなる。
（エ）GDP の小さな水準では右下がりで，GDP が大きくなると右上がりとなる。
（オ）上のどれでもない。

答え：（ア）

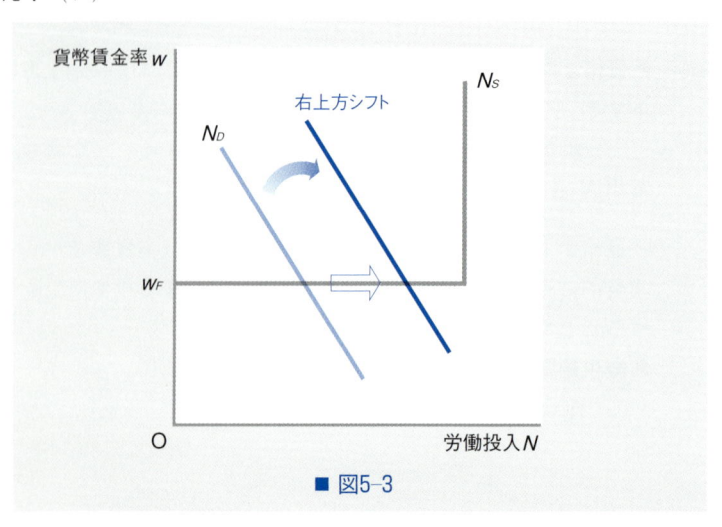

■ 図5-3

労働需要曲線は賃金率を縦軸に，労働を横軸にとる図で描いているから，価格を一定と想定している。つまり，価格をシフト・パラメーターとして描いたものである。

価格が何らかの理由で上昇すると，労働需要曲線は図5-3において右上方にシフトする。その結果，均衡点は労働供給曲線上で右側に移動する。す

なわち，労働雇用も増加し，生産量も増加する。したがって，価格 p が上昇すると雇用量 N も生産量 Y も増大する。

いいかえると，物価水準と供給水準との間には正の関係がみられる。価格が上昇すれば，貨幣賃金一定のもとでは，実質的に労働者を安く雇用できるから，いままで以上に生産を拡大することで企業の利潤が増大する。このような価格と生産水準とのプラスの関係が，総供給関数である。

$$Y = Y_s(p)$$

したがって，総供給曲線は右上がりとなる（図5-4）。

この供給関数は，p のもとでいくらでも生産したものが販売できる，すなわち，生産に応じて需要があるという完全競争の前提のもとで導かれたものである。これは，ある価格 p のもとで生産したものがかならず販売されるとすれば，企業はどの程度まで労働 N を雇用して生産するのが最適かを示す。

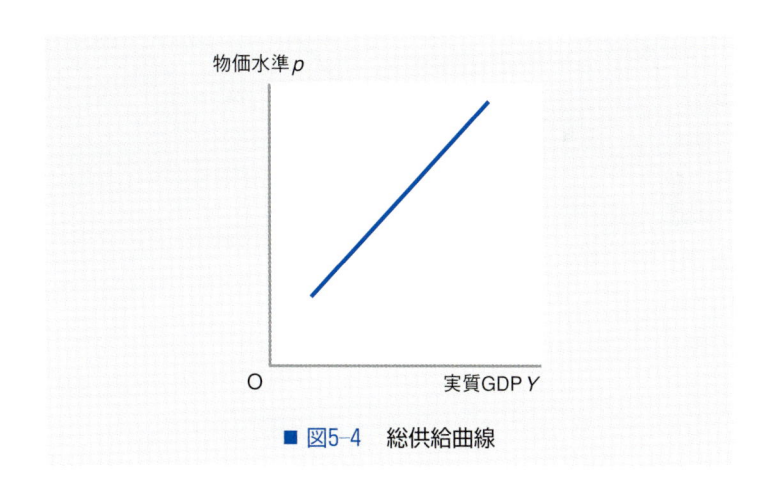

■ 図5-4　総供給曲線

5.1　総供給関数

例題5.2

労働者の賃金，物価に対する期待を明示して，総供給関数を導出せよ。

p^e を労働者の期待する物価水準とする。そして，労働者は $\frac{w_F}{p^e}$ という期待実質賃金率のもとで，N_F まで供給したいと考える。図5-5は縦軸に実質賃金 $\frac{w}{p}$，横軸に労働 N をとっている。労働需要曲線は右下がりであり，労働供給曲線は右上がりである。期待実質賃金は

$$\frac{w}{p^e} = \frac{w}{p} \cdot \frac{p}{p^e}$$

と書き直せるので，期待実質賃金に依存する労働供給曲線は，$\frac{w}{p}$ と N の図では，$\frac{p}{p^e}$ をシフト・パラメーターとしている。

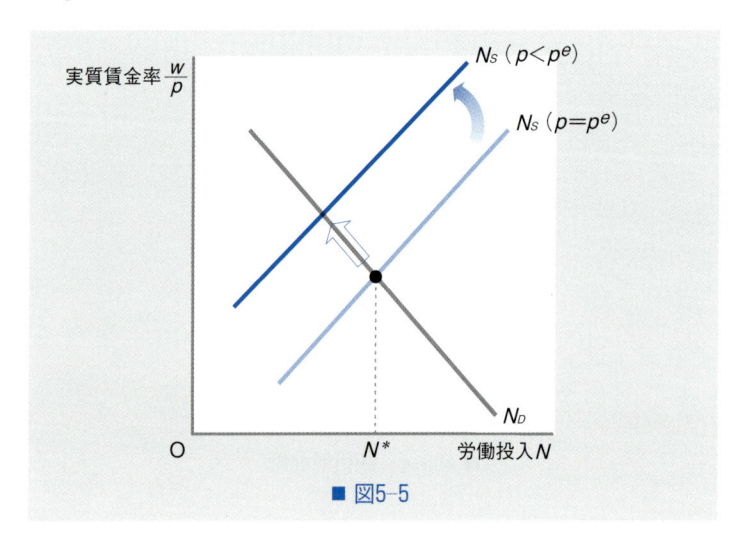

■ 図5-5

さて，pと比較してp^eの上昇（下落）は，図5-5において労働供給曲線を上方（下方）にシフトさせる。その結果，労働雇用量は減少（増加）し，供給される財の量も減少（増加）する。pとp^eが同じだけ上昇する場合には，労働供給関数と労働需要関数とが同じ大きさだけ上方にシフトするから，雇用される労働量は変化しない。したがって，この場合供給される財の量も変化しない。

以上の関係を式にまとめると，次のような総供給関数が書ける。

$$Y = Y^* + \frac{p - p^e}{\alpha}$$

ここで，Y^*は$p=p^e$のときの均衡労働供給量（完全雇用水準）である。$\alpha > 0$はパラメーターである。

問題

◆5.1 失業率の計測をするときに，失業者として計算される人は以下のうちのどれか。
（ア）全人口
（イ）20歳以上の人口
（ウ）求職活動をあきらめた人
（エ）失業手当をもらっている人
（オ）雇用されていない人

◆5.2 構造的な失業に対応するものは，次のうちのどれか。
（ア）経済活動の遂行に必要とされる技術をもっていない労働者
（イ）経済が不況であるために失業した労働者
（ウ）転職するため職場を離れている労働者
（エ）自分の働いていた企業が倒産したために失業した労働者
（オ）新しい職場を見つけるためにそれまでの職場を辞めた労働者

◆5.3 以下の文章の（　）に適当な用語を入れよ。
　企業の労働需要は労働の（　）が労働の（　）である実質賃金に等しいところで決まる。家計の労働需要は賃金の（　）関数である。労働者が貨幣賃金にのみ関心がある場合は（　）とは無関係に労働供給を決める。これは（　）を想定している。

◆5.4 以下の文章のうちで正しいものはどれか。
（ア）貨幣賃金が上昇すれば，労働需要は減少する。
（イ）物価が上昇すれば，労働需要は減少する。
（ウ）労働投入が増加しても，かならずしも生産量は増加しない。
（エ）労働投入が大きくなるほど，労働の限界生産は増加する。
（オ）総供給曲線は物価とGDPのマイナスの関係を示す。

（→解答はp.285）

●5.2 総需要関数

【価格と需要との関係】

総需要 $C+I+G$ と物価水準 p との関係は，総需要関数としてまとめられる。総需要は，IS–LM モデルから求めることができる。

価格が変化することで，実質貨幣残高が変化し，利子率が変化すれば，投資も変化する。物価水準を明示すると，LM 曲線は次のように定式化される。

$$\frac{M}{p}=L(Y,r)$$

ここで，M は名目貨幣残高，Y は（実質）GDP，r は利子率である。

M を一定として物価水準 p が上昇すると，実質貨幣残高 $\frac{M}{p}$ は減少する。これは p 一定のもとで M が減少したのと同じ効果，すなわち，実質的な貨幣供給残高の減少＝縮小的な金融政策をもたらす。

——→利子率の上昇により，投資需要が抑制されるから，総需要は抑制される。

価格と総需要との間には，マイナスの関係がある。

$$Y=Y_d(p)$$

例題5.4 ▶ **総需要曲線**：p と Y とのマイナスの関係を図示したもの（図5-6）。

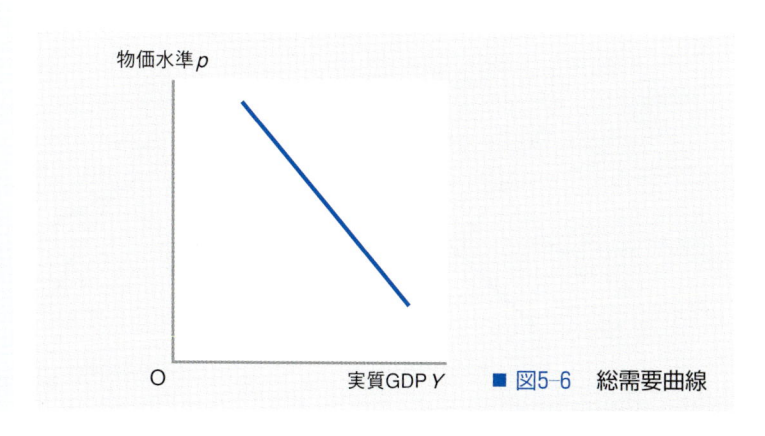

■ 図5-6 総需要曲線

例題5.3

政府支出が制度的に内生化されて,景気刺激政策が織り込まれているとしよう。すなわち,現実の GDP が完全雇用 GDP よりも低ければ,政府支出が増加するとしよう。これを前提とすると,総需要曲線の傾きはどうなるか。

このような内生的な政府支出政策は,第4章の例題4.5でも説明したように,IS 曲線の傾きをより急にさせる。なぜなら,ある利子率の低下に対して,財市場の均衡を維持するのに必要な GDP の増加の大きさは,消費とともに政府支出も増加する分だけ,少なくてすむからである。

IS 曲線の傾きがより急になれば,総需要曲線の傾きもより急になる。図5-7には,IS 曲線を2つ描いている。当初の均衡点を A とすると,同じシフト幅の LM 曲線との新しい交点がどれだけ変化するかをみておこう。A 点を通る2つの IS 曲線のうち,傾きの大きな IS 曲線(IS_2)では,新しい交点は B となる。B 点では,もう1つより傾きの緩やかな IS 曲線(IS_1)との新しい交点 C と比較して,GDP の増加の幅は小さく,その分だけ利子率の下落の程度が大きい。

ところで,LM 曲線のシフトは物価の下落を反映している。同じ物価水準の下落幅に対する GDP の増加の幅が小さいときには,図5-7に示すように,総需要曲線 AD_2 の傾きは,AD_1 と比較して,より急になる。

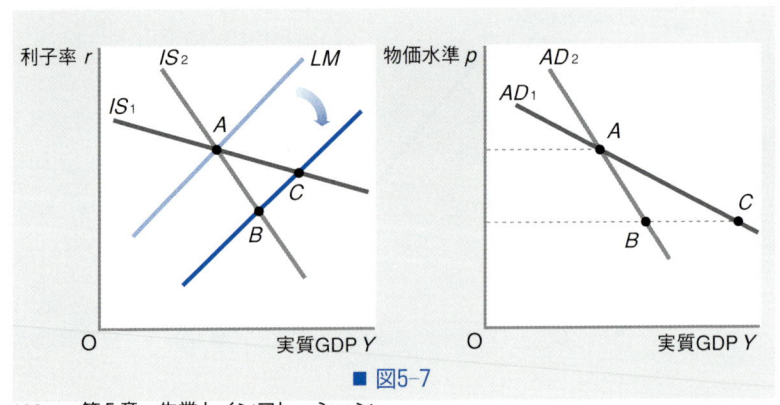

■ 図5-7

例題5.4

投資関数が
$$I = 500 - 1200r + 0.4Y$$
消費関数が，
$$C = 200 + 0.75YD$$
貨幣需要関数が，
$$L = 0.8Y - 2400r$$
税率が33%，政府支出が500，名目貨幣供給が100とする。総需要曲線を求めよ。ここで，Y：所得，YD：可処分所得，I：投資，C：消費，L：貨幣需要，r：利子率である。

IS 曲線を求めると
$$Y = 200 + 0.75(1 - 0.33)Y + 500 - 1200r + 0.4Y + 500$$
より
$$Y = 12000 - 12000r$$
得る。

LM 曲線を求めると，
$$\frac{100}{p} = 0.8Y - 2400r$$
より
$$Y = 3000r + \frac{125}{p}$$
となる。

これら2つの式より r を消去すると，
$$5Y = 12000 + \frac{500}{p}$$
あるいは
$$Y = 2400 + \frac{100}{p}$$
となる。これが求めるべき総需要曲線である。

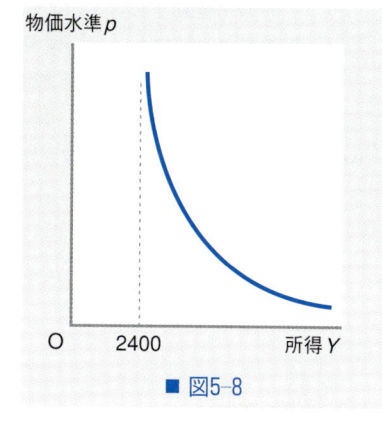

■ 図5-8

問題

◆5.5 総需要曲線のシフトに関する以下の文章のうちで，正しいものはどれか。
（ア）総需要曲線が上方にシフトすると，物価水準は上昇する。
（イ）総需要曲線が上方にシフトすると，雇用は増加する。
（ウ）総需要曲線が下方にシフトすると，失業は増加する。
（エ）総需要曲線が上方にシフトすると，総需要は増加する。
（オ）上のすべてが正しい。

◆5.6 以下の文章の（　）に適当な用語を入れよ。
　　総需要関数は物価水準と GDP との間の（　）の関係を示している。総供給曲線は物価水準と GDP との間の（　）の関係を示している。前者は（　）市場の均衡条件に対応しており，後者は（　）市場の均衡条件に対応している。

◆5.7 以下の文章のなかで正しいものはどれか。
（ア）IS 曲線が垂直であれば，総需要曲線も垂直になる。
（イ）IS 曲線が水平であれば，総需要曲線は垂直になる。
（ウ）LM 曲線が垂直であれば，総需要曲線も垂直になる。
（エ）LM 曲線が水平であれば，総需要曲線も水平になる。
（オ）IS 曲線が垂直で LM 曲線が水平であれば，総需要曲線は右下がりになる。

（→解答は p.285）

● 5.3　一般物価水準の決定

[1] 経済の均衡

総供給曲線 AS と総需要曲線 AD との交点が，国民経済の一般均衡点であり，一般物価水準と GDP を決める。

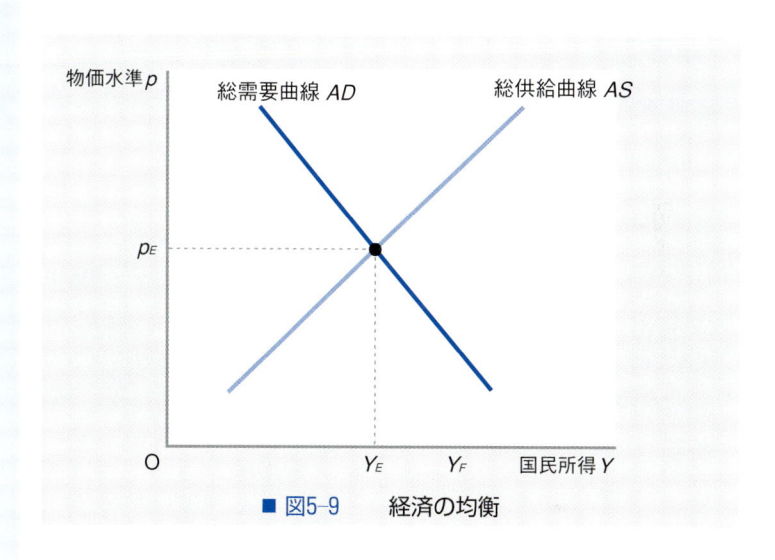

■ 図5-9　経済の均衡

図5-9に示すように，均衡点 E に対応する Y_E と p_E が均衡 GDP と均衡価格である。ケインズ・モデルでは完全雇用 GDP である Y_F よりも Y_E は小さく，その差が不完全雇用（＝非自発的失業）に対応している。

例題5.5

[2] 政策の効果

総需要曲線は，外生的な政策変数である実質政府支出 G と名目貨幣残高 M を所与としている。

──→政府支出が増加したり（財政政策），名目貨幣残高が増加すれば（金融政策），総需要が増加して，GDP と物価水準は上昇する。

例題5.6

例題5.5

総需要曲線が

$$AD = 4000 + \frac{2000}{p}$$

であり，完全雇用 GDP が5500であるとしよう。もし当初均衡での物価水準が $p=1.7$ であったとすると，物価と GDP の変化はどのようになると考えられるか。

$p=1.7$ を総需要関数に代入すると，

$$4000 + \frac{2000}{1.7} = 5176$$

したがって，総需要は完全雇用 GDP の水準よりは小さい。図5-10に示すように，総需要曲線 AD と総供給曲線 AS の交点では，完全雇用 GDP 以下の水準で生産が行われ，それに対応する物価水準が市場で決まる。財政，金融政策が変化しない限り，総需要曲線はシフトしないから，物価と GDP も変化しない。

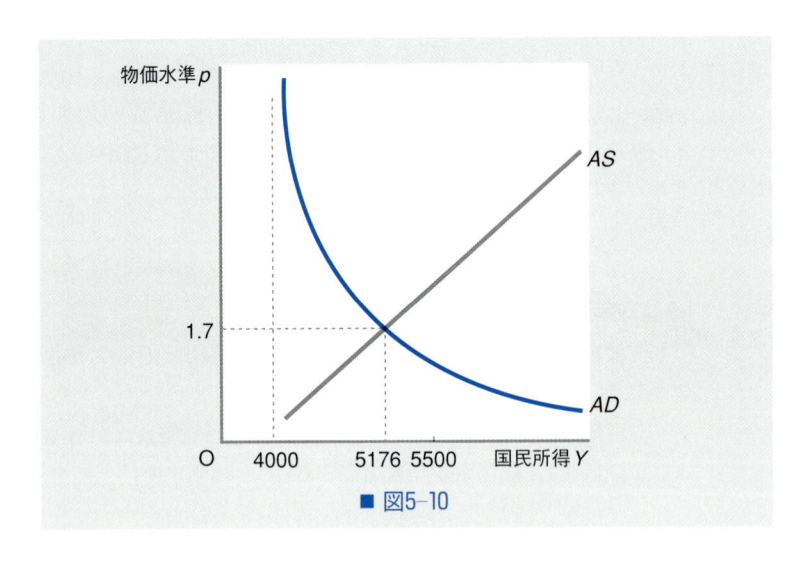

■ 図5-10

ここで，完全雇用 GDP の方に均衡 GDP を近づけるような財政金融政策が採用されるとしよう。この場合には，政策的な変化によって総需要曲線は右上方にシフトする。その結果，物価水準は上昇し，GDP も増加する。

　また，財政，金融政策が変化しないときに，労働市場での賃金の調整も考えられる。完全雇用よりも均衡雇用水準が少なくて，失業があるとき，もし貨幣賃金が引き下げられるとすれば，総供給曲線が右下方にシフトする。この場合は，物価水準の下落が考えられる。それに応じて，総需要曲線上で GDP は増加する。

コラム

完全失業率の定義

　日本全体で所得を得るために働いている人と，働く意欲はあるものの働いていない人の合計を，労働力人口という。毎月の労働力人口は，総務庁統計局の「労働力調査」で調べられる。そして，15歳以上の人口を，調査期間中の経済活動状態に応じて，労働力人口と非労働力人口に分け，前者をさらに就業者と完全失業者に分類している。完全失業者とは，就業者以外の人で，仕事がなく，調査期間中に仕事を少しもしなかった人のうちで，就業が可能でこれを希望し，かつ仕事を探していた人，および仕事があればすぐに働ける状態にあって，過去に行った求職活動の結果を待っている人をいう。完全失業者を労働力人口で割った比率が，完全失業率である。わが国では高度成長期の完全失業率は 1 ％程度と相当低い水準にあった。ほとんど完全雇用状態がつづいていた。しかし，1980年頃から完全失業率は上昇傾向にあり，2000年には 5 ％程度まで上昇した。その後，3 - 4 ％台まで低下したが，2009年には再び 5 ％を超えている。

例題5.6

通常の形をした総供給曲線を前提とすると，総需要の低下は次のどれをもたらすか。
（ア）物価の下落と GDP の減少
（イ）物価の下落と GDP の増加
（ウ）物価の上昇と GDP の減少
（エ）物価の上昇と GDP の増加
（オ）上のどれもあやまり

答え：（ア）

　総需要曲線 AD が左下方にシフトする場合であるから，通常の形をした右上がりの総供給曲線 AS を想定すると，図5-11に示すように，物価水準は下落し，GDP も減少する。こうしたケースは，政府支出の削減，増税などの緊縮的な財政政策，あるいは，公定歩合の引き上げなどの緊縮的な金融政策の結果である。

　緊縮的な財政政策，金融政策どちらも総需要を抑制して，総需要曲線を左下方にシフトさせるという点では同じであるが，利子率に与える効果は異なる。財政政策の場合は利子率が低下し，金融政策の場合は利子率が上昇する。その結果，民間投資は前者では増加するか，後者では減少する。

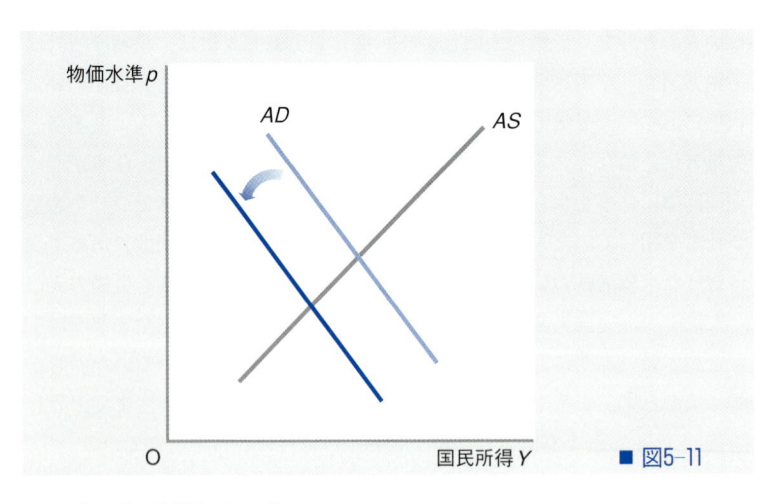

■ 図5-11

問題

◆5.8 完全雇用になると物価が上昇する理由としてもっともらしいのは、次のうちどれか。
（ア）完全雇用になると，賃金が下落する。
（イ）完全雇用になると，いくつかの市場でもの不足が現実化する。
（ウ）完全雇用に近づくと，企業の利潤が圧縮されてしまう。
（エ）完全雇用になると，中央銀行が緊縮的な金融政策を採用する。
（オ）完全雇用になると，中央銀行が拡張的な金融政策を採用する。

◆5.9 以下の文章の（　）に適当な用語を入れよ。
　　総需要曲線と（　）との交点で一般物価水準と（　）が決まる。（　）市場では不完全雇用が一般的であり，雇用を拡大するために，（　）や金融政策が用いられる。

◆5.10 総需要曲線が
$$Y = 5 - 5p$$
また，総供給曲線が
$$Y = 20 + 10p$$
と書けるとしよう。ここで，Y：所得，p：一般物価水準である。均衡での GDP と一般物価水準を求めよ。

（→解答は p.286）

●5.4 インフレーションとフィリップス曲線

[1] フィリップス曲線

物価水準の変化率であるインフレーションが，GDPとともにどのように決まるかを分析しよう。

▶ **フィリップス曲線**：失業率と賃金率の間での負の相関関係。失業率が大きいときに賃金率の上昇幅は小さくなり，逆に失業率が小さいときに賃金率の上昇幅は大きくなる。

例題5.7

イギリスの経済学者フィリップスは，100年以上に及ぶイギリスでの統計的な関係から，賃金率の変化率と失業率との間に負の安定的な関係があることをみいだした。

フィリップス曲線の1つの定式化

$$w = w_{-1}\phi(u_N - u) + w_{-1}$$

w は賃金率，$u = \dfrac{N_F - N}{N_F}$ は失業率，u_N は自然失業率，w_{-1} は前期の賃金率，ϕ はプラスの定数である。$\dfrac{w - w_{-1}}{w_{-1}}$ は賃金上昇率を意味する。

▶ **自然失業率**：完全雇用水準でもなお発生する失業率。自然失業率は，労働市場の制度的な条件（職業安定所を通じる情報伝達の効率性など）に依存しており，マクロ変数としては外生である。

[2] マークアップ原理

▶ **マークアップ原理**：賃金率と価格水準との一定の関係。生産性が一定であれば，賃金が上昇すると，価格も同じ率で上昇する。

$$p = \mu a w \qquad ただし，a：労働投入係数 \dfrac{N}{Y}$$

p は一般物価水準，μ はマークアップ率である。マークアップ率は独占度とも対応しており，その企業の価格支配力が強くなるほど，大きくなる。

［3］オークンの法則

▶ **オークンの法則**：マクロの生産関数に対応するもの。失業率が低いほど，より大きな生産が可能になる。

——→失業率ギャップ（u_N-u）と GDP ギャップ（$Y-Y_F$）との一定のマイナスの相関関係がある。

$$Y-Y_F=-\beta(u-u_N)$$

Y_F は完全雇用 GDP＝自然失業率のもとでの生産水準，$Y-Y_F$ は（マイナスの）GDP ギャップ。

▶ **オークン係数 β**：失業率の低下によってどの程度 GDP が拡大できるかを示す。β が大きい——→失業率を少し減少させることで，大幅な GDP の拡大が可能となる。

［4］インフレ供給曲線

これら3式より p と Y との関係を求める。

さらに，物価水準とインフレ率の関係を用いて，インフレ率 π $[=\frac{p-p_{-1}}{p_{-1}}]$ と Y の関係式を求めると，次式を得る。

$$\pi=\alpha(Y-Y_F) \qquad \alpha=\frac{\phi}{\beta}$$

これが，供給サイドから GDP とインフレ率とのプラスの関係を示すインフレ供給曲線 AS である。

AS 曲線はマークアップ率とは独立であり，オークン係数が小さいほど，また，フィリップス曲線の傾きが大きいほど，その傾きが大きくなる。

［5］インフレ需要曲線

▶ **需要サイドでのインフレ率と GDP との関係**：総需要 Y は実質貨幣残高が金融政策の結果として変化するか，実質政府支出が財政政策の結果として変化する場合に，変化する。

——→総需要曲線：実質貨幣残高 $\frac{M}{p}$ と実質政府支出 G の増加関数として導出される。

$$Y = D\left(G, \frac{M}{p}\right)$$

この式の変化分をとると，次式が得られる。

$$\Delta Y = \delta(m - \pi) + \lambda \Delta G$$

m は名目貨幣供給の増加率 $\frac{\Delta M}{M}$ であり，$m - \pi$ は実質貨幣残高の変化を示す。

$\Delta Y = Y - Y_{-1}$ の関係を上の式に代入すると，次式を得る。

$$Y = \delta(m - \pi) + \lambda \Delta G + Y_{-1}$$

これが，インフレ需要曲線 AD である。

[6] マクロの均衡

インフレ供給曲線 AS とインフレ需要曲線 AD を，Y_F，m，ΔG，Y_{-1} を所与として Y と π の軸の図5-12に描いてみる。

──→インフレ供給曲線は右上がりであり，インフレ需要曲線は右下がりである。

両曲線の交点 E が，マクロ一般均衡でのインフレ率と GDP を決定する。

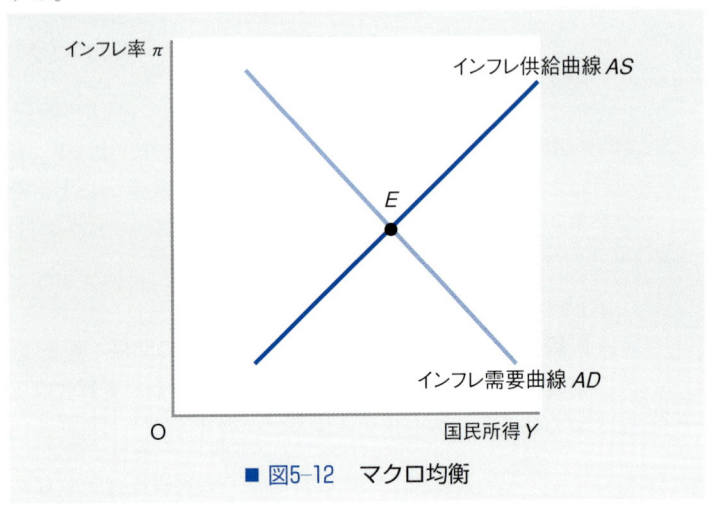

■ 図5-12　マクロ均衡

▶ **財政政策により G が増加するケース**：インフレ需要曲線 AD は右上方にシフトするから，均衡点 E はインフレ供給曲線の上を右上方の E' に移動する（図5-13）。

　——→GDP もインフレ率 π も上昇する。

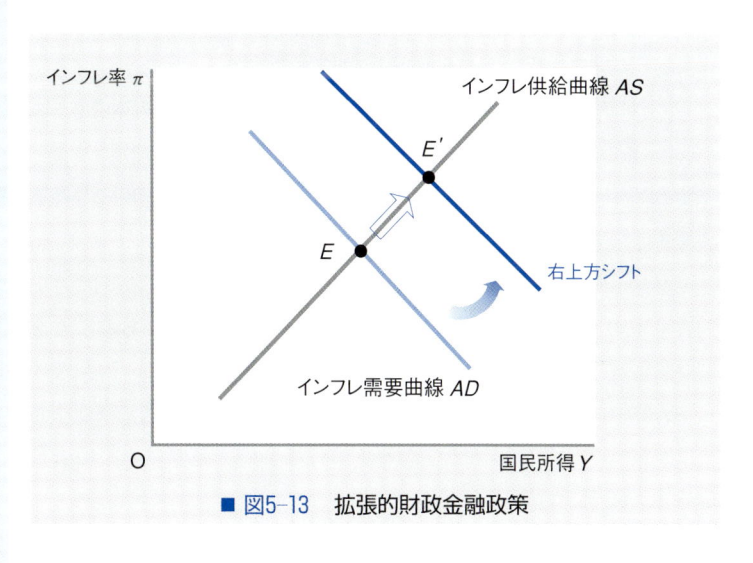

■ 図5-13　拡張的財政金融政策

▶ **金融政策によって名目貨幣供給の増加率 m が増加するケース**：インフレ需要曲線は右上方にシフトするから，均衡点は E から E' へと移動する。

例題5.8　　——→インフレ率も GDP も増加する。

5.4　インフレーションとフィリップス曲線

例題5.7

フィリップス曲線が意味するのは，以下のうちどれか。
（ア）インフレ率と失業率は正に相関する。
（イ）インフレ率と自然失業率は正に相関する。
（ウ）インフレ率と失業率は負に相関する。
（エ）インフレ率と自然失業率は負に相関する。
（オ）現実のGDPと完全雇用GDPの差は，現実の雇用水準と完全雇用水準との差に負に相関する。

答え：（ウ）

　フィリップス曲線は，100年以上に及ぶイギリスでの統計的な関係から，賃金率の変化率と失業率との間に負の安定的な関係があることを図示している。すなわち，図5-14に示すように，失業率が大きいときには，賃金率（あるいはインフレ率）の上昇幅は小さくなり，逆に失業率が小さいときには賃金率の上昇幅は大きくなる。この場合の失業率は現実の失業率であり，自然失業率ではない。

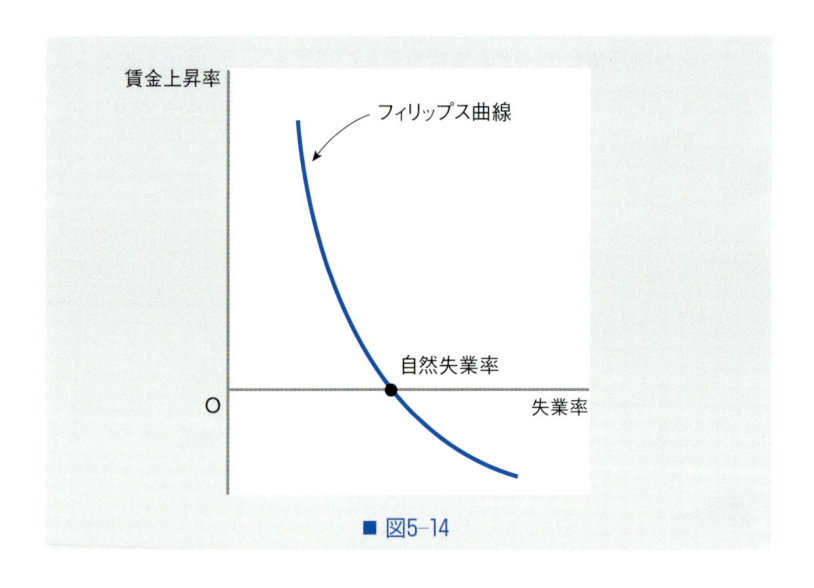

■ 図5-14

自然失業率とは，完全雇用水準でもなお発生する失業率である。経済環境が変化すると自発的に転職活動する労働者も無視できないから，完全雇用のもとでもある程度の失業は存在している。このような失業を，非自発的失業とは区別して，自発的失業あるいは摩擦的失業とよんでいる。自然失業率は，労働市場の制度的な条件（職業安定所を通じる情報伝達の効率性など）に依存しており，マクロ経済変数とは無関係にある水準で固定されている。したがって，自然失業率と賃金上昇率（あるいはインフレ率）との間には何ら特別の関係はない。

例題5.8

次の政策の組合せのうちで，インフレの上昇をもたらすものはどれか。
（ア）拡張的な財政政策と拡張的な金融政策。
（イ）拡張的な財政政策と縮小的な金融政策。
（ウ）緊縮的な財政政策と拡張的な金融政策。
（エ）緊縮的な財政政策と縮小的な金融政策。
（オ）財政金融政策はインフレ率には影響しない。

答え：（ア）

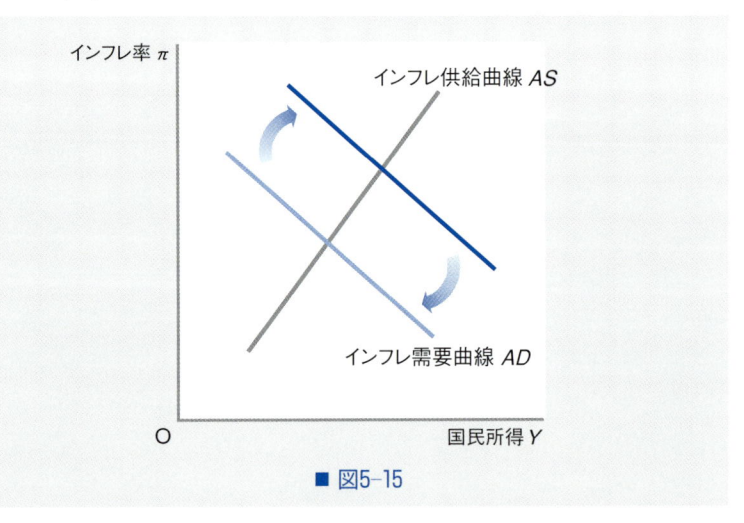

図5-15

（縦軸：インフレ率 π，横軸：国民所得 Y，インフレ供給曲線 AS，インフレ需要曲線 AD）

　総需要を刺激する政策であるから，財政，金融どちらの政策も拡張的であれば，インフレが生じやすい。ただし，「拡張的」という用語の意味に注意が必要である。

　財政政策の場合，政府支出をたとえば10兆円から15兆円に5兆円増加させる政策は，拡張的な政策の一例である。しかし，このような政策では一時的にインフレ需要曲線 AD を右上方にシフトさせる効果はあっても，すぐにインフレ需要曲線は左下方にシフトして，元に戻ってしまう。政府支出が前期よりも大きな水準へとずっと拡大し続けてはじめて，インフレ需要曲線は右上方のシフトした位置にとどまることができる。

金融政策の場合も同様であり，貨幣供給量をたとえば100兆円から110兆円に10兆円だけ増加させたとしよう。その結果，インフレ需要曲線は右上方にシフトするが，その効果は一時的である。右上方へシフトしたインフレ需要曲線を維持するには，貨幣供給をずっと拡大し続けること，すなわち，貨幣供給の増加率を同水準（この数値例では10％）に維持することが必要となる。

> **コラム**
>
> ### インフレの分類
>
> 　インフレは，その原因や現象の特徴などに着目して，さまざまに分類されている。需要（デマンド）インフレは，総需要が総供給を上回り，インフレ・ギャップがあることで，物価が上昇する場合をいう。コスト・インフレは，マクロ経済が超過需要でなくても，生産コストが上昇して価格が上昇する現象をいう。生産コスト上昇要因としては，賃金が上昇する賃金インフレ，輸入原材料価格が上昇する輸入インフレなどがある。また，産業部門間で生産性上昇率の格差がある場合に生じるインフレを，生産性格差インフレという。さらに，非常に高い率でインフレが発散する場合をハイパー・インフレと呼び，比較的低い水準の物価上昇をマイルド・インフレと呼んでいる。土地の地価や株式価格など資産価格の上昇は，資産インフレと呼ぶ。景気の停滞とインフレーションが同時に進行する現象は，スタグフレーションと呼ばれている。

問題

◆5.11 次のうちで，デマンド（需要）インフレを引き起こすものはどれか。
（ア）生産コストが増加した。
（イ）生産性の上昇に見合った率で賃金が引き上げられた。
（ウ）供給の増加を伴わないで総需要が増加した。
（エ）労働市場で組合の独占力が強化された。
（オ）生産要素へ過度に分配された。

◆5.12 以下の文章のなかで，物価水準の上昇を説明できないものはどれか。
（ア）生産面での条件が一定のもとで名目貨幣供給が増加した。
（イ）貨幣供給一定のもとで貨幣の流通速度が上昇した。
（ウ）貨幣供給の増加よりも遅い速度で総需要が増加した。
（エ）生産性の上昇をちょうど相殺するように貨幣供給が増加した。
（オ）生産費用が増加した。

◆5.13 もし賃金の上昇と生産性の上昇が同じであれば，どうなるか。
（ア）物価の上昇は生産性の上昇を上回る。
（イ）総供給が増加する。
（ウ）失業率が増加する。
（エ）物価は一定となる。
（オ）物価は生産性の上昇幅よりは小さい幅で下落する。

（→解答は p.286）

● 5.5　インフレ期待の導入

［1］インフレ供給関数

インフレ期待を明示的に導入する。

フィリップス曲線において，インフレ期待 π^e を導入すると，労働市場の状態が同じであっても，インフレ期待の大きさ如何で賃金率の動向は違ってくる。

——失業率ギャップとは無関係に，期待インフレ率の大きさだけ貨幣賃金率が上昇する。

このとき，フィリップス曲線は次のように修正される。
$$w = w_{-1}\phi(u_N - u) + w_{-1} + w_{-1}\pi^e$$
π^e は期待インフレ率である。

インフレ供給曲線は，次のように修正される。
$$\pi = \alpha(Y - Y_F) + \pi^e$$
GDP ギャップが変化しなければ，期待インフレ率の上昇は，同じ率だけ現実のインフレ率を上昇させる圧力を生む。

例題5.9

［2］インフレ需要曲線

名目利子率 i と実質利子率 r との間の関係。
$$i = r + \pi^e$$

▶ **名目利子率 i**：LM 曲線の均衡に対応し，貨幣の需給を均衡させる利子率。

▶ **実質利子率 r**：企業の投資需要に影響する利子率。

名目利子率 i が一定であってもインフレ期待が増大すれば，同じ i のもとで実質利子率 r が低下して，企業の投資意欲を刺激する。
$$I = I(r)$$
$$\frac{M}{p} = L(Y, r + \pi^e)$$
——インフレ期待は総需要を刺激する効果をもっている。インフレ需要曲線は，次のように修正される。

$$Y = \delta(m - \pi) + \lambda \Delta G + Y_{-1} + \theta \pi^e$$

θ はインフレ期待が上昇することで実質利子率が低下して，投資需要を刺激し，GDP を増加させる効果の大きさを示す。

[3] 政策の効果

【拡張的な財政金融政策】

総需要曲線 AD は右上方にシフトする。

───→インフレ率も GDP も上昇する。

───→期待インフレ率も上昇する。

その結果，インフレ供給曲線 AS は左上方にシフトする。

▶ **新しい長期均衡**：再びインフレ期待は現実のインフレ率に一致する。

GDP はもとの GDP=Y_F のままであり，インフレ率だけが増加している。

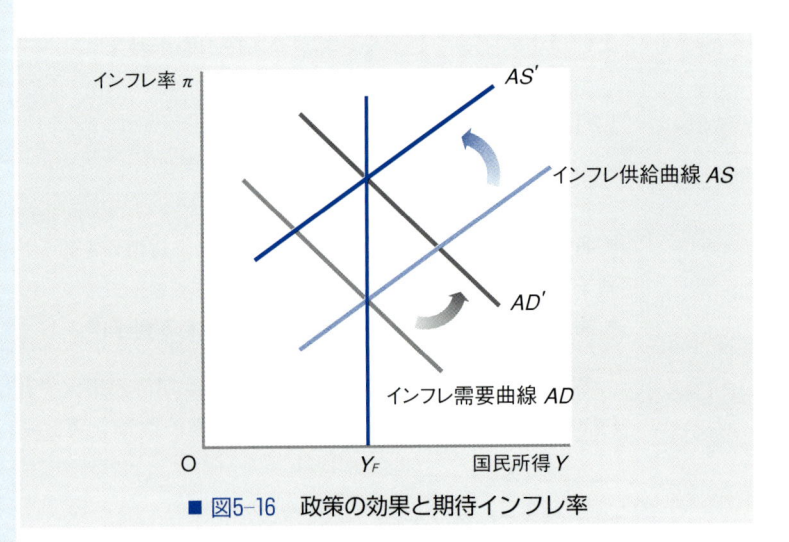

例題5.10

■ 図5-16　政策の効果と期待インフレ率

[4] 長期的トレード・オフ

　労働者に何らかの貨幣錯覚があり，期待インフレ率がかならずしも同率だけ賃金率の調整に反映されないというケースでは，フィリップス曲線は，次のように修正される。

$$w = w_{-1}\phi(u_N - u) + w_{-1} + \omega w_{-1}\pi^e$$

ここで，ω は 0 と 1 の間の定数。これが 1 より小さい限り，長期的にもインフレ率と GDP とはマイナスの関係をもつ。

▶ $\omega < 1$ のケース：長期的にも GDP の拡大は，インフレの上昇というコストを支払うことで可能になる。

▶ トレード・オフの関係：インフレの抑制と GDP の拡大を同時に達成することはできない。このようなインフレと GDP との負の関係（どちらかをうまく操作しようとすれば，もう一方の方がうまく操作できないという関係）。

▶ $\omega = 1$ のケース：総需要を刺激する財政金融政策には，短期的な効果はあっても，長期的な効果はない。

例題5.9

「長期的にはインフレ率と失業率との間にトレード・オフ関係がない」ことを主張したフリードマンの議論と矛盾するものは、以下のどれか。
（ア）長期的なフィリップス曲線は垂直である。
（イ）インフレ率は自然失業率のもとで安定化する。
（ウ）失業率は自然失業率の水準に戻る。
（エ）インフレ率の変化は正しく予想される。
（オ）長期的なフィリップス曲線は短期のフィリップス曲線よりは立ってくるが、垂直にはならない。

答え：（オ）

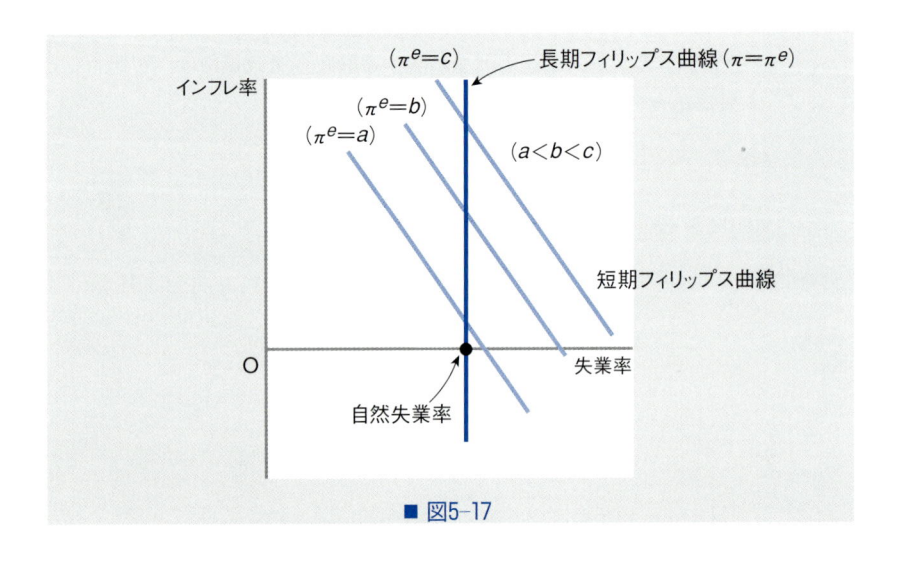

■ 図5-17

インフレ率がプラスの状態がある程度の期間続けば、当然民間の経済主体はこれからもインフレが続くという期待のもとで、行動する。従来のケインズ・モデルの分析では、人々はインフレが起きることを予想しない、すなわち、期待インフレ率はゼロであると暗黙の内に想定していた。そのような想定は非現実的になる。

フリードマンの長期均衡では，インフレ期待は現実のインフレ率に一致している。その結果，インフレ期待の調整を考慮した長期的なフィリップス曲線は失業率には依存しないで，垂直になる。短期のフィリップス曲線は期待インフレ率をある水準で固定する場合の曲線であり，期待インフレ率が上昇すれば，上方にシフトする。したがって，インフレ需要曲線が拡張的な財政金融政策の分だけ右上方にシフトしたとしても，インフレ供給曲線も同様に左上方にシフトしているから，GDPはもとのGDP=Y_Fのままであり，インフレ率だけが増加している。

コラム

フリードマン

ミルトン・フリードマン（1912-2006）は，アメリカのニューヨークで生まれ，シカゴ大学教授やアメリカ経済学会会長（1976年）などをつとめた。「消費分析，貨幣史と貨幣理論の分野における業績および経済安定化政策の実証に貢献したこと」を理由に，1976年にノーベル経済学賞を受賞した。金融論やマクロ経済理論において，マネタリズムの中心となる貨幣数量説，自然失業率仮説，貨幣数量管理を重視する金融政策（k％ルールと呼ばれる貨幣供給ルール），消費における恒常所得仮説などを構築して，マクロ経済学や現実の経済政策にも大きな影響を与えた。マネタリズムは，ケインズ経済学とは異なり，市場メカニズムを重視し，その考え方は合理的期待形成へとつながっている。フリードマンの主著に『貨幣の安定をめざして』(1960年) がある。

例題5.10

インフレ期待を考慮すると，総需要刺激政策の長期的な効果はどうなるか。

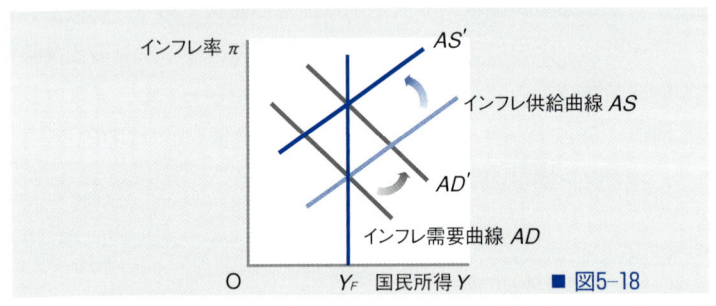

図5-18

まず，当初の均等点では，現実のインフレ率と期待インフレ率が一致していると考えるのは，もっともらしい。ここで，拡張的な財政金融政策が採用され，図5-18において，インフレ需要曲線 AD が右上方にシフトしたとしよう。インフレ率も GDP も上昇する。これは，期待インフレ率も上昇させる。その結果，インフレ供給曲線 AS は，左上方にシフトする。インフレ需要曲線は，インフレ期待率が上昇しているときには，さらに右上方にシフトするが，インフレ期待率が前期よりも上昇しなければ，やがてはシフトの効果はなくなってしまう。AD 曲線はその分だけ下方にシフトする。

新しい長期均衡は，どのような点になるだろうか。そこでは，再びインフレ期待は現実のインフレ率に一致しているはずである。したがって，インフレ需要曲線は，拡張的な財政金融政策の分だけ右上方にシフトしている。しかし，インフレ供給曲線も同様に左上方にシフトしているから，均衡点は図で示すように，もとの均衡点のちょうど上にくる。すなわち，GDP はもとの GDP＝Y_F のままであり，インフレ率だけが増加している。

インフレ供給曲線の式に $\pi=\pi^e$ を代入すると，$Y=Y_F$ が得られる。このようなインフレ供給曲線を前提にする限り，長期的にインフレ期待が現実のインフレ率と一致している状況では，それと両立可能な GDP は Y_F のみであり，拡張的な財政金融政策によって，それを修正することは不可能である。

━━━━━■ 問 題 ■━━━━━

◆5.14 1970年代に観察されたスタグフレーションについて，以下のうち正しいものはどれか。
（ア）インフレと失業両方の上昇
（イ）インフレと失業両方の低下
（ウ）インフレの上昇と失業の低下
（エ）インフレの低下と失業の上昇
（オ）上のどれでもない

◆5.15 以下の文章の中で正しいものはどれか。
（ア）インフレ期待を考慮するとインフレ需要曲線は影響を受けるが，インフレ供給曲線は無関係である。
（イ）名目利子率は実質利子率から期待インフレ率を差し引いたものに等しい。
（ウ）期待インフレ率の分だけ，失業率ギャップとは別に，賃金上昇への圧力が加わる。
（エ）投資需要は名目利子率の減少関数になる。
（オ）長期的には期待インフレ率はゼロになるのがもっともらしい。

◆5.16 以下の文章の（ ）に適当な用語を入れよ。
　労働者に（ ）があり，期待インフレ率がそのままの大きさだけ（ ）の調整に反映されない場合には，長期的にもインフレ率と（ ）との間に負の相関が生まれる。こうした負の相関を（ ）の関係と呼ぶ。

（→解答は p.286）

6 開放経済

この章では、外国との貿易や資本移動を想定した、開放経済における国民所得の決定メカニズムを考察するとともに、為替レートの変化のもたらすマクロ的な影響について分析する。特に、固定レート制度と変動レート制度を比較しながら、財政金融政策の効果を説明する。

KEY CONCEPTS

6.1 国際収支と為替レート

[1] 国際収支表

例題6.1
▶ **国際収支表**：1国の居住者が非居住者に対して行う経済取引を統括的かつ統合的に記録するもの。
▶ **経常勘定**：財・サービスの輸出入。
▶ **資本勘定**：非貨幣の金融資産の輸出入。
▶ **経常収支の不均衡**：対外資産の増減。

例題6.2　経常収支の黒字──ネットで対外資産を蓄積している。

[2] 為替レート制度

▶ **固定レート制度**：為替レートをある所与の水準に政策的に固定したままに維持する制度。
▶ **変動レート制度**：為替レートを外国為替市場での需給均衡にまかせる制度。

わが国は、1970年代前半まで戦後数十年にわたって固定レート制度を維持してきた。その後は変動レート制度に移行した。

[3] 為替レートの推移

長期的にみると、1970年代に1ドル＝360円の固定レートから変動レートに移行してから、ほぼ一貫して円高傾向がつづいている。

日本経済が国際的に大きな地位を占め，日本が国際社会においてストック大国となっていくプロセスに対応している。

> ### コラム
> **開放経済での国際機関**
>
> 開放経済では多くの国が貿易や金融取引で経済的に関係する。国際的な経済活動のルールを設定し，問題が生じたときに調整・処理する場所が必要である。国際的な貿易・金融取引を円滑に行うために，いくつかの国際機関が設立されている。ガット（関税および貿易に関する一般協定）は，自由で無差別な貿易を原則とし，輸入数量制限を禁止した。ガットは1995年より世界貿易機関（WTO）に発展的に解消した。また，戦後の国際通貨体制を支えてきたのが，IMF（国際通貨基金）である。IMFは元々は固定レート制度を円滑に維持するために，国際収支の赤字国に対して融資する目的で設立された。その後，先進主要国が変動レートに移行してからは，IMFは発展途上国向けの融資制度を設けて，途上国援助に力点を置くようになった。また，80年代後半からは旧ソ連や東欧諸国の市場経済への移行を支援することも，IMFの重要な役割になっている。

例題6.1

1996年に大幅に改定された国際収支表について説明せよ。

国際収支の旧発表方式と現行方式との比較は，以下の表6-1にまとめられている。その大きな相違は，資本取引に関してである。これまで資本取引は，資本収支と金融収支に分けられていた。前者は自発的な取引であり，後者は調整的な取引（自発的な取引によって誘発された取引）であるという区別にしたがっていた。しかし，資本移動が自由化され活発になってきた今日では，ほとんどすべての資本取引は自発的な取引と考えられる。こうした観点から，外貨準備の変動を除いたすべての対外資本・金融取引の受け取りマイナス支払いを，資本収支としてまとめることになった。

また，それまでは1年という期間を基準として，資本取引を短期と長期に分類していたが，実際問題として両者を区別することが困難なため，資本取引を機能別に分類することになった。資本収支には，投資収支とその他資本収支に分類される。このうち，投資収支には，直接投資，証券投資（金融派生商品の取引も含む），その他の（投資貸付・借入，貿易信用，現預金，雑投資）がある。その他資本収支には，資本移転，著作権，特許権の取得処分などがある。

このような変更に伴って，経常収支と長期資本収支の合計であった基礎収支や，それに短期資本収支を加えた総合収支は廃止された。

■ 表6-1

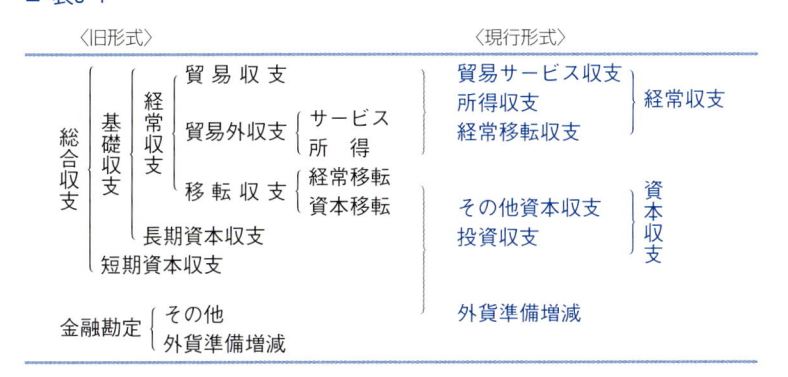

〈旧形式〉	〈現行形式〉
総合収支 ｛ 基礎収支 ｛ 経常収支 ｛ 貿易収支／貿易外収支 ｛ サービス／所得 ｝／移転収支 ｛ 経常移転／資本移転 ｝ ｝／長期資本収支 ｝／短期資本収支	貿易サービス収支／所得収支／経常移転収支 ｝ 経常収支
金融勘定 ｛ その他／外貨準備増減	その他資本収支／投資収支 ｝ 資本収支
	外貨準備増減

例題6.2

対外資産負債残高表について，説明せよ。

資産取引の累積値であるストック面での対外取引を示す表が，「対外資産負債残高表」である。この残高表の純資産残高は，経常収支のこれまでの累積値と為替レートや資産価格の変動によるキャピタル・ゲイン（あるいはロス）の合計に等しい。

表6-2はわが国の2009年末の対外資産負債残高表を示している。わが国の純資産はプラスであり，対外債権国になっている。また，国際比較の観点からは，わが国の対外純資産は世界最大である。なお，グロスの資産残高，負債残高もかなり大きな数字を示している。わが国は世界最大の債権国であるが，同時にわが国に流入する資金の規模も大きい。

経常収支の黒字幅に資本移転収支を加えたものが，対外債権の純増に相当する。しかし，たとえば，円高になると，外貨建の資産の円表示額が下落するため，対外純資産残高の純増はそのときの経常収支黒字幅以下となる。逆に，円安の場合は，経常収支の黒字以上に対外純資産残高は増加する。

■ 表6-2　2009年末の対外資産負債残高表

（単位：兆円）

		資　産		負　債		純　資　産	
			前年差		前年差		前年差
合　　計		554.8	+35.6	288.6	△5.1	266.2	+40.7
	直接投資	68.2	+6.5	18.4	△0.0	49.8	+6.5
	証券投資	262.0	+46.3	141.9	+1.6	120.1	+44.7
	株式	54.7	+18.9	76.4	+7.7	△21.7	+11.1
	債券	207.3	+27.4	65.5	△6.2	141.8	+33.6
	中長期債	204.8	+27.6	42.2	△8.4	162.6	+36.0
	短期債	2.5	△0.2	23.3	+2.3	△20.8	△2.4
	金融派生商品	4.3	△2.8	5.2	△2.5	△1.0	△0.2
	その他投資	123.6	△18.2	123.1	△4.1	0.5	△14.1
	うち貸付・借入	72.0	△19.1	81.7	+5.3	△9.7	△24.4
	外貨準備	96.8	+3.8	—		96.8	+3.8

（注）　四捨五入の結果，内訳の積上げが合計と一致しないことがある。また，表中の「—」は該当なしを示す。
（出所）　日本銀行国際局「2009年末の本邦対外資産残高」(2010年5月25日)

問　題

◆6.1　以下の（　）のなかに適当な用語を入れよ。

　　国際収支表は一国の居住者が（　）に対して行う経済取引を統括的かつ（　）的に記録するものである。このうち，財・サービスの輸出入を記録するのが（　）勘定であり，非貨幣の金融資産の輸出入を記録するのが，（　）勘定である。

◆6.2　経常収支について，正しい文章はどれか。
（ア）国際収支は常に均衡しているから，経常収支は赤字になれない。
（イ）経常収支の赤字幅は，資本勘定の黒字の50％以上の大きさになれない。
（ウ）経常収支が赤字であれば，財政赤字をいつまでも続けることができる。
（エ）外国の投資家が政府の国債を購入する限り，経常収支の赤字で財政赤字の財源が調達できる。
（オ）経常収支は，資本勘定に含まれる投資収益を含んでいない。

◆6.3　1990年代のわが国の経常収支に関する以下の文章のうちで正しいものはどれか。
（ア）常に赤字であった。
（イ）常に黒字であった。
（ウ）前半は赤字であり，後半は黒字であった。
（エ）前半は黒字であり，後半は赤字であった。
（オ）赤字と黒字が不規則に表れた。

（→解答はp.286）

●6.2 固定レート制度：45度線のモデル

[1] 財市場の均衡

第2章の45度線のモデルを開放経済に拡張して，国際収支の均衡と国内の総需要管理政策との関連を分析しよう。

例題6.3

財市場の均衡式は，財・サービスの対外的な取引を考慮すると，次のように定式化される。

$$Y = C(Y) + I + G + X$$

Y は GDP，I は投資，C は消費，G は政府支出，X は純輸出＝（輸出－輸入）である。

消費関数 $C(Y)$ は，第2章と同じである。

$$C = c_0 + c_1 Y$$

c_0 は定数であり，限界消費性向 c_1 は0と1の間の定数である。

例題6.4

▶ **新しい変数**：貿易収支の黒字幅を意味する <u>純輸出</u> X（＝輸出－輸入）

──▶ 輸出は外生的に所与であり，輸入のみが所得 Y の増加関数である。

$$X = x_0 - x_1 Y \qquad x_0 > 0, \ 0 < x_1 < 1$$

<u>限界輸入性向</u> $= -\dfrac{\Delta X}{\Delta Y}$ を表すパラメーター x_1 は，所得が1単位増加したとき輸入がどのくらい増加するか（＝純輸出がどのくらい減少するか）を示す。

この式をゼロにする GDP 水準，$Y^{*}(=\dfrac{x_0}{x_1})$ は，国際収支（＝貿易収支）を均衡させる GDP 水準である。

▶ **政府支出の外国貿易乗数**：政府支出拡大の乗数は，$\dfrac{1}{1 - c_1 + x_1}$ になる。

限界輸入性向 x_1 が入っている分だけ，閉鎖経済の場合の政府支出乗数 $\dfrac{1}{1 - c_1}$ よりも小さい値をとる。

[2] 2つの均衡

　自国の財市場を均衡させる GDP 水準は，完全雇用水準 Y_F と一致する必然性はないが，同時に国際収支を均衡させる GDP 水準である Y^* と一致する必然性もない。

　Y_F, Y^* ともに外生的な水準で与えられるから，たまたま $Y_F=Y^*$ が成立していない限り，財政金融政策を用いても，両方の GDP を同時に実現することは，不可能である。

　国際収支を均衡させるためには，為替レートの調整が必要になる。

例題6.3

消費関数が，$C = a + b(Y - T)$
純輸出関数が，$X = g - mY$
とする。ここで，C：消費，Y：所得，T：税収，X：純輸出，m：限界輸入性向である。政府支出と税収を同額だけ増加させる均衡予算乗数は，どのようになるか。

第2章の閉鎖経済における均衡予算乗数（＝1）とは異なる。財市場の均衡条件は，
$$Y = a + b(Y - T) + I + G + g - mY$$
これより，Y を求めると，次式を得る。
$$Y = \frac{a - bT + I + G - g}{1 - b + m}$$
政府支出の増加による乗数効果は，
$$\frac{\Delta Y}{\Delta G} = \frac{1}{1 - b + m}$$
である。また，同額（1単位）の増税が GDP を減少させる大きさは，
$$-\frac{\Delta Y}{\Delta T} = \frac{b}{1 - b + m}$$
である。したがって，開放経済での均衡予算乗数は，
$$\frac{1}{1 - b + m} - \frac{b}{1 - b + m} = \frac{1 - b}{1 - b + m}$$
となる。これは，限界輸入性向 $m > 0$ である限り，1よりも小さい。その理由は GDP の増加による輸入の拡大が，総需要を抑制する効果が新しく加わるからである。

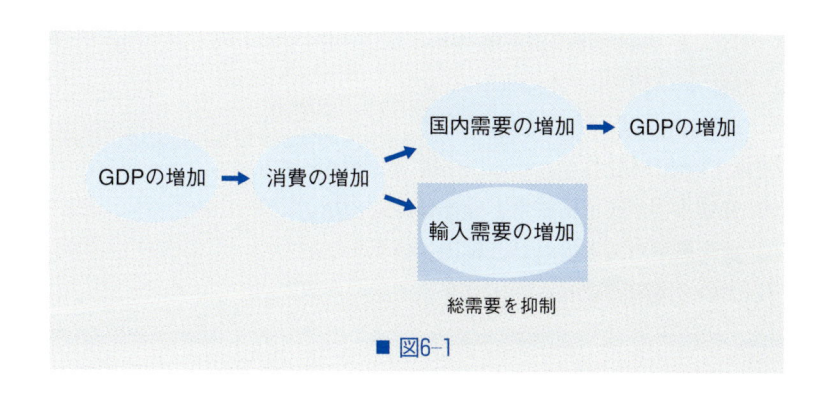

```
GDPの増加 → 消費の増加 → 国内需要の増加 → GDPの増加
                      ↘ 輸入需要の増加
                         総需要を抑制
```
■ 図6-1

> **コラム**
>
> **国際化と政府の役割**
>
> 統計的にみると，GDPに占める貿易量の大きさや資本移動の大きさなどで測った指標で表した国際化が進展している国ほど，財政支出でみた政府の役割も大きくなっている。本章で説明しているように，国際化の進展はマクロ経済全体を活性化して，その国にとってプラスに働く。わが国も戦後の高度成長期を経験して，マクロ経済規模が大きくなるにつれて，貿易面でも，金融面でも国際化が進展し，同時に，政府の財政規模も大きくなった。これは，貿易などによる国際化の進展は，プラスの面をもっていると同時に，マイナスの効果ももっているからである。マイナスの効果としては，リスクの増大が考えられる。たとえば，貿易量が拡大すると，自国の生産が世界的な比較優位の構造に組み込まれるために，自国の比較優位のある財やサービスの生産に特化する傾向が生まれる。その結果，外国での天候不順や戦争などのショックがあると，自国でほとんど生産していない財の外国からの輸入価格が大幅に変動して，国内経済に大きな影響を与える。1970年代に発生した2度の石油危機がその例である。そうしたマクロ・ショックを緩和するには，あらかじめリスクを軽減するような経済援助などの財政支出も増大するし，また，マクロ・ショックが起きた後での景気対策などの財政金融政策上の対応も必要となる。さらに，国際化で不利益を受ける産業や人々もある程度は生まれるから，社会公平の観点からの対応も必要となる。

例題6.4

輸入関数が

$$100+0.1Y$$

であり，輸出 X は外生とする。所得 Y が500とする。

（ア）貿易赤字が50であれば，輸出はいくらか。
（イ）貿易黒字が50とすれば，輸出はいくらか。
（ウ）上の2つの例からどのようなことがわかるか。

（ア）貿易赤字の定義式

（＝輸入－輸出）より

$$50=100+0.1Y-X$$

ここで X は輸出である。$Y=500$ を代入すると，

$$50=100+50-X$$

$$X=100$$

となる。

（イ）貿易黒字の定義式

（＝輸出－輸入）より

$$-50=100+0.1Y-X$$

これに $Y=500$ を代入して，

$$X=200$$

となる。

■ 図6-2

（ウ）Y が同じであれば，輸入量は同じになる。したがって，貿易収支の黒字幅（赤字幅）は，輸出量と同じ幅で変化する。（ア）と（イ）を比較すると，貿易収支は－50から50へと100だけ改善している。同時に，輸出も100から200へと100だけ増加している。

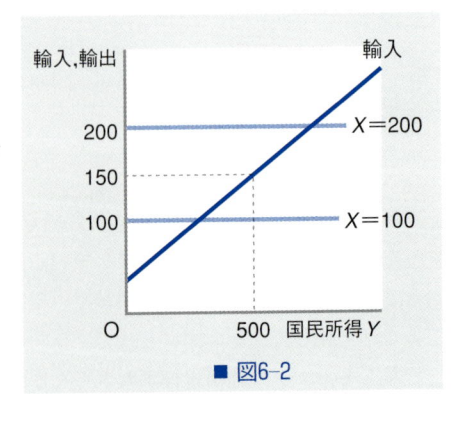

問題

◆6.4 緊縮的な財政政策の結果として純輸出がゼロに減少したとする。GDP はどうなるか。

◆6.5 限界輸入性向の低下は，以下のどれをもたらすか。
 （ア）GDP の増加。
 （イ）乗数の低下。
 （ウ）輸入の増加。
 （エ）輸入の減少。
 （オ）GDP の減少。

◆6.6 税のない閉鎖経済での単純な45度線モデルで乗数が 4 とする。限界税率が0.2で限界輸入性向が0.05であるとすると，税制と輸入を考慮したときの乗数はいくらか。

◆6.7 以下の文章のなかで正しいものはどれか。
 （ア）輸入は GDP の減少関数である。
 （イ）輸出は GDP の増加関数である。
 （ウ）限界輸入性向は限界消費性向よりも大きい。
 （エ）限界輸入性向を考慮すると，政府支出の乗数効果は小さくなる。
 （オ）完全雇用 GDP は国際収支を均衡させる GDP でもある。

（→解答は p.286, 287）

●6.3 固定レート制度：*IS–LM* モデル

［1］モデルの拡張
▶ **マンデル・フレミングのモデル**：*IS–LM* のモデルを開放経済に拡張したもの。

財市場の均衡条件は，次のようになる。
$$Y = C(Y) + I(r) + G + X(e, Y)$$
ここで，$C(Y)$ は消費関数，$I(r)$ は投資関数。X は貿易収支の黒字幅（あるいは純輸出），e は為替レート（邦貨建てのレート；日本のケースでは 1 ドル＝e 円）である。

e の上昇は自国の通貨の減価（円レートの上昇＝円安）である。
──→ 自国財の価格が国際的に割安になり，外国財の価格が自国民にとっては割高になるから，輸出を促進し，輸入を抑制する。したがって，e の上昇により X は増大する。

貨幣市場の均衡条件については，第 3 章での *LM* 曲線がそのまま成立する。
$$M = L(Y, r)$$

［2］資本移動ゼロのケース
資本移動が全然行われていないとき，国際収支の均衡は貿易収支の均衡と一致する。
──→ 純輸出 $X = 0$ となる Y^* が国際収支を均衡させる GDP である。

輸入需要が GDP に依存する点を除いて，閉鎖経済における *IS–LM* 分析が基本的にそのまま成立する。

財政政策で完全雇用を実現することはできるが，国際収支の均衡と完全雇用を同時に達成することはできない。これは，金融政策を用いても同じである。

［3］資本移動完全のケース
▶ **資本市場が完全**：世界利子率 r^* と国内の利子率 r との間に完全な

裁定関係が成立する。

$r=r^*$ が成立してはじめて，両国に資本が存在できる。資本移動による裁定行動の結果，自国利子率は世界利子率（r^*）に等しくなる。

例題6.5　　$r=r^*$

▶ **小国のケース**：自国は巨大な国際資本市場における小さな国であって，世界利子率を操作することはできない。

固定相場では，為替レート e はある水準 e^* で一定に維持される。そのためには，自国の利子率が常に世界利子率に一致するように，政策を調整する必要がある。

──→為替レートを一定に維持するように金融政策が調整される。

▶ **財政政策の効果**：政府支出の拡大により，IS 曲線が上方にシフトする。

──→利子率の上昇を招き，資本の流入を引き起こす。為替レートに増価（日本であれば円高）圧力が加わる。中央銀行がドルを購入することで固定レートを維持する。

──→国内での貨幣供給の増大につながるから，LM 曲線が右へシフトする。その結果，均衡点は E_0 から E_1 へ移動する（図6-3）。

乗数は，利子率が上昇しない分だけかなり大きい。

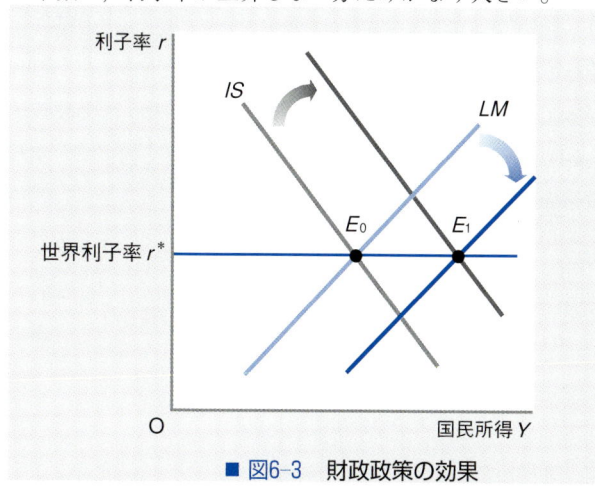

■ 図6-3　財政政策の効果

例題6.5

中央銀行が為替レートを維持するために金融政策を割り当てるとする。これを織り込んだ LM 曲線を描くとすれば，以下の文章のうちで正しいのはどれか。

（ア）LM 曲線は完全雇用 GDP の水準で垂直になる。
（イ）LM 曲線は現実のどのような GDP のもとでも垂直になる。
（ウ）LM 曲線は世界利子率よりも高いとき（経常収支が赤字のとき）か，低いとき（経常収支が黒字のとき）に，水平になる。
（エ）LM 曲線は世界利子率で水平になる。
（オ）LM 曲線は右上がりとなるが，金融政策が為替レートと独立である場合よりも，その傾きが急になる。

答え：（エ）

　資本移動が完全で自国利子率が世界利子率に等しくなるように市場の裁定行動が行われるときに，為替レートを一定に維持するには，利子率を一定に維持しなければならない。たとえば，自国利子率が世界利子率よりも高いとすれば，外国から資本が自国に流入してくる。ドルを売って円を買う圧力が大きくなり，固定レートを維持することが困難になる。逆に，自国利子率が世界利子率よりも低ければ，自国から外国へ資本が流出するようになり，円を売ってドルを買う圧力が大きくなる。この場合にも固定レートを維持することが困難になる。

　したがって，中央銀行が固定レートを維持するように金融政策を調整するとき，GDP の水準にかかわらず世界利子率と同じ利子率が実現するように金融政策を操作していることになる。

問 題

◆6.8 純輸出に関する文章のなかで正しいものはどれか。
 (ア) 為替レートと GDP に正に相関している。
 (イ) 為替レートと正に相関しているが，GDP とは独立である。
 (ウ) GDP と正に相関しているが，為替レートとは独立である。
 (エ) GDP と負に相関しているが，為替レートとは正に相関している。
 (オ) 為替レートと GDP とも負に相関している。

◆6.9 以下の（ ）のなかに適当な用語を入れよ。
　資本移動が完全な固定レート制度で小国の場合，拡張的な財政政策で利子率は（ ）する圧力を受けるが，これは（ ）をもたらす。固定レートを維持するために金融政策は貨幣供給を（ ）させる。その結果，利子率は（ ）で，GDP は（ ）する。

◆6.10 財政政策を用いて完全雇用 GDP を実現し，金融政策を用いて国際収支の均衡を実現することは可能か。

◆6.11 以下の文章のなかで正しいものはどれか。
 (ア) マンデル・フレミングのモデルは，*IS-LM* のモデルを開放経済に拡張したものである。
 (イ) 円安は輸出を促進し，輸入を抑制する。
 (ウ) 固定レート制度で資本移動がゼロであれば，閉鎖経済の乗数値は開放経済の乗数値と同じになる。
 (エ) 小国は，世界利子率を操作できない。
 (オ) 固定レート制度で資本移動が完全な場合の財政政策の効果は，かなり大きい。

(→解答はp.287)

●6.4 変動レート制度

［1］資本移動ゼロのケース

国際収支，経常収支と貿易収支は一致し，純輸出がゼロになるように為替レートがきまる。為替レート e の調整によって閉鎖経済の財市場の均衡条件と同じになる。

▶ **変動為替制度の隔離効果**：IS–LM モデルでも，IS，LM 曲線は閉鎖経済の場合と全く同じ形になる。

——▶財政金融政策の効果も，第2，3章の議論がそのままあてはまる。

［2］資本移動完全のケース

▶ **財政政策の効果（小国のケース）**：政府支出の拡大により IS 曲線が上方にシフトする。

——▶利子率が上昇すると，資本が流入し，為替市場では邦貨に対する超過需要が生じて，為替レートが増価する。

——▶輸入が促進され，輸出が抑制される。国内の総需要を抑制して，IS 曲線を左下方にシフトさせる。

例題6.7
例題6.8

——▶新しい均衡点は，もとの均衡点 E_0 と同じになる。

▶ **マンデル・フレミングの命題**：財政政策の乗数効果は，ゼロになる。

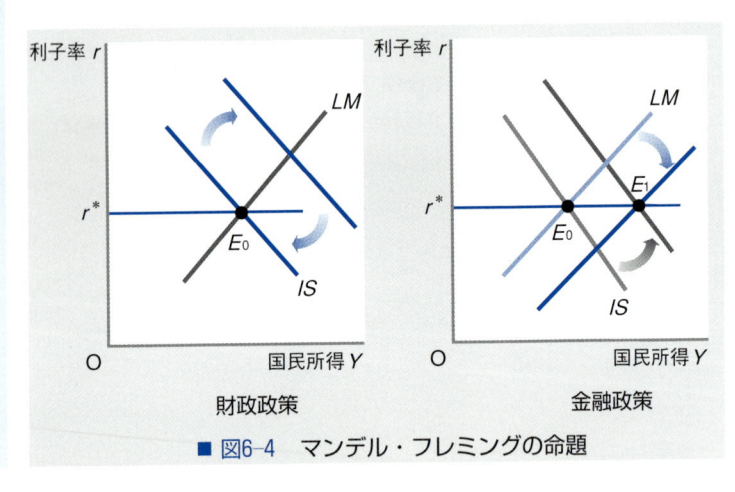

財政政策

金融政策

■ 図6–4　マンデル・フレミングの命題

▶ **金融政策の効果（小国のケース）**：拡張的な金融政策によって，LM 曲線は右にシフトする。

 ——→利子率の低下によって資本が外国に流出する圧力が加わるから，為替レートが減価し（円安になり），純輸出が刺激される。

 ——→IS 曲線を上方にシフトさせて，さらに所得を増大させる。

 ——→金融政策の効果はかなり大きい。

例題6.6

純輸出が利子率の変化にあまり反応しなくなったとしよう。以下の文章のうちで正しいものはどれか。
（ア）*IS* 曲線と総需要曲線の傾きは，より緩やかになる。
（イ）*LM* 曲線と総需要曲線の傾きは，より緩やかになる。
（ウ）*IS* 曲線の傾きはより緩やかになるが，総需要曲線の傾きはより急になる。
（エ）*IS* 曲線と総需要曲線の傾きは，より急になる。
（オ）*IS* 曲線の傾きはより急になるが，総需要曲線の傾きはより緩やかになる。

答え：（エ）

　本来，純輸出は利子率とは直接には関係しない。利子率が変化すると，為替レートも変化するから，それを通じて間接的に純輸出も変化する。

　純輸出が利子率に反応しなくなった背景には，たとえば，利子率が上昇して円高になっても，その価格効果が大きくなくて，あまり輸入が増加しなくなった，あるいは，あまり輸出が減少しなくなったということが考えられる。したがって，財市場の均衡を維持するために，利子率が上昇した場合，以前よりは GDP の変化の幅は小さくなるから，*IS* 曲線の傾きはより急になる。それに対応して，総需要曲線 *AD* の傾きもより急になる。これは，ある一般物価水準の変化による *LM* 曲線のシフトに対して，いままでよりも GDP の変化が小さくなるためである（図6–5）。

利子率 r

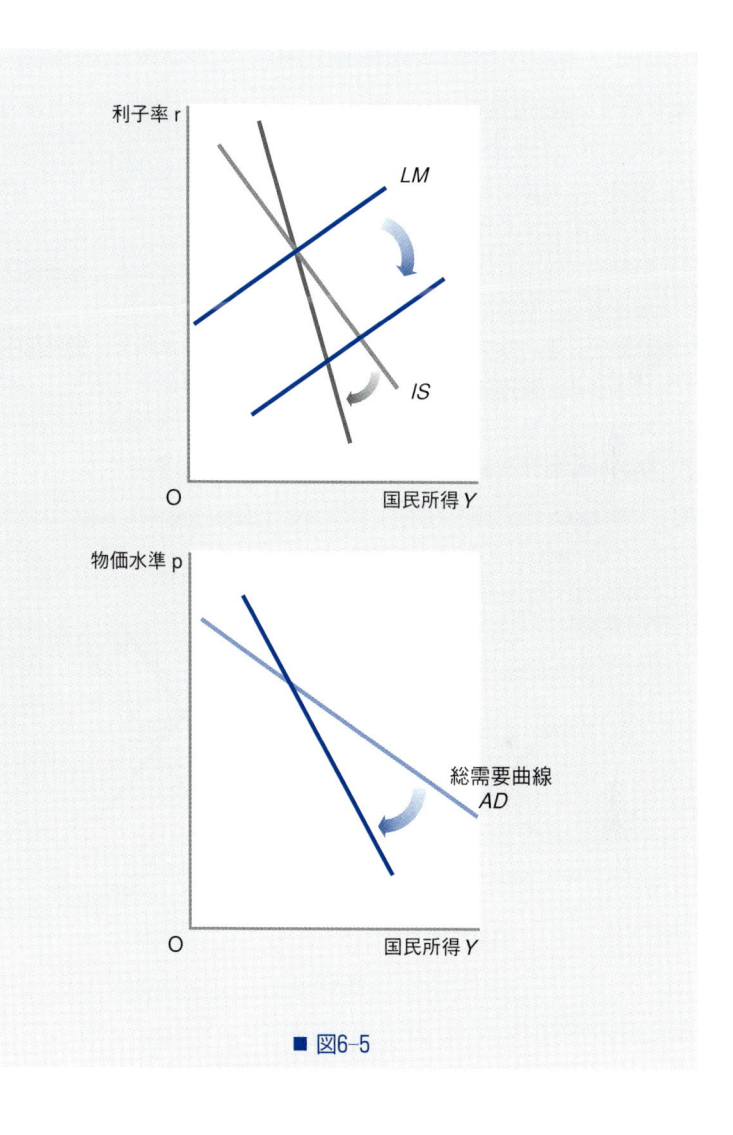

LM

IS

O　　　　　　国民所得 Y

物価水準 p

総需要曲線 AD

O　　　　　　国民所得 Y

■ 図6-5

例題6.7

資本移動が不完全な変動レート制度でのマクロ政策効果に関する次の文章のなかで，正しいものはどれか．

(ア) 緊縮的な財政政策と金融政策は，ともに利子率を上昇させ，円高を招き，貿易赤字を増加させる．
(イ) 緊縮的な財政政策は，利子率を低下させ，円安を招き，貿易黒字を増加させる．緊縮的な金融政策は反対の効果をもつ．
(ウ) 緊縮的な金融政策は，利子率を低下させ，円安を招き，貿易黒字を増加させる．緊縮的な財政政策は反対の効果をもつ．
(エ) 緊縮的な金融政策だけが，国際的な経済変数に影響する．
(オ) 緊縮的な財政政策だけが，国際的な経済変数に影響する．

答え：（イ）

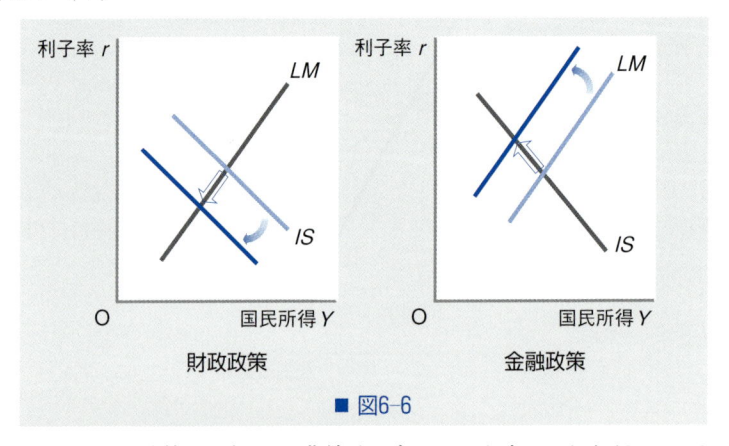

■ 図6-6

緊縮的な財政政策により，IS 曲線は下方にシフトする．したがって，GDPと利子率は低下する．利子率の低下は円安を招く．国内での投資収益が低下するので，資本が外国に流出するからである．円安の結果，貿易収支の黒字は増加する．

緊縮的な金融政策は，利子率にはちょうど反対の効果をもたらす．すなわち，LM 曲線が上方にシフトして，GDPの低下と利子率の上昇をもたらす．利子率の上昇で円高傾向となり，貿易収支は悪化する（図6-6）．

例題6.8

価格が伸縮的な完全雇用モデルを前提とすると，変動レート下での財政，金融政策の効果はどうなるか。

　価格が伸縮的な新古典派のモデルでは，完全雇用を常に達成するように価格や賃金が調整される。金融政策の効果は無効になる。たとえば，貨幣供給を増加させると，物価水準，名目賃金，為替レートが同じ割合で増加する。実質の経済変数には何ら影響しない。

　財政政策の場合には，政府支出が増加すると，利子率が上昇して投資需要を抑制するか，円高圧力で輸入が減少する。また，円高による実質的な賃金の上昇で労働供給が増加すれば，生産が増加する。したがって，拡張的な財政政策は生産を増加させる可能性がある。

　短期的には価格硬直性があるとしても，長期的には物価の調整は可能であろう。こうした点に注目したモデルが，ドーンブッシュ・モデルである。このモデルは，マンデル・フレミング・モデルと異なり，為替レートの調整よりは物価の調整に時間がかかると考える。そして，為替レートは長期的な均衡レートに向かって調整されていくという回帰的な予想を仮定している。

　ドーンブッシュ・モデルでは，短期的に物価が硬直的であるために，調整はすべて為替レートで行われる。為替レートは，物価が伸縮的な新古典派の場合と比較して，より大きく変化する。たとえば，金融緩和政策をとると，最初に為替レートはより円安に振れる。そして，その後定常均衡水準まで円高傾向になる。これは，為替レートのオーバーシュート（過剰反応）を説明するモデルとなっている。均衡に向かう調整プロセスでは生産は増加する。その意味では金融政策は有効になっている。

問 題

◆6.12 以下の（ ）に適当な用語を入れよ。
　資本移動がゼロの変動レート制度では，（ ）がゼロになるように為替レートが決定される。その結果，財政政策，金融政策の効果は閉鎖経済の場合と（ ）する。乗数は，限界輸入消費性向が大きくなるとき，（ ）である。

◆6.13 外生的な要因で円安圧力が生じたとする。中央銀行はどのような手段を用いることで，円安を抑制することができるか。

◆6.14 以下の文章のなかで正しいものはどれか。
（ア）資本移動がゼロの変動レート制度では，財政政策の効果は無効になる。
（イ）資本移動がゼロの変動レート制度では，金融政策の効果は無効になる。
（ウ）資本移動が完全の変動レート制度では，財政政策の効果は無効になる。
（エ）資本移動が完全の変動レート制度では，金融政策の効果は無効になる。
（オ）資本移動とは無関係に変動レート制度では，財政政策の効果は無効になる。

◆6.15 変動レート制度で資本移動なしのマクロ・モデルを考える。
$$C = 10 + 0.8Y$$
$$I = 20$$
$$G = 10$$
$$IM = 0.3Y - 20e$$
$$EX = 2 + 10e$$
　ここで，C：消費，Y：所得，I：投資，G：政府支出，IM：輸入，EX：輸出，e：為替レートである。
（ア）均衡所得を求めよ。
（イ）政府支出が10から20に10だけ増加すると，所得はいくらに変化するか。

（→解答はp.287）

●6.5　2国モデルでの政策の効果

2国モデルでは，小国モデルと以下の2つの点で異なる。

- 自国の利子率が自国の政策によってある程度は変化する。
- 自国の政策の結果，外国のGDPが変化すると，外国の輸入＝自国の輸出が変化して，それが自国に影響を与える。

［1］固定レート制度
▶ **資本移動がない場合**：乗数の大きさは，自国にとっても小国の場合よりも大きくなる。

▶ **資本移動が完全な場合**：拡張的な財政政策では，自国でGDPが増大するとともに，利子率が上昇する。外国でも輸出の増大によりGDPが増加するので，利子率は上昇する。利子率は，政策の変化以前と比べると，外国でGDPが拡大する分だけ，外国でのLM曲線に沿って多少は上昇する。

例題6.9

金融政策の効果は，長期的には小国のケース同様に無効になる。

［2］変動レート制度
▶ **資本移動がゼロのケース**：為替レートの調整によって，純輸出は両国ともに常にゼロになるから，2国間での相互依存関係は生じない。両国とも閉鎖経済と同様になる。

▶ **資本移動が完全なケース**：財政金融政策の効果はいずれも有効。

閉鎖経済と比較すると，自国GDPの拡大は為替レートの調整によってさらに増幅される。しかし，小国の場合ほどには，増幅されない。また，自国の拡張的な金融政策は外国GDPを低下させる波及効果をもつ。

［3］政策協調
自国の政策の効果は一般的に外国GDPなどの経済活動にも大きな影響を与える。したがって，国際的な政策協調のあり方が重要な問

題になってくる。

例題6.10 それぞれの国が自国 GDP の拡大のみを考えて，外国に与える波及効果を無視して政策決定すると，金融政策がかなり拡張的になり，財政政策はそれほど拡張的にならない。

コラム

日本のマクロ政策とアメリカの利害

1990年代に日本は景気対策を理由に，財政金融面から刺激政策を採用した。これは日本の国内事情によるものだったが，同時にアメリカの要求に沿うものでもあった。ところで，今後日本が財政再建政策を実施するときに，こうした政策は，アメリカにとって損だろうか得だろうか。日本の財政危機が表面化しても，アメリカが日本を支援する義務はない。日米間での経済問題は，貿易の不均衡あるいは日本からアメリカへの輸出の抑制と，アメリカから日本への輸出の拡大である。日本の拡張的な財政政策で，日本の景気が刺激され，日本からアメリカへの輸出が減少し，アメリカから日本への輸出が増加すれば，アメリカの利益になる。したがって，アメリカは常に拡張的な財政政策を日本に要求する。日本の財政赤字拡大のコストは，アメリカにとっては特に関心ではない。規制緩和や構造改革などでは，アメリカの対日要求にももっともらしい点はあるが，マクロ財政政策については，アメリカの要求と日本の利益は必ずしも一致しない。

例題6.9

固定レート制度で資本移動がない場合のもっとも単純な45度線モデルを用いて，GDPを通じる2国間での相互依存効果を説明せよ。

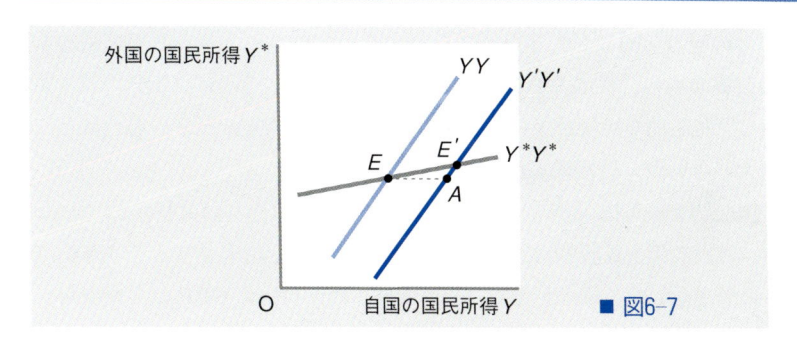

自国を無印，外国を*印を用いて，財市場の均衡条件を考えると，それぞれの国の輸入が，相手国にとって輸出となる関係にある。その結果，自国のGDP（$=Y$）を決める財市場の均衡条件式に外国のGDP（$=Y^*$）が，外国への輸出の効果を通じて影響している。

この関係を図示したのが，図6-7のYY曲線である。YY曲線は，外国のGDPを所与としたときの自国のGDPの大きさを決める。Y^*が上昇したとき，Yに与える効果はプラスである。外国についても同様の式を求めると，Y^*Y^*曲線が得られる。この曲線は，自国のGNPを所与として外国のGDPの大きさを求めるものである。YY，Y^*Y^*両曲線の交点Eが，2国モデルでの均衡点であり，それに対応するGDPが両国のGDPの水準を与える。

さて，ここで，自国のみで拡張的な財政政策を実施したとしよう。Gの増加により，YY曲線は右方向にシフトするから，新しい均衡点はE'点になる。E'点はE点の右上方にあるから，YとともにY^*も増大している。すなわち，拡張的な財政政策の効果は外国にも波及する。いま，YY曲線上でE点と同じY^*の水準になる新しい点をA点とおくと，E点からA点への動きは，外国からの波及効果なしの政府支出拡大の乗数効果を意味し，A点からE'点への動きが，外国からの波及効果を考慮したGDPの拡大効果に対応している。

例題6.10

政策協調について説明せよ。

　2国モデルを用いると，自国のマクロ政策の効果は一般的に外国のGDPなどの経済活動にも大きな影響を与える。変動レートのもとで拡張的な金融政策の場合，自国のGDPは大きく増大するが，外国のGDPは減少する。逆に，拡張的な財政政策の場合，自国のGDPは固定レートの場合ほどには増大しないが，外国のGDPも増大する。

　国際的な政策協調が可能であれば，金融政策はそれほど拡張的にしないで，財政政策を拡張的にする方が，両国のGDPを増大させるという観点からは望ましいだろう。しかし，それぞれの国が自国のGDPの拡大のみを考えて，外国に与える波及効果を無視して政策決定すると，結果として金融政策がかなり拡張的になり，財政政策はそれほど拡張的にならない。そして，お互いのGDPが金融政策によるマイナスの波及効果のためにそれほど拡大しないという状況になってしまう。国際的な相互依存関係を考慮すると，一般的には，それぞれの国がお互いに政策を協調することで利益を得る。したがって，国際的な政策協調のあり方が重要な問題になってくる。

　他方で，ある国が外需を増大させる政策（たとえば，輸出の拡大のための為替レートの減価政策）をとると，外国の所得はマイナスの影響を受けるため，外需主導の景気刺激政策は国際的な批判を受ける。もし，2国の限界消費性向が同じであれば，自国の所得の増大は，同額だけ外国の所得を減少させる。

問題

◆6.16 以下の文章の（ ）に適当な用語を入れよ。

自国の拡張的な財政政策は外国の GDP を（ ）させるが，自国の拡張的な金融政策は外国の GDP を（ ）させる。したがって，2国モデルでは国際的な（ ）が問題となる。

◆6.17 以下の文章のなかで正しいものはどれか。
（ア）2国モデルでも資本移動が完全であれば，自国の利子率は世界利子率に等しくなる。
（イ）2国モデルでも資本移動が完全であれば，自国政府は利子率を動かせない。
（ウ）2国モデルで資本移動がゼロの場合，固定レートでは自国の拡張的な財政政策は外国の所得を減少させる。
（エ）2国モデルで資本移動が完全の場合，固定レートでは金融政策の効果は有効である。
（オ）2国モデルで資本移動がゼロの場合，変動レートでは財政政策の効果は外国の所得を増加させる。

◆6.18 2国間の政策協調の利益が次の表6-1で表されている。この場合，均衡はどこに落ち着くか。

■ 表6-3

	外国 協力	外国 非協力
自国 協力	(5,5)	(1,8)
自国 非協力	(8,1)	(2,2)

なお，(,) の数字の左は自国の利益，右は外国の利益を示す。

（→解答は p.287）

●6.6 為替レートの変動

［1］資産価格としての為替レート

▶ **為替レート**：一国の通貨と外国の通貨との交換レート。

家計が資産を円ではなくドルでもつメリットは，ドルを永遠にもつ収益の割引現在価値を為替レートで円に還元したものであり，これが1円に等しいことが裁定条件となる。

——→為替レートは円に還元したドル収益の割引現在価値で与えられる。

現在の為替レートは，外国での利子率を自国通貨建てに還元したものの割引現在価値に等しくなる。

例題6.11

［2］利子裁定式

自国および外国での利子率が一定であり，1期後の将来の為替レート（e_{t+1}）も予想できるとしよう。

現在の為替レート（e_t）は，将来の為替レート（e_{t+1}）と1＋外国利子率（r_F）の積を1＋自国の利子率（r）で割ったものに等しくなる。

$$e_t = \frac{e_{t+1}(1+r_F)}{1+r}$$

▶ **利子裁定式**：ある資金を国内で運用する場合と外国で運用する場合の裁定条件。

為替レートの予想変化率（g）：$e_{t+1}=e_t(1+g)$

——→これら2式から，次式が成立する。

$$r - r_F = g$$

為替レートの予想変化率の分だけ，内外の金利格差がある。

［3］購買力平価説

長期的な為替レート決定理論として有力な考え方。

為替レートと物価との間の関係を，自国と外国の物価に関する裁定式としてみる。

▶ **一物一価の法則**：すべての財・サービスの価格に関して，日本の価格はアメリカの価格に為替レートをかけたものになる。

[4] アセット・アプローチ

人々は異なる収益率やリスクをもつ資産に分散して投資する行動をとる。

それらの複数の通貨建ての資産をどのような比率で保有するかは，それぞれの資産の予想収益率やリスクの程度に依存する。

——▶国際的な資産市場で各通貨に対する需給を均衡するように，為替レートが決まる。

[5] ファンダメンタルズ

▶ **ファンダメンタルズ**：理論値としての為替レート（金利，累積経常収支，インフレ率などを反映）。

経常収支が黒字になると，対外資産が蓄積されていくが，その結果として，経常収支国の通貨の価値が増加する。つまり，日本が累積的に経常収支の黒字を拡大させると，円高が促進する。

[6] 為替レートと期待

為替レートの変動も，株価や地価の変動と同じメカニズムをもっており，バブルの可能性も排除できない。

▶ **為替レートのランダム・ウォーク**：将来に対する期待が合理的に形成されれば，現在の為替レートと次の期の実現した為替レートとの誤差は，「予想が当たらなかった」という予想の誤差にもとづくものでしかない。

——▶現在までの為替レートの動きで，次期の為替レートがどう動くかは説明できない。

▶ **ドルの維持可能性（sustainability）**：アメリカが海外から資金を借り入れると，利子を支払わなければならない。このため，将来にわたって借入金が増大し，経済規模と比較して対外債務が増大していくと，外国はそれ以上の貸出をやめて，ドル資産での保有を回避しようとする。

──→ドルの価値が暴落する。

▶ **累積債務問題**：中南米や東ヨーロッパの諸国では，先進国から資金を借り入れて経済発展を目指しているが，思うような成果が上がっていない国も多い。
　──→債務を予定通り返済することが資金的に不可能になり，利払いを一時的に拒否したり，債務の繰り延べや一部の債務の帳消しなどを求めて，債権国と交渉する。

[7] 円高のメリット・デメリット

▶ **円高のメリット**：輸入財やサービスが安く買える。全体としてみれば，日本の国際的な購買力が増加することで，国民経済全体の厚生は増加する。

▶ **円高のデメリット**：円高によってもっともきびしい影響を受けるのは，輸出をしている企業である。

　円高により企業は海外に工場などの生産設備を移動させる。

▶ **円高と外国**：内外価格差が拡大するから，財や資金とともに人も日本に参入するようになる。

例題6.12

例題6.11

Jカーブ効果について説明せよ。

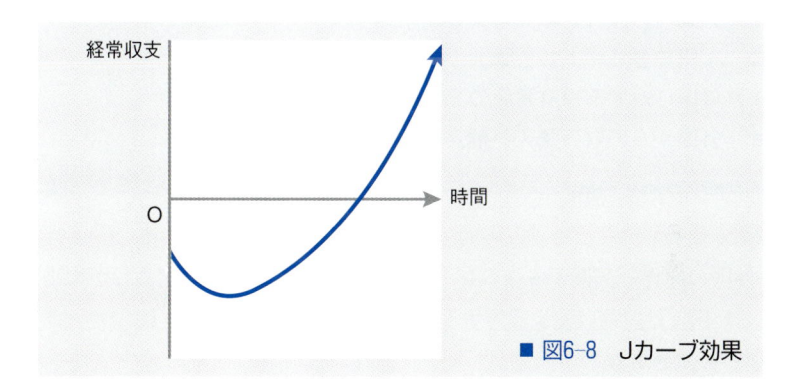

■ 図6-8 Jカーブ効果

為替レートが変化しても，輸出入の数量調整には時間がかかる。円安（円高）になっても，短期的にある期間は，貿易収支あるいは経常収支の赤字（黒字）幅がかえって拡大し，赤字（黒字）が縮小するまで時間がかかる。図6-8では，当初経常収支が赤字のケースについて，円安になった後の時間的な経路を示している。経常収支はJの字に似た調整プロセスをとることから，為替レートの変化が経常収支の調整をはじめる前に，短期的にその不均衡を拡大させる効果を，Jカーブ効果と呼んでいる。

Jカーブ効果の大きさは，価格の変化が輸出入の数量に及ぼす価格弾力性の大きさ，当初の貿易収支あるいは経常収支の不均衡の程度，為替レートの変化が価格の変化に反映される程度などに依存する。たとえば，貿易収支が黒字のケースで円高になると，ドルベースでの輸出価格は上昇するが，この効果が短期的に大きいほど，Jカーブ効果は大きくなる。

なお，Jカーブ効果は固定レート制度での一度限りの為替レートの変更の効果として議論されてきた。変動レート制度の場合は，為替レートが日常的に変化するため，Jカーブ効果も過去の為替レートの変動を反映して，合成された累積効果となる。したがって，為替レートの変化と貿易収支や経常収支の関係は，実際にはかなり複雑である。

例題6.12

円安の結果として，もっともらしいものはどれか。
（ア）日本の経常収支が悪化する。
（イ）外国への旅行が割高になる。
（ウ）1円で多くのドルを購入できる。
（エ）外国に対する保有資産のドル価値が減少する。
（オ）外国からの財の購入が割安になる。

答え：（イ）

　外国の通貨と交換する際のレートが不利になるから，外国旅行が割高になる。円安は貿易収支を改善する効果があるから，（ア）は誤り。（ウ）（エ）（オ）も逆である。

　日本経済の長期的な傾向は，円高である。円高は，外国からみると日本の市場がそれだけ大きくなったことを意味する。内外価格差が拡大するから，日本への輸出が以前よりも可能になるとともに，労働者も日本で働けば，より高い賃金を外国の通貨では稼げるから，財や資金とともに人も，日本に参入するようになる。これに対して，わが国の政府は，資金の面では徐々に開放政策を採用している。しかし，コメなどの農産物の輸入規制を続けると同時に，単純労働者の受け入れを原則として認めない政策をとっている。コメとともに人の参入に関しても，その自由化あるいは規制の緩和を求める国際的な圧力は，円高が進行するにつれて，次第に大きくなっている。

　円高により，日本経済の産業構造も大きく変化している。輸出産業は，海外生産を増やしており，日本から成長産業がなくなるという産業の空洞化現象も一部で懸念されている。また，輸入が有利になることで，日本での石炭や農産物などの一部の衰退産業では，倒産や失業などの問題も避けられないだろう。しかし，全体としてみれば，日本の国際的な購買力が増加することで，国民経済全体の厚生は増加する。また，ストックの蓄積にともない，資産運用の一部をこれからも外国に回すことは，日本のみならず世界全体の資金の活用という点からも，大切なポイントである。

問題

◆6.19 購買力平価仮説が短期的には成立しないが，長期的には成立するのはなぜか。

◆6.20 利子裁定条件の現実的妥当性について説明せよ。

◆6.21 短期的な国際資本移動はどのような要因で動くか。

◆6.22 購買力平価仮説に関してもっともらしいのはどれか。
（ア）日本の物価がアメリカと比較して5％上昇すれば，5％の円高になる。
（イ）為替レートは相対価格の変化のみで決定される。
（ウ）一物一価の原則に矛盾する。
（エ）すべての財が国によって異なることを想定している。
（オ）長期よりも短期の方がよくあてはまる。

◆6.23 累積債務問題に関する以下の文章のうち，正しいものはどれか。
（ア）途上国の高い失業率とまずい発展計画の結果である。
（イ）高金利と国際的な不況で，第3世界の輸出が減少した結果である。
（ウ）世界的に労働の限界生産が低下した結果である。
（エ）途上国の非民主的な政府が腐敗した結果である。
（オ）途上国の過剰な資本蓄積の結果である。

（→解答はp.287, 288）

7 経済成長モデル

経済成長は，GDP など経済活動水準の持続的，長期的な拡大を意味する。経済成長が可能であるためには，需要が増加するとともに，供給能力も増加する必要がある。投資が生産能力を拡大する効果に注目することで，経済成長の理論モデルが構築される。この章では，経済成長の理論的枠組みを提示したハロッド・ドーマーの成長理論と新古典派の成長理論を説明する。

KEY CONCEPTS

●7.1 ハロッド・ドーマーのモデル

[1] ハロッド・ドーマー・モデルの特徴

ハロッド・ドーマー（Harrod=Domar）の成長理論とは，ケインズ・モデルの拡張であり，投資のもつ2面性を考慮して展開されたもので，第2次大戦後の経済成長理論の出発点となったものである。

▶**投資の2面性**：投資は，現在の有効需要の1つであると同時に，将来の生産に用いられる資本設備を増加させて，供給能力を高める側面をもっている。

$$\Delta Y = \frac{I}{v}$$

例題7.1　投資1単位あたり $\frac{1}{v}$ の大きさだけ，生産能力が増加する。

▶**必要資本係数 v**：生産量1単位を生み出すのに必要な資本設備。

▶**ハロッド・ドーマーの成長理論の特徴**：必要資本係数を技術的に一定と仮定する。

$$Y = \frac{K}{v}$$

（ここで，$\Delta K = I$ の関係がある。）

資本 K を完全操業すると，$\frac{K}{v}$ だけの Y が生産可能である。

[2] 適正成長率 G_w

▶ **財市場の均衡**：貯蓄＝投資

社会全体の平均的な貯蓄性向 s が与件（＝外生的に一定）とする。

国民所得を Y，貯蓄を S，投資を I で表すと，
$$Y - cY = S = sY = I$$
ここで，
$$貯蓄性向 s = 1 - 消費性向 c$$
である。

上の2式より，適正成長率は次式で与えられる。
$$\frac{\Delta Y}{Y} = \frac{s}{v}$$

資本ストックの稼動率を企業にとって望ましい水準（必要資本係数に対応する完全操業水準）に維持しながら，国民経済が成長を続けるときの成長率。

──▶ **適正成長率**は，資本の完全操業を保証する成長率である。

[3] 支出成長率

▶ **支出成長率** G_r：需要がどれだけのスピードで成長するかを示す成長率。

もっとも単純な投資関数の例で考える。
$$I = \beta Y_{-1}$$
ここで，Y_{-1} は前期の GDP を意味する。

▶ **投資係数** β：Y_{-1} が上昇したとき，どの程度の投資が刺激されるかを示すパラメーター。

現実の GDP の成長率
$$G_r = \frac{Y - Y_{-1}}{Y_{-1}}$$
$$G_r = \frac{\beta}{s-1}$$

投資係数の増加関数であり，乗数 $\frac{1}{s}$ の増加関数でもある。

[4] ナイフの刃

例題7.2

▶ **ナイフの刃**：ナイフの刃の上にある均衡のような不安定な経済成長の現象。

▶ **自然成長率** G_n：成長率の上限を与えるもの。
労働供給の成長率と労働節約的な（実質的に労働者の数が増大するような）技術進歩率の和からなる。

　適正成長率と自然成長率，そして，現実の支出成長率の3つが一致していれば，資本も労働も完全に雇用，操業され，均衡成長ができる。

　ハロッド・ドーマーの体系では，自然成長率と支出，適正成長率を決める要因がそれぞれ独立に与件として与えられており，3者が長期的に一致するメカニズムは存在しない。

コラム

潜在成長率

　潜在成長率は，GDPの潜在的な生産能力がどれだけ長期的に成長するかを示す。すなわち，資源の利用可能性を考慮しながら，資本や労働などの生産要素を能力一杯に生産に投入するときの成長率である。ハロッド・ドーマー・モデルのように，資本と労働の間で代替の可能性がなければ，労働供給の完全雇用を決める自然成長率と資本ストックの完全操業を決める適正成長率と比較して，どちらか低い率が潜在成長率となる。現実の経済では潜在成長率は過去の成長率の平均値として求められることが多い。わが国の場合，高度成長期には潜在成長率は10％程度あったが，その後次第に低下し，バブル期で4％，1993年以降は1％台となっている。

例題7.1

投資の2面性について説明せよ。

　ケインズ・モデルでは，投資が有効需要の重要な構成要素であることが強調される。投資は，現在の有効需要の1つであると同時に，将来の生産に用いられる資本設備を増加させて，供給能力を高める側面をもっている。このような投資のもつ2面性を考慮して，成長理論を展開したのが，ハロッドとドーマーである。

　生産量1単位を生み出すのに必要な資本設備が，必要資本係数である。ハロッド・ドーマーの成長理論では，必要資本係数 v は技術的に一定と仮定している。

$$Y = \frac{K}{v}$$

つまり，資本 K を完全操業すると，$\frac{K}{v}$ だけの Y が生産可能である。

　ところで，必要資本係数をフローの関係式として書くと，

$$\Delta Y = \frac{I}{v}$$

のようになる。$\Delta K = I$ の関係がある。この式は投資の生産能力効果を意味する。すなわち，投資1単位あたり $\frac{1}{v}$ の大きさだけ，生産能力が増加する。この生産能力の増加に見合って需要が増加していく場合には，資本が完全に操業されるという意味で，適正な成長が可能となる。

　いいかえると，この式で与えられる ΔY だけの需要が実際に生まれるかどうか，これは，現実の資本ストックとGDPとの比率である現実の資本係数と，技術的に与えられる必要資本係数が一致する条件を考えることに他ならない。これが，適正成長率である。

例題7.2

ナイフの刃について説明せよ。

　ハロッド・ドーマー・モデルでは，現実の成長率はかならずしも適正成長率に等しくならない。また，現実の成長率と適正成長率とが乖離したとき，調整のメカニズムは不安定であり，ますます乖離の幅が広がっていく。これがナイフの刃と呼ばれる現象である（図7-1）。

　現実の成長率と適正成長率とが一致しないときには，意図せざる在庫の増減がある。たとえば，現実の成長率が適正成長率を下回る場合には，資本を完全に操業して生産を行うと，財市場で超過供給の状態になっているから，意図せざる在庫が増大している。このとき，現実の資本ストックは，必要資本係数からでてくる適正な値からみて，過剰となり，投資意欲は減少する。その需要に与える効果は乗数プロセスを経て，さらに現実の成長率を低下させ，ますます適正成長率から下方へはなれていく。

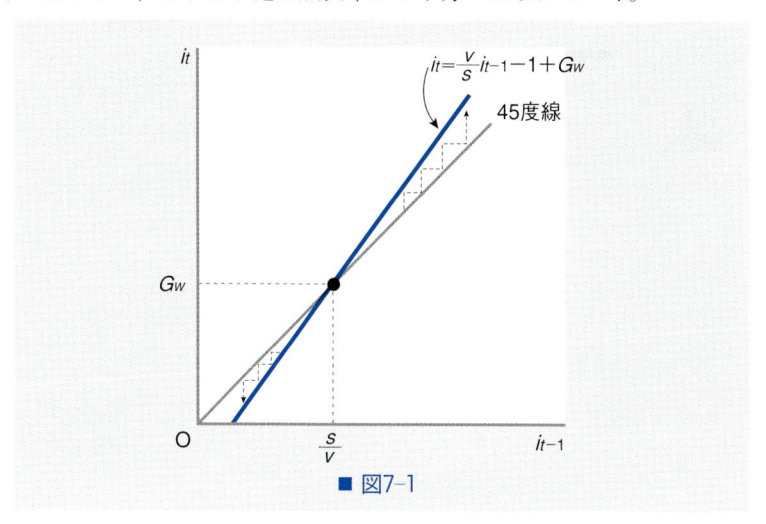

$$i_t = \frac{v}{s} i_{t-1} - 1 + G_w$$

■ 図7-1

7.1 ハロッド・ドーマーのモデル

逆に，財市場が超過需要となって，意図せざる在庫の減少が生じている局面では，現実の成長率が適正成長率を上回ることになる。このとき，投資意欲が刺激され，ますます現実の成長率が上昇していく。すなわち，現実の成長率がいったん適正成長率と一致しなくなると，累積的にその差は拡大していく。このような不安定な経済成長の性質を，ナイフの刃の現象とハロッドは呼んでいる。

　たとえば，投資行動が次のような式で表される。

$$i_t = \frac{v}{s} i_{t-1} - 1 + G_w$$

ここで，i_t は t 期の投資の増加率（$=\frac{I}{K}$）である。$\frac{v}{s} i_{t-1}$ は $t-1$ 期における vY と K の比率（$=\frac{vY}{K}$）を意味しているから，現実の資本が必要資本係数から出てくる適正水準と比較して過小であれば，適正成長率以上の率で投資が増加する。図7-1でも示すように，$\frac{v}{s}$ が 1 より大きければ，この体系は不安定になる。

問題

◆7.1 貯蓄性向0.2，必要資本係数4とすると，適正成長率はいくらか。

◆7.2 以下の文章のうちで正しいものはどれか。
（ア）投資の2面性は，投資の需要刺激効果と投資資金を調達する際の費用効果の2つである。
（イ）ハロッド・ドーマー・モデルの特徴は，必要資本係数が経済環境に応じて変化する点にある。
（ウ）貯蓄率が高いほど，適正成長率も高くなる。
（エ）貯蓄率が高いほど，支出成長率も高くなる。
（オ）ハロッド・ドーマー・モデルでは，支出成長率と自然成長率とは常に等しい。

◆7.3 以下の文章の（ ）に適当な用語を入れよ。
　適正成長率は（ ）の完全雇用を保証する成長率であり，自然成長率は（ ）の完全雇用を保証する成長率である。支出成長率は（ ）の成長率である。支出成長率が（ ）成長率と一致しないときに意図せざる（ ）の変動がある。

◆7.4 消費性向0.7，労働増加率6％で労働と資本の完全雇用，完全操業が達成されている経済成長を考える。労働分配率を60％とするとき
（ア）必要資本係数はいくらか。
（イ）資本の収益率はいくらか。

（→解答はp.288）

7.2 財政金融政策の効果

[1] 財政政策

総需要,供給の成長に財政政策がどのような影響をもつのか。

▶ **財政政策を考慮した適正成長率**:財政政策を前提として需要の増加に見合う形で供給能力が成長するのが適正成長率である。

例題7.3

$$G_w = \frac{\Delta I}{I} = \frac{\Delta K}{K} = \frac{\Delta Y}{Y} = \frac{1-c(1-t)-g}{v}$$

【財政政策の効果】
- 政府支出率 g の拡大で適正成長率は低下する。
- 税率 t の上昇で適正成長率は上昇する。
- 財政赤字が拡大すれば,適正成長率は低下し,逆に,財政黒字が拡大すれば,適正成長率は上昇する。

例題7.4

戦後のわが国の高度成長期に財政収支は均衡し,経済成長による自然増収は減税という形で民間部門に還元されていた。これは適正成長率を上昇させて,供給面から経済成長を刺激した。

【支出成長率への効果】
現実の GDP の成長率である支出成長率と財政政策の関係

$$G_r = \frac{\beta}{1-c(1-t)-g} - 1$$

- 政府支出率の拡大は,乗数値を増加させて,支出成長率を上昇させる。
- 税率の拡大は,乗数値を低下させて,支出成長率を減少させる。

【均衡予算と財政政策】
- 均衡予算のもとでの政府支出率の拡大は,適正成長率を低下させる。
- 政府支出率の拡大は,均衡予算のもとで支出成長率を上昇させる。

[2] 金融政策の効果

拡張的な金融政策は,投資需要を刺激して G_r に影響する。しかし,G_w には影響しない。

金融政策を緩和して現実の成長率を高めに誘導し,財政政策を抑

制して適正成長率を高めに誘導し，結果として高い成長が可能になる。

コラム

日本の経済計画

　日本の経済計画は，政府が正式に決定したものとしては，1955年の経済自立5カ年計画が最初である。その後13個の経済計画が策定された。日本は市場経済の国であるから，経済計画といっても中期的なマクロ経済の展望と政策のあり方を示すにとどまり，民間の経済活動を規制するものではない。1995年から2000年までの経済計画である「構造改革のための経済社会計画」では，構造改革が進む場合と進まない場合とで，経済成長率の予想を変えている。構造改革が進展すれば，この期間の平均成長率は3％になるが，構造改革が進展しなければ，1.75％に低下すると予想している。その後1999年に策定された21世紀初頭の経済計画である「経済社会のあるべき姿と経済新生の政策方針」では，政府や政策のあるべき姿は示されているものの，経済成長率について具体的な数値目標は設定されなかった。

例題7.3

次のパラメーターが与えられている。

消費性向 $c = 0.8$
必要資本係数 $v = 3$
税率 $t = 0.2$
政府支出の対 GDP 比 $g = 0.21$

このとき，適正成長率はいくらになるか。

適正成長率の公式

$$G_w = \frac{\Delta I}{I} = \frac{\Delta K}{K} = \frac{\Delta Y}{Y} = \frac{1 - c(1-t) - g}{v}$$

にそれぞれの値を代入すると，

$$1 - 0.8(1 - 0.2) - \frac{0.21}{3} = 0.05$$

すなわち，適正成長率は5％となる。

上の公式の分子 $[1 - c(1-t) - g]$ は財政政策がない場合は，家計の貯蓄性向 s に等しい。財政政策を考慮すると，税負担分だけ家計の消費が減少するが，それは経済全体の貯蓄を高めて適正成長率を上昇させる。しかし，政府支出は消費的な支出であるから，それは経済全体の貯蓄を低下させて，適正成長率を引き下げる。

政府支出の拡大と増税が同額だけ行われる均衡予算のもとでの政府支出拡大政策では，$\Delta t = \Delta g$ の制約が加わる。この場合，政府支出の拡大は適正成長率を低下させる。

なお，g がすべて公共投資であるとすれば，分子から g は消去される。なぜなら，公共投資は消費ではなくて貯蓄だからである。この場合増税（t の上昇）は同額だけ公共投資を増加させて，適正成長率を上昇させる。

例題7.4

財政政策は適正成長率にどのように影響するか。
(ア) 税率が上昇すると成長率は上昇し，政府支出率が上昇すると成長率は上昇する。
(イ) 税率が低下すると成長率は上昇し，政府支出率が上昇すると成長率は上昇する。
(ウ) 税率が上昇すると成長率は上昇し，政府支出率が低下すると成長率は上昇する。
(エ) 税率が低下すると成長率は上昇し，政府支出率が低下すると成長率は上昇する。
(オ) 上のどれでもない。

答え：(ウ)

　財政政策を考慮した適正成長率は，需要の増加に見合う形での供給能力の成長が財政政策によってどの程度影響されるかをみている。税率 $t=\dfrac{T}{Y}$ と政府支出率 $g=\dfrac{G}{Y}$ を考慮すると，適正成長率は以下のように書き表せる。

$$G_w = \frac{\Delta I}{I} = \frac{\Delta K}{K} = \frac{\Delta Y}{Y} = \frac{1-c(1-t)-g}{v}$$

　この式から，財政政策の効果が判断できる。まず，政府支出率 g の拡大の効果からみておこう。政府支出率の拡大によって適正成長率は低下する。逆に，税率 t の上昇によって，適正成長率は上昇する。g の拡大や t の低下は，財政赤字の拡大を意味する。したがって，財政赤字が拡大すれば，適正成長率は低下し，逆に，財政黒字が拡大すれば，適正成長率は上昇する。t の上昇や g の減少は乗数の値を小さくする。したがって，投資の拡大による生産能力の伸びに見合った需要を創出するためには，投資をより速い速度で増加させて，所得を増加させる必要がある。その結果，政府の収支を黒字にして，民間部門に資源を還元することで，適正な成長率も高くなる。

戦後のわが国の高度成長期に財政収支は均衡し，自然増収は減税という形で民間部門に還元されていた。これは適正成長率を上昇させて，供給面から経済成長を刺激する効果をもった。

コラム

90年代のマイナス成長

　1990年代の日本の経済成長はそれまでの過去の数字と比較すると，驚くほど低下した。92年度から94年度までの3年間はほとんどゼロ成長であった。その後，95年度は3％のプラス成長，96年度は4.4％のプラス成長と上昇傾向を示し始めた。しかし，97年の金融破綻をきっかけに景気が落ち込み，再び経済成長率は大きく低下した。1997年の実質経済成長率はマイナス0.4％と1974年の石油ショックの時以来13年ぶりにマイナス成長を記録した。そして，1998年度の実質経済成長率も，マイナスの1.9％となった。2年連続してマイナス成長を記録したのは，戦後はじめてである。1998年度は，名目経済成長率もマイナス2.1％と，はじめてマイナスを記録した。これはGDPの低迷とともに一般物価水準も下落したことを意味する。このように経済成長率が記録的な低水準になった90年代を，「失われた10年」と否定的に総括することもある。

■ 問　題 ■

◆7.5　以下の（　）に適当な用語を入れよ。
　　政府支出対 GDP 比率の拡大は（　）成長率を上昇させるが，（　）を低下させる。金融政策の結果投資需要が増加すれば，（　）成長率を上昇させるが，（　）には影響しない。

◆7.6　以下の文章のうちで正しいものはどれか。
　（ア）政府支出の対 GDP 比率を変化させても，適正成長率は変化しない。
　（イ）財政政策は支出成長率には影響しない。
　（ウ）財政政策は自然成長率を変化させないが，金融政策は自然成長率を変化させることができる。
　（エ）財政，金融政策のどちらも，自然成長率を変化させない。
　（オ）上のどれも誤り。

◆7.7　以下の文章のうちで正しいものはどれか。
　（ア）財政金融政策は必要資本係数を変化させる。
　（イ）財政政策は貯蓄率に影響する。
　（ウ）金融政策は必要資本係数に影響する。
　（エ）減税と政府支出の削減という小さな政府は，適正成長率を上昇させる。
　（オ）低金利政策は，適正成長率を上昇させる。

（→解答は p.288）

●7.3 ソロー・モデル

［１］ 生産要素間の代替
▶ **新古典派の成長理論**：必要資本係数が経済環境に応じて内生的に変化することを考慮する。

生産要素間の代替が可能である生産関数のもとでは，資本の成長率が労働の成長率を上回るときには，利子率が賃金率よりも安くなって，より資本集約的な技術が採用される。
── 必要資本係数は現実の資本係数と常に等しくなり，資本の完全な稼動が実現する。

例題7.5

［２］ モデルの定式化
現在存在する資本ストックの量を K，労働供給量を L とすると，これらを完全に雇用して得られる生産量が，現実の GDP になる。
▶ **新古典派成長モデルでの生産関数**：K，L と Y との技術的な関係を示すマクロの生産関数。

$$Y = F(K, L) = f(k)L$$

$k\left(=\dfrac{K}{L}\right)$ は資本労働比率（あるいは資本集約度）である。

▶ **１次同次**：資本と労働が同じ割合で増加すれば，生産量も同じ割合で増大する。

▶ **収穫逓減**：資本か労働のみしか増大しない場合には，生産の拡大はそれほど大きくはない。

▶ **労働（＝人口）**：外生的に毎期 n の率で上昇する。

$$\Delta L = nL$$

▶ **資本**：貯蓄したものが投資され，資本蓄積になる。所得 Y の一定割合 s が貯蓄に回る。

$$\Delta K = sY$$

【基本方程式】
これら３式を変形すると，次の基本方程式が得られる。

$$\Delta k = sf(k) - nk$$

資本集約度（＝資本労働比率）の変化は，1人あたりの貯蓄 sf から資本集約度を一定に維持するために必要な貯蓄 nk を差し引いたものに等しい。

▶ **体系の安定性**：資本労働比率の初期値がどの水準から出発しても，長期的には均衡水準 k^* に収束する。

新古典派の成長モデルでは，要素市場での利子率と賃金率の調整によって，常に資本が完全操業され，労働も完全雇用され，安定的な成長が実現している。長期均衡では資本ストック，GDP，消費，貯蓄，投資，労働供給はすべて外生的に与えられる人口の成長率 n で成長している。

例題7.6

［3］財政政策の効果

財政政策は長期均衡での資本集約度 k^* に影響する。

比例的な所得税率 t を導入すると，可処分所得は $(1-t)Y$ となる。基本方程式は，均衡予算原則のもとで次のように修正される。

$$\Delta k = s(1-t)f(k) - nk$$

税率の上昇によって資本蓄積（あるいは資本労働比率）は抑制される。

【公共投資の効果】

すべての政府支出が投資的な目的に使われる，基本方程式は次のように修正される。

$$\Delta k = s(1-t)f(k) - nk + tf(k) = [s + t(1-s)]f(k) - nk$$

政府支出率の拡大によって，長期的に資本集約度が増大し，資本蓄積が促進される。

［4］金融政策の効果

貯蓄対象資産として実物資産である資本の他に金融資産である貨幣保有を想定すると，金融政策が資本蓄積に影響を与える。

▶ **トービン効果**：拡張的な金融政策により，インフレーションが進行し，貨幣保有の実質的なコスト（＝名目利子率）が増大すると，家計は金融資産よりも実物資産の方をたくさんもつように資産選択を変化させる。──→拡張的な金融政策の結果，経済成長は刺激される。

7.3 ソロー・モデル

例題7.5

ソロー・モデルについて，以下の文章のうちで正しいものはどれか。
（ア）望ましい投資の増加率と等しい労働成長率が，長期均衡での成長率を決める。
（イ）労働成長率と対応する貯蓄の水準が，長期均衡での成長率を決める。
（ウ）労働の完全雇用を実現するだけの投資を生み出す利子率が，長期均衡での成長率を決める。
（エ）インフレを引き起こさない最大限のGDP成長率が，長期均衡での成長率を決める。
（オ）貯蓄と等しい投資の水準が，長期均衡での成長率を決める。

答え：（イ）

　定常状態では，1人あたりの資本ストックが一定となる。貯蓄は資本の蓄積の大きさを決める。貯蓄は，資本の減耗分と労働の成長に見合った資本の成長分をまかなう必要がある。

　新古典派モデルでは供給サイドの要因で長期的な成長率が決まる。したがって，望ましい投資という需要要因は成長率とは無関係である。同様に，インフレを引き起こさない成長率あるいは労働の完全雇用を生み出す投資需要，投資と貯蓄を等しくさせる成長率という概念は，何らかの形で需要要因を考慮しているので，新古典派の考え方とは異なっている。

　なお，定常状態というのは資本，GDP，労働などすべての経済変数が同じ率で成長する状態を意味する。また，そこでは賃金，利子率など要素価格は一定になる。定常状態への移行過程ではこれらの経済変数は変化している。しかし，移行過程でも資本が完全に操業され，労働も完全に雇用されていることに変わりはない。要素価格の調整によって常に完全雇用が実現しているのが，新古典派経済成長モデルの特徴である。

例題7.6

ソロー・モデルでの体系の安定性について説明せよ。

ソロー・モデルでは，長期均衡における資本集約度 k（＝資本労働比率）の変化は，1人あたりの貯蓄 sf から資本集約度を一定に維持するために必要な貯蓄 nk を差し引いたものに等しい。ここで，s は貯蓄率，f は1人あたりの生産量，n は人口成長率である。この式を図示したのが，図7–2である。図では，$sf(k)$ 曲線と直線 nk を描いている。両曲線の交点 E_0 が，長期均衡点である。

資本集約度が長期均衡における集約度 k^* よりも小さいときには，$sf(k)$ 曲線の方が nk 線よりも上方にあるから，k は増大する。逆に，k が k^* よりも大きいときには，$sf(k)$ 曲線の方が nk 曲線よりも下にくるから，k は減少する。結局，どの k の水準から出発しても，長期的には均衡水準 k^* に収束する。このような特徴を，**体系が安定的**であるという。

新古典派のモデルでは，要素市場での利子率と賃金率の調整によって，常に資本と労働が完全雇用され，安定的な成長が実現している。たとえば，労働需要よりも労働供給が多いときには，労働の限界生産が賃金率よりも低すぎる。賃金率が下落して労働の限界生産に見合う水準まで調整されれば，存在する労働供給はすべて雇用される（＝完全雇用される）ことになる。同様に，資本ストックも，その限界生産と利子率がちょうど等しくなるように利子率が調整されることで，存在する資本ストックはすべて完全に操業される。

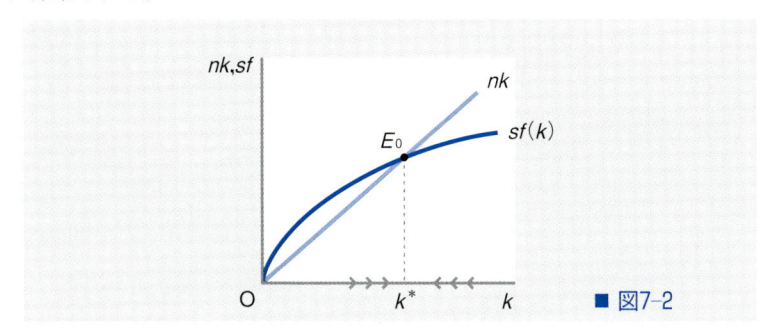

■ 図7–2

問題

◆7.8 以下の文章のなかで正しいものはどれか。
（ア）新古典派成長モデルでは，必要資本係数は変化し得る。
（イ）新古典派成長モデルでは，供給の条件を示すマクロ生産関数が重要な意味をもつ。
（ウ）新古典派成長モデルでは，長期均衡は安定的である。
（エ）新古典派成長モデルでは，生産要素の完全雇用が前提とされている。
（オ）新古典派成長モデルでは，貯蓄率が高くなっても長期的な成長率は上昇しない。

◆7.9 以下の文章の（　）に適当な用語を入れよ。
　新古典派の成長モデルでは，長期均衡での成長率は（　）と等しくなり，政府支出の対GDP比率が上昇すると，その成長率は（　）となる。ただし，短期的には成長率は（　）する。

◆7.10 ソロー・モデルを用いて財政政策の効果を考えるとき，以下の文章のうちで正しいものはどれか。
（ア）税率が増加すると，長期的に資本・労働比率（資本集約度）は低下する。
（イ）政府支出の増加は，長期的に資本・労働比率を上昇させる。
（ウ）公共投資の増加は，長期的な成長率を増加させる。
（エ）税率が増加すると，長期的な成長率は低下する。
（オ）税率が増加しても，長期的な資本・労働比率も成長率も変化しない。

（→解答はp.289）

7.4 成長会計と技術進歩

例題7.7

▶**成長会計**：資本と労働がその限界生産力に応じて報酬を受け取るという前提のもとで，資本と労働の成長における貢献度を測定し，それらでは説明しきれない残差を技術進歩にもとづくもの（全要素生産性の向上）であるとみなす（図7-3）。

例題7.8

経済成長の要因分析によると，戦後のわが国の経済成長を支えた大きな要因は，資本ストックの成長および技術進歩率の向上である。

▶**全要素生産性**：成長会計における労働や資本の蓄積では説明しきれない残差を技術進歩とみなして，全体の生産性が上昇した結果と考える。

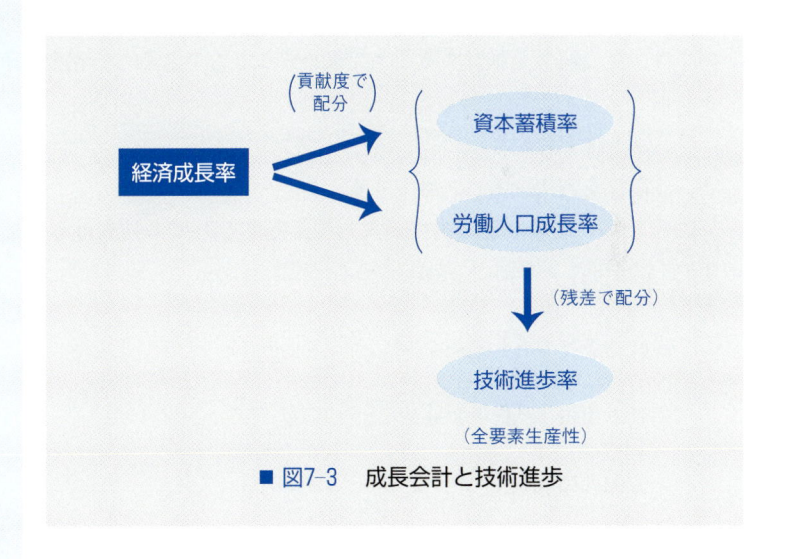

■ 図7-3　成長会計と技術進歩

例題7.7

成長会計の仕組みを説明せよ。

$$Y = AK^{\alpha}L^{1-\alpha}$$

というコブ＝ダグラス（Cobb=Doughlas）型の新古典派のマクロ生産関数から，

$$\frac{\Delta Y}{Y} = \frac{\Delta A}{A} + \alpha\frac{\Delta K}{K} + (1-\alpha)\frac{\Delta L}{L}$$

という関係式を導出できる。ここで，α はマクロ生産関数のパラメーターであり，資本の生産への貢献度を示す。

資本蓄積の速度 $\frac{\Delta K}{K}$ と労働人口成長率 $\frac{\Delta L}{L}$ については，国民所得統計などの統計データを利用できる。α というマクロ生産関数のパラメーターについては，生産関数を推計することで求めることもできるし，完全競争市場を前提とすると，

$$\alpha = 資本分配率$$

という関係を利用することもできる。

こうしたデータを上の式に代入して，残差としての技術進歩の度合い $\frac{\Delta A}{A}$ が求められる。たとえば，

経済成長率 $\frac{\Delta Y}{Y} = 5\%$

資本蓄積率 $\frac{\Delta K}{K} = 4\%$

労働人口成長率 $\frac{\Delta L}{L} = 2\%$

資本分配率 $\alpha = 0.4$

とすると，資本蓄積の貢献分は1.6%（4×0.4），労働成長の貢献分は1.2%（2×(1−0.4)）となるから，2つの生産要素の貢献分の合計は，2.8%である。したがって，

$$5 - 2.8 = 2.2$$

2.2%が技術進歩の貢献分，すなわち，全要素生産性の上昇とみなされる。

例題7.8

わが国の成長会計の特徴を説明せよ。

　日本の高度成長期には，**全要素生産性**つまり**技術進歩**が経済成長に寄与した効果が大きかった。平均的な成長率12%のうちのほぼ半分の5％程度が技術進歩によると推定されている。また，**資本ストックの成長**の貢献分もほぼ5％程度あり，残りの2％程度が**労働人口の成長**の貢献分であった。諸外国と比較すると，高度成長期のわが国では資本ストックの貢献度が大きかったことがその特徴である。また，1970年代後半から経済成長率が低下する時期では，全要素生産性＝技術進歩の貢献が大きく減少している。いい換えると，それまでとほぼ同じ大きさで資本設備を増加させても，あまり GDP の増加にはつながってこなくなったことを意味する。

　なお，成長会計では一般的に労働の貢献分は低く計測されている。そのなかでは，国際比較をすると，わが国の労働の成長が経済成長に及ぼした貢献は大きい方である。これは，わが国の労働供給の質が経済成長とともに向上したことを示している。(表7-1)

■ 表7-1　先進資本主義諸国の成長会計 (1960—1990, 単位：年率%)

	α (資本配分率)	経済成長率 $(\frac{\Delta Y}{Y})$	資本蓄積 $(\alpha \frac{\Delta K}{K})$	労働人口成長率 $((1-\alpha)\frac{\Delta L}{L})$	技術進歩 $(\frac{\Delta A}{A})$
カナダ	45.0	4.10	2.29	1.35	0.46
フランス	42.0	3.50	2.03	0.02	1.45
西ドイツ	40.0	3.20	1.88	−0.25	1.58
イタリア	38.0	4.10	2.02	0.11	1.97
日　本	42.0	6.81	3.87	0.97	1.96
英　国	39.0	2.49	1.31	−0.10	1.30
米　国	41.0	3.10	1.40	1.29	0.41

出所：Dougherty, C., 1991, *A Comparison of Productivity and Economic Growth in the G-7 Countries,* Ph. D. dissertation, Harvard University.

問題

◆7.11 コブ＝ダグラスの生産関数を用いた新古典派の成長モデルで，労働の弾力性が0.6とする。労働供給が一定で資本が5％成長したとき，生産量はどれだけ成長するか。

◆7.12 以下の項目のうちで経済成長に寄与しないものはどれか。
（ア）投資の増加
（イ）労働者の質を高める訓練
（ウ）高い資本係数
（エ）新しい技術
（オ）高い貯蓄性向

◆7.13 東アジアの経済成長についての成長会計の議論を表7-2を参考に説明せよ。

■ 表7-2 東アジア諸国の成長会計（単位：年率％）

	経済成長率 ($\frac{\Delta Y}{Y}$)	技術進歩 ($\frac{\Delta A}{A}$)
香　　　港（1966—91）	7.3	2.3
シンガポール（1966—90）	8.7	0.2
韓　　　国（1996—90）	10.3	1.7
台　　　湾（1966—90）	9.4	2.6

出所：Young, A., 1995, "The Tyranny of Numbers: Confronting the Statistical Realities of the East Asian Growth Experience," *The Quartely Journal of Economics*, August 1995, pp.641-680.

◆7.14 成長会計に関する以下の文章のうちで，正しいものはどれか。
（ア）成長率への貢献を，資本と労働の貢献に分けるものである。
（イ）資本の成長率が高いほど，成長への貢献の度合いも大きい。
（ウ）資本と労働の貢献では説明しきれない部分を技術進歩の貢献とみなす。
（エ）資本の貢献と技術進歩の貢献では説明しきれない部分を労働の貢献とみなす。
（オ）ハロッド・ドーマーの成長モデルを前提としている。

（→解答はp.289）

8 経済成長と貯蓄, 投資

貯蓄, 投資行動は経済成長の源泉である。この章では貯蓄・投資の決定メカニズムを理論的に整理して分析する。高度成長期には貯蓄率, 投資率ともに国際的にみてもかなりの高水準が維持されていた。そのような高貯蓄と高投資の原因について考えてみよう。

KEY CONCEPTS

● 8.1 貯蓄決定のメカニズムと経済成長

[1] 因果関係

貯蓄率 ($=\frac{貯蓄}{GDP}$) の高さは, 経済成長率の大きさと対応している。貯蓄は企業の投資資金となり, 資本蓄積となる。

ハロッド・ドーマー・モデルでも, 新古典派のソロー・モデルでも, 貯蓄が高い経済ほど, 経済成長あるいは資本集約度, 資本蓄積水準も高い。

経済成長率が高いほど貯蓄率が高くなる。経済成長率が高いと, 貯蓄率の高い若い人の所得の比重が経済全体のなかで相対的に重くなり, 結果としてマクロの貯蓄率も高くなる。

[2] 消費・貯蓄決定の新古典派的アプローチ: 恒常所得仮説

貯蓄は, 消費の異時点間の最適な配分を実現するために行われる。

【2期間の消費・貯蓄の配分モデル】

家計の効用 (=経済的な満足度) は, 第1期の消費 C_1 と第2期の消費 C_2 に依存する。

$$U = U(C_1, C_2)$$

効用はそれぞれの期の消費量の増加関数であり, かつ, 限界効用は逓減する。

家計の第1, 第2期それぞれの予算制約式は, 次のように与えら

れる。

$$Y_1 = C_1 + S$$
$$Y_2 + (1+r)S = C_2$$

第1期の所得 Y_1 は，その期の消費と貯蓄 S に分けられる。

第2期の所得 Y_2 と第1期からの貯蓄の利子・所得と元本は，第2期の消費に向けられる。

⟶ S を消去すると，

$$C_1 + \frac{C_2}{1+r} = Y_1 + \frac{Y_2}{1+r} = Y_p\left(1 + \frac{1}{1+r}\right)$$

左辺［＝可処分所得の現在価値］は，右辺［＝恒常所得 Y_p の現在価値］に等しい。

例題8.1

▶ **恒常所得**：毎期毎期同じ消費をしようとすればどの程度の水準が可能かを示す。

▶ **恒常所得仮説**：最適な消費・貯蓄の組合せは恒常所得に依存する。

▶ **時間選好率 ρ**：<u>将来の効用</u>を現在の効用と比較してどの程度重視しているかを示すパラメーター。これが大きいほど，将来より現在の方をより重視している。

利子率 r が時間選好率 ρ と等しい場合，家計は恒常的な可処分所得を毎期毎期消費する。

$$C_1 = C_2 = Y_p$$

貯蓄の最適水準は，貯蓄の収益率が大きくなるほど，時間選好率が小さくなるほど，大きくなる。

[3] 恒常所得仮説の意義と限界

▶ **恒常所得仮説の前提**：現在価値化された予算制約式のもとで家計は行動する。

▶ **流動性の制約**：家計が将来の収益をあてにして，現在負の貯蓄（＝借り入れ）をしようとしても，現実には困難であるケース。

例題8.1

消費関数が

$$C = 0.85 + 0.8 Y_P$$

と定式化できるとしよう。ここで、Y_P は恒常所得であり、今期の所得 Y と前期の所得 Y_{-1} の加重平均であるとする。

$$Y_P = 0.75 Y + 0.25 Y_{-1}$$

(ア) 今年の所得から1000だけ増加したとする。今期、1年後、2年後に、消費はどれだけ増加するか。

(イ) 今年の所得のみが1000だけ増加すれば、どうなるか。

(ウ) $Y_P = 0.75 Y + 0.25 Y_{+1}$

と恒常所得を定式化できる場合、上の(ア)(イ)に対応するケースはそれぞれどうなるか。

(ア) 今年から恒常所得は1000だけ増加する。なぜなら、2年後の所得も1年後の所得も1000だけ増加するから、Y_P も1000だけ増加すると予想できる。したがって、消費は800だけ増加する。

(イ) 今年の消費は750×0.8＝600だけ増加する。1年後の消費は250×0.8＝200だけ増加する。2年後の消費は変化しない。

(ウ) (ア) に対応するケースでは、すべての期間1000×0.8＝800だけ消費は増加する。(イ) に対応するケースでは、今年の消費は750×0.8＝600増加するが、来年以降は増加しない。

このように、恒常所得をどう定式化するかで結果は異なるが、いずれにしても、今期の所得が増加しても来期以降の所得がどうなるのかに依存して、今期の消費も異なる影響を受ける。

例題8.2

短期と長期の消費関数の相違について説明せよ。

消費関数に関する事実として，以下の2点が指摘されている。
（1）クロスセクションおよび短期の消費関数は図8-1の左図のように，プラスの切片と1より小さい限界消費性向をもつケインズ型の形状を示す。
（2）長期の消費関数は，図8-1の右図に示すように，原点を通り，短期のものよりも大きな限界消費性向を示す。

ところで，恒常所得仮説では，所得が今期のみに変動しても恒常所得の変動は小さく，消費の変動も小さい。しかし，長期的に所得が変動するときには，恒常所得の変動も大きく，消費の変動も大きくなる。ある一定の時点でさまざまな所得階層について調べたクロスセクションのデータでは，所得の高い階層ほど現実の所得に比較して，恒常所得の割合が少なく，一時的な所得の高い人々が多い。このため，高額所得階層ほど消費水準はその所得に比較して少ない。逆に，所得の低い階層では恒常所得の割合が高く，消費は所得に比較して大きい。したがって，クロスセクションのデータでは，左図のような短期の消費関数が得られる。

これに対して，所得の変動が長期的に続く場合には，所得の変化は恒常所得の変化にほぼ1対1に対応している。この場合の限界消費性向はかなり1に近い。右図のような消費関数が得られる。

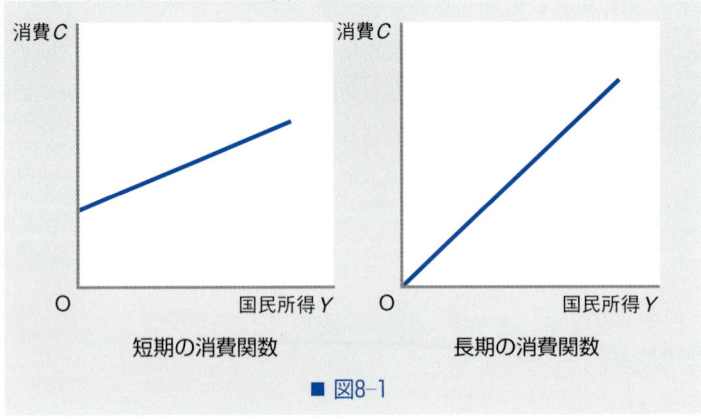

■ 図8-1

問題

◆8.1 完全雇用状態にある経済で，インフレが予想されるとする。家計の貯蓄行動はどうなるか。

◆8.2 次の関数型のうちで，消費関数としてもっともらしいのはどれか。なお，C は消費，Y は所得，r は利子率を示す。
 (ア) $C = -100 + 0.88Y + 10r$
 (イ) $C = -200 + 1.22Y - 100r$
 (ウ) $C = 300 - 1.22Y - 100r$
 (エ) $C = 200 + 0.77Y - 10r$
 (オ) $C = 100 - 0.77Y + 100r$

◆8.3 ケインズ的な消費関数と矛盾するものはどれか。
 (ア) 総所得が増加すれば，平均消費性向は低下する。
 (イ) 消費と所得の間に比例的でない関係がある。
 (ウ) 消費は所得に依存する。
 (エ) 高齢者の増加，資産の増加，新しい財の増加は，消費意欲を刺激する。
 (オ) 一時的な所得からの限界消費性向はゼロである。

(→解答は p.289)

●8.2 高貯蓄の原因

日本の貯蓄率がなぜ高いのかについてはさまざまな議論がある。

[1] 政府との代替
家計の貯蓄が政府の貯蓄を代替している。

政府の社会保障制度などの公的な保障が不十分だから，民間レベルでの貯蓄が高くなる。

[2] ボーナス仮説
家計は毎月の給料で消費しボーナスで貯蓄するとすれば，ボーナスの比率の高い日本の家計の貯蓄率が高くなる。

[3] 資産目標仮説
家計はある最適な資産の目標水準をもっており，その資産水準を達成すべく貯蓄を行う。

——→現在の資産水準と目標とする資産水準のギャップが大きいほど，貯蓄率も高くなる。第2次世界大戦による物理的な破壊と終戦直後の猛烈なインフレーションによって，それまでの家計の実物，金融資産が壊滅的に減少してしまったために，急激に資産の蓄積を行う必要に迫られた。

[4] ライフサイクル仮説と人口的要因
▶ **ライフサイクル仮説**：若くて働いているときには，貯蓄をし，老後に引退してから若いときの貯蓄からの所得を食いつぶす。

ライフサイクル仮説のもとでは，若年世代（＝労働供給をする家計）が貯蓄し，老年世代（＝引退した家計）は負の貯蓄をする。

——→戦後の日本の人口構成が若年世代中心であったことが，マクロの貯蓄率を国際的に高くした要因である。

例題8.4

[5] 貯蓄美徳仮説

　日本では伝統的に貯蓄が美徳とされ，節約が好ましい生活慣習として子供のときから教育されてきたので，貯蓄率も高くなった。

例題8.3　　貯蓄を美徳とする価値判断が支配的な生活慣習であれば，貯蓄率は高くなる。

コラム

最適な貯蓄率

　日本の貯蓄率は次第に低下傾向を示しているが，それでも国際的に高い方である。しかし，日本の貯蓄率が高すぎるかどうかは別の議論である。逆に，アメリカの貯蓄率が低いとしても，低すぎるかどうかも別の議論となる。マクロ貯蓄率のあるべき姿を議論するには，最適な貯蓄率の水準がどの程度かを明確にする必要がある。日本の貯蓄率が高すぎるという多くの議論は，マクロ・バランスに注目する。マクロ財市場で超過供給にあるから，総需要が過小であり，その原因は消費が過小で貯蓄が過大とするものである。また，長期的な最適化行動がうまく行われない場合には，たとえ，マクロ財市場で需給が均衡していて完全雇用が実現していても，最適な貯蓄が実現しない。たとえば，必要以上に将来のことを気にして資源を将来に残しすぎると，貯蓄が過大になる。いずれにしても，現実の貯蓄率が最適であるとはいえないが，最適な貯蓄水準を明示的に導出するのも簡単ではない。

例題8.3

貯蓄美徳仮説を経済学の立場で説明せよ。

　家計がどれだけ貯蓄するかは，現在の消費と将来の消費のどちらを重要視するかという価値判断の結果とも解釈できるから，儒教精神が貯蓄を美徳とする価値判断にもとづくものであり，それが支配的な生活慣習であれば，貯蓄率は高くなるだろう。

　一般的に最適な消費・貯蓄の組合せは，利子率と時間選好率の相対的な比較で決定される。時間選好率は，将来の効用を現在の効用と比較してどの程度重視しているかを示すパラメーターであり，これが大きいほど，将来より現在の方をより重視している。いいかえると，時間選好率は，消費者が現在の消費と将来の消費を，どの程度同じものと評価しているかを示す指標であり，これが大きいほど，将来の消費水準が現在の消費水準より量的に大きくなければ，納得しないことを意味する。したがって，貯蓄美徳仮説は，時間選好率が低いと解釈することができる。

　しかし，あまりこの点を強調すると，貯蓄の問題は経済学の分析では処理できない問題となってしまう。わが国でも江戸時代には，「宵越しの金は持たない」という言葉に代表されるように，貯蓄を美徳とする風潮が支配的とはいえなかったと思われる。明治以降に，貯蓄増強が政策的に鼓舞されたのは事実であるが，それを儒教的な精神の普及によるものとみなすのは，問題があるかもしれない。

例題8.4

21世紀のわが国の貯蓄率はどうなるか。

　長期的な要因としては，高齢化社会の到来が貯蓄を抑制する。ライフサイクル仮説が示すように，一般的に老人世代は負の貯蓄をするからである。わが国の高齢化のスピードは世界でもっとも速いから，今後は急速に貯蓄率は低下するだろう。たとえば，所得水準，成長率，資産，失業率および人口の年齢構成を説明変数とする消費関数を推計することで，日本の貯蓄率が10数年後にはマイナスになる試算もある。

　しかし，老人世帯のなかでも資産をたくさんもっている世帯では，年齢が高くなってもそれほど消費が増加せず，貯蓄も多い。これは，遺産という形で子どもの世帯に資産が移転されることを意味する。高齢者が子どもや孫のために貯蓄をしている。このような遺産による世代間の資産の移転が今後とも多いとすれば，人口が高齢化しても，日本の貯蓄率はあまり低下しないかもしれない。

　ただし，豊かな社会のなかでカードの便利さに慣れている若者が，これからの日本の消費の動向を左右すると考えれば，貯蓄率が上昇していくとは考えにくい。貯蓄目的を尋ねたアンケート調査によると，病気への備え，子どもの教育資金，住宅取得資金のために貯蓄するという人が次第に低下して，旅行，レジャー資金のために貯蓄をするという人が増えている。レジャー目的の場合には貯蓄の額も小さいし，カードによる負の貯蓄が容易に行われる支出でもある。このような傾向が続けば，節約を美徳とする日本人の貯蓄の中身も変化し，マクロの貯蓄率も低下するだろう。

　以上を総合的に判断してみると，いくつかの相殺する要因が絡み合っており，貯蓄率がそれほど大幅に低下するとは思われない。しかし，人口の高齢化や貯蓄目的の変化などを考慮すると，貯蓄性向は緩やかに低下していくだろう。

問題

◆8.4 以下の文章のうちで正しいものはどれか。
（ア）政府の社会保障が充実すれば，民間の貯蓄も増加する。
（イ）目標資産仮説によると，現在の消費量と最適な消費量との乖離が大きいほど，貯蓄は大きくなる。
（ウ）ライフサイクル仮説のもとでは，資産をたくさんもっている老人世代がより多くの貯蓄をする。
（エ）日本の人口構成からみると，若い世代が多い時期に消費も多い傾向がみられる。
（オ）ボーナス仮説は，ボーナス比率の高いことがわが国の貯蓄の高い理由と考える。

◆8.5 以下の文章の（　）に適当な用語を入れよ。
　1970年代半ばに石油ショックが起きたとき，インフレ率は（　）した。金融資産はその実質的な価値が（　）したが，この時期に貯蓄率は（　）した。これは，目標資産との乖離幅が（　）なったので，それを埋め合わせるために貯蓄したとも解釈できる。

◆8.6 以下の文章のうちで正しいものはどれか。
（ア）わが国の貯蓄率は東アジアの諸国と比較しても，きわめて高い。
（イ）アメリカの貯蓄率は，わが国の貯蓄率よりも，きわめて低い。
（ウ）わが国とアメリカの貯蓄率は，長期的にはほぼ同じ水準にある。
（エ）わが国の貯蓄率は戦後ほぼ一貫して上昇傾向にある。
（オ）わが国の貯蓄率は戦後ほぼ一貫して低下傾向になる。

（→解答は p.289）

8.3 投資決定のメカニズム

[1] 投資の種類
▶ **在庫投資**：製品や原料を在庫として保有する。生産と販売とのギャップを埋めるために行われる。
▶ **住宅投資**：住宅建設のための投資。企業独自の投資というよりは，住宅を保有する家計のための投資。
▶ **設備投資**：経済のマクロ的動向を理解する際に，もっとも重要な要因の1つである。

　この章では設備投資を念頭において，企業の投資行動を検討する。

[2] ケインズ的投資理論
▶ **ケインズ的理論**：資本ストックが投資として生産活動に投入される際に，その企業特有の投資のノウハウなど何らかの非市場的な要因が重要であり，その結果新しい資本ストックとすでに企業内に据え付けられた資本ストックとは，別の財となる。
▶ **投資の限界効率**：1単位の追加的な投資によって，どれだけ企業の収益の現在価値が限界的に増加するか。
▶ **投資の限界費用**：1単位の追加的な投資にかかる追加的なコスト。利子率。
▶ 「**アニマル・スピリッツ**」：企業家の将来に対する期待。

　ケインズ理論では，投資の決定に際して投資の限界効率が重要な影響をもち，投資の限界費用はあまり重要ではない。投資の限界費用である利子率が上昇しても，投資需要はあまり抑制されない。

例題8.5

[3] 新古典派の投資理論
▶ **新古典派の投資理論**：新規の資本ストックとすでに企業に据え付けられている中古の資本ストックとの差を重視しない。

　投資それ自体に関心はなく，既存の資本ストックも含めて生産に投入される資本が最適水準にあるかどうかが問題とされる。
▶ **資本の限界生産**：資本ストックを1単位増加させたときの生産の増

加分を市場価格で評価したもの。
▶ **資本の限界費用**：資本ストックを1単位市場でレンタルしたときの借り入れコスト。資本コスト。

[4] ストック調整原理による投資理論
▶ **新古典派の投資理論の便法**：最適資本ストックが現実の資本ストックを上回る程度が大きいほど，投資水準も高くなる。
▶ **ストック調整原理による投資理論**：投資関数を実証分析で検証する際には，かなり一般的に用いられている。この考え方は理論的には優れたものではないが，実際にデータを用いて検証してみると，うまく現実を説明できる場合が多い。

[5] 投資の q 理論
　投資の限界効率を計算する際に，株式市場での企業の評価に注目する。
トービンの q は，

$$q = \frac{\text{株式市場における企業の市場価値}}{\text{資本ストックの再取得価格}}$$

で定義される。
　$q>1$ のとき，株式市場ではその企業の資本ストックを市場価値よりも高く企業全体の価値として評価しているから，投資を行うことで，企業の価値が増加する。
　投資行動は，企業をそっくり購入するという企業買収ではなく，追加的な資本ストックの蓄積であるから，限界的な q の概念（＝ $\frac{\text{追加的な投資による企業価値の上昇}}{\text{投資コスト}}$）に対応している。

【q 理論の実証分析】
　投資行動が q という1つの観測可能な経済変数に集約できる。
　──→投資行動を実証的に検証する場合に，たいへん有益である。

【q 理論の問題点】
- 理論的には，今期の q のみが投資を説明すべき説明変数として推定式に入るべきであるが，実際には過去の q が今期の投資の説明変数として有意に効いている。
- q 理論による投資関数の推定結果を新古典派モデルの単純なストック調整原理型の投資関数の場合と比較すると，q 理論の方が説明力が弱い。
- 投資関数の説明変数として別の経済変数を加えると，むしろ q が説明変数として有意でなくなり，他の新しく加えた経済変数のみが有意となる。

例題8.6

[6] わが国の高投資

【高い投資の限界効率】
- 戦後当初の資本ストック水準が低く，資本の限界生産が技術的にも高かった。
- アメリカやヨーロッパ諸国から進んだ技術を取り入れたために，生産関数が資本の限界生産を刺激する方向でシフトした。
- 政府がリスクを伴う研究開発を助成した。
- 朝鮮戦争やベトナム戦争などの外需に支えられて，企業家の投資意欲が常に強かったために，投資の限界効率が高かった。
- 外需同様，国内の有効需要が高かった。

【低い投資の限界費用】
- 政府による人為的な低金利政策が行われた。
- 政府によるリスクの軽減策が，借り入れコストの実質的な水準を低下させた。
- 消費財で測った資本財の相対価格が低下して，投資の実質的なコストが削減され，投資の限界費用が引き下げられ，投資行動が刺激された。
- 税制上の優遇措置の結果，企業の資本コストが低下した。

例題8.5

ケインズ的な投資関数を説明せよ。

　ケインズ的な理論は，資本ストックが投資として生産活動に投入される際に，その企業特有の投資のノウハウなど何らかの非市場的な要因が重要であり，その結果新しい資本ストックとすでに企業内に据え付けられた資本ストックとは，別の財となることを強調する。投資の最適水準は，投資の限界効率と投資の限界費用とが一致する点である。

　投資の限界効率とは，1単位の追加的な投資によって，どれだけ企業の収益の現在価値が限界的に増加するかを示すものであり，投資の限界費用は，1単位の追加的な投資にかかる追加的なコストを意味する。

　ケインズ理論では，投資の限界効率は，(1) その投資によって生産能力がどれだけ増加するか，また，(2) それによって市場でその企業の売上がどれだけ増加するかに依存する。前者は，生産関数に関する技術的な要因と，投資の調整費用（新しい資本を生産ラインに投入して，使いこなせるようにするために必要なコストなどの，資本ストックの据え付けに伴うさまざまな非市場コスト）に依存する。後者は，一般的にはGDPの将来の動向についての期待に依存すると考えられている。

　また，投資の限界費用は，投資資金の借り入れコストであるから，市場利子率の増加関数である。資金市場が信用割当の状態にあって，一定の利子率でいくらでも借り入れることができないときには，どれだけ借り入れられるかというアヴェイラビリティー（資金の利用可能性）が，重要な変数となる。

　さらに，ケインズ理論の大きな特徴は，投資の決定に際して，投資の限界効率が重要な影響をもち，投資の限界費用の方はあまり重要ではないと想定されている点である。投資の限界費用である利子率が上昇しても，投資需要はあまり抑制されない。いいかえると，投資の利子弾力性はかなり低いと想定されている。ケインズ理論では「アニマル・スピリッツ」と呼ばれる企業家の将来に対する期待が，投資決定で重要な役割を果たす。

例題8.6

トービンの q 理論を説明せよ。

---

q 理論は，投資の限界効率を計算する際に，株式市場での企業の評価に注目する。すなわち，トービンの q は，

$$q = \frac{\text{株式市場における企業の市場価値}}{\text{資本ストックの再取得価格}}$$

で定義される。分子は，株式市場での企業の評価であり，株式市場が評価する企業の将来収益の現在価値を意味し，分母は，企業が現在保有している資本ストックを中古市場で売りだしたときの評価額である。$q>1$ のとき，株式市場ではその企業の資本ストックを，資本ストックの市場価値よりも高く，企業全体の価値として評価しているから，投資を行うことで，企業の価値が増加する。これは，企業内でのノウハウなどのメリットを反映している。ケインズ理論ではあいまいであったアニマル・スピリッツ＝主観的な概念に依存していた投資の限界効率を，株式市場での客観的な評価に置き換えることで，ケインズ的な投資関数をより明快な概念に発展させている。

q 理論は，ミクロ的な基礎をもつ投資理論であり，投資行動が q という1つの経済変数に集約できるという特徴をもっているから，投資行動を実証的に検証する場合に，たいへん有益な理論的アプローチである。q という1つの変数が計算できれば，あとはこの q のデータを投資のデータと対応させて，q のデータで現実の投資行動が説明できるかどうかを，統計的に検証すれば十分だからである。投資行動に重要な影響を与えると思われる企業家の期待というやっかいな変数を，データから作り上げるという作業をしなくてもすむ。そのため，実証分析においては，q 理論は多くの研究者の注目するところとなり，これまでにもいくつかの結果が報告されている。

問題

◆8.7 投資が利子率に反応する理由としてもっともらしいのは、次のうちどれか。
 (ア) 在庫投資，設備投資，住宅投資のいずれも利子率と負に反応する。
 (イ) 利子率は資本のレンタル価格とともに増加するので，設備投資が利子率と正に反応する。
 (ウ) 利子率は資本のレンタル価格とともに増加するので，住宅投資が利子率と正に反応する。
 (エ) 利子率は在庫費用の主要な部分であるから，在庫投資が利子率に正に反応する。
 (オ) 企業の期待は利子率と関係しているが，その方向は期待形成如何であり，不安定である。

◆8.8 利子率の上昇は経済成長を抑制する。その理由としてもっともらしいのは，どれか。
 (ア) 公債の価格が上昇する。
 (イ) 投資の限界効率が利子率よりも小さくなる。
 (ウ) 相対的に高い利子率のもとで，資本が外国に流出する。
 (エ) 資本財への需要が増加する。
 (オ) 貨幣の超過供給が生じる。

◆8.9 1970年代までのわが国の低金利政策はどのような効果をもたらしたか。
 (ア) 高い貯蓄
 (イ) 輸出の減少
 (ウ) アメリカの経常収支の赤字
 (エ) 円安
 (オ) 高い投資

(→解答はp.289)

9 内生的成長モデル

経済成長に対する理論的な関心は、1970年代以降少し薄れていたが、1990年代に入って再び多くの人の関心を集めるようになった。内生的成長モデルは長期的に経済が成長を続けるメカニズムを、モデルのなかで内生的に説明する。この章では、各国間での長期に及ぶ成長率の格差を理論的に説明する内生的成長モデルを解説する。

KEY CONCEPTS

●9.1 成長モデルと資本の限界生産

[1] 新古典派モデルと成長の収束

例題9.2

長期的に各国の成長率はある一定の範囲のなかに収束していない。
現実の成長率の格差は、新古典派の標準的なモデルではかならずしも説明しきれない。

▶ **新古典派モデルでの長期均衡**：標準的な新古典派モデル（＝ソロー・モデル）では長期的に成長率が収束する傾向にある。

▶ **成長率の収束**：人口成長率や外生的な技術進歩率が各国間でそれほど違わないとすれば、長期的な成長率は各国間で大体同じ値（＝人口成長率＋技術進歩率）に収束する。

▶ **内生的な成長モデル**：各国間での成長率の格差を理論的に説明しようとして、新古典派の成長モデルを拡張した。

家計が最適に現在と将来との消費、貯蓄の配分を決めるという最適成長モデルを用いて、しかも、長期的な成長率がモデルのなかで内生的に説明されるように、伝統的な新古典派のモデルに修正を加えた。

[2] 最適成長モデル

▶ **最適成長モデル**：貯蓄率を最適に決定するモデル。

消費の成長率 G_c は利子率 r の増加関数であり、時間選好率 ρ の減

少関数になる。

$$G_c = \beta(r-\rho)$$

消費の成長率は，投資，貯蓄，GDP など他の経済変数の成長率とも等しく，経済全体の成長率でもある。

経済成長が進展すると，資本集約度が上昇し，資本の限界生産が逓減する。競争市場では，利子率は資本の限界生産に等しいから，これは利子率の低下を意味する。したがって，長期的には利子率は時間選好率に等しいところまで低下し，そこで経済成長もストップする。この点では，伝統的な新古典派の成長モデル（＝ソロー・モデル）と同様である。

例題9.1

成長の前提として必要不可欠なものは，次のうちどれか。
（ア）消費よりも所得が上回っていること。
（イ）製造業における余剰労働力。
（ウ）新しい内部市場の開拓。
（エ）自由主義経済原則の浸透。
（オ）農業と代替可能な工業の発展。

答え：（ア）
（ア）投資が成長の源泉である。その投資資金を賄うのは貯蓄である。貯蓄なしには，成長は不可能である。また，技術進歩や労働人口の成長も経済成長の源泉である。消費より所得が上回っていることは，プラスの貯蓄が行われているから，長期的には資本蓄積そして経済成長につながる。なお，国際的な資本の移動を考慮すると，ある国の国内での貯蓄がプラスでなくても，外国から資金を借り入れることで，その国が成長することは可能である。しかし，世界全体ではプラスの貯蓄が成長にとって不可欠である。
（イ）は製造業という特定の産業の労働需給にしか注目していない。製造業で労働者が過剰であっても，それでマクロの生産全体に投入される労働が成長できるとはかならずしもいえない。
（ウ）は需要の増加要因であるが，長期的には供給能力が増加してはじめて成長が可能になる。需要が増加しても供給面での制約があれば，インフレが進行してしまう。
（エ）は市場メカニズムのメリットを重視する考え方である。たしかに，長期的には市場が適切に機能しないと経済活動は円滑に行われず，経済成長も持続できない。しかし，市場メカニズムが機能しているという点だけでは経済成長のエンジンはかからない。
（オ）は産業間の代替である。経済成長が持続する過程では，より生産性の高い産業へと資本や労働などの生産要素が部門間でシフトすることがみられる。しかし，常にどんな地域でも農業よりも工業の方が生産性が高いとはいえない。

例題9.2

国際的な成長率の格差について説明せよ。

　戦後の国際比較のデータをみると，人口1人あたりGDP水準でも，また，1人あたりのGDP成長率でみても，各国間の格差はかなりの期間持続している。順調に経済成長を続けている国もあれば，経済活動水準が低迷したままの国もある。

　主要先進諸国間では成長率にそれほどの格差はみられない。たとえば，わが国は1970年代半ばまでの高度成長期には，主要先進諸国内ではきわめて高い成長率を記録してきたが，その後の成長率は低下傾向を示し，1990年代の成長率でみると，ほぼ他の先進諸国と同じ水準に落ち着いている。所得水準が増加するにつれて，成長率が同じ水準に落ち着く現象は「収束」と呼ばれている。

　しかし，発展途上国も含めた世界の多くの国の間では収束の現象は観察されない。とくにアフリカ諸国のなかには，1960年代に所得水準が非常に低かった国（たとえばガーナやチャド）で，その後の成長率も世界のなかで最低水準のままであるケースもみられる。東アジアの諸国では所得水準が1960年代にあまり高くなかった国々で，その後の成長率が高いという現象がみられるが，これは世界全体ではむしろ希なケースである。その意味で「東アジアの奇跡」とも呼ばれている。

■ 表9-1　実質GDP成長率（各10年間の平均成長率）

	1961-70	1971-80	1981-90
先　進　国	4.8	3.2	2.7
（日　本）	(10.6)	(4.5)	(4.1)
ア フ リ カ	4.9	3.9	2.1
ア ジ ア	4.4	5.6	7.0
ラテンアメリカ	5.7	6.1	1.5
世　　界	4.8	3.9	3.1

━━━━━ 問　題 ━━━━━

◆9.1　以下の文章のなかで正しいものはどれか。
（ア）ソロー・モデルでは経済成長率の長期的な格差は説明できない。
（イ）長期的に多くの国の成長率は同じ水準に収束している。
（ウ）長期的に成長率は収束しないというのが，ソロー・モデルの帰結である。
（エ）内生的成長モデルは，成長率の収束を説明する。
（オ）内生的成長モデルは，ハロッド・ドーマー・モデルの拡張である。

◆9.2　以下の文章の（　）に適当な用語を入れよ。
　最適成長モデルは，異時点間の（　）の最適な配分を考慮する成長モデルである。資本蓄積が進むと（　）が低下し，長期的に成長率は（　）する。この点では，（　）モデルと同じである。

◆9.3　1960年から1985年までの期間の平均した1人あたり実質経済成長率を国際的に比較してみよう。以下の国を成長率の高い順番に並べよ。
（ア）日本
（イ）アメリカ
（ウ）シンガポール
（エ）ガーナ
（オ）香港

（→解答はp.290）

●9.2 AK モデルとその拡張

[1] 内生的な労働供給

▶ **内生的な成長モデル**：資本ストックが上昇しても，貯蓄の収益率である利子率が低下しないメカニズム，あるいは資本の限界生産が低下しないメカニズムを導入する。

▶ **人的資本としての労働供給**：経済的な意味での（効率単位で測った）労働供給が増加していく。

　教育投資が行われれば，人的資本としての労働供給は増加する。資本ストックの蓄積と同様に，教育投資によって内生的に労働供給が蓄積するメカニズムがあれば，人口成長なしで長期的にプラスの経済成長は可能となる。

▶ **技術進歩の外部性**：資本が蓄積されると，効率単位で測った労働供給が増加するような技術進歩が経済全体で発生し，結果として人口が増加しなくても，効率単位で測った労働供給が増加する。

マクロの生産関数
$$Y = F(K, KL) = F(1, L)K = AK$$

KL は，効率単位ではかった労働供給。
$L=1$ で物理的な労働供給が一定でも，資本蓄積によって効率的な労働供給が内生的に拡大する。

▶ **AK モデル**：資本の限界生産が常に A で与えられ，資本ストックが増加しても，資本の限界生産が低下しないモデル。

経済成長率
$$G_c = \beta(A - \rho)$$

人口の成長率がゼロであっても，$A > \rho$ であれば，長期的にプラスの成長率が実現される。

例題9.3

[2] 研究開発と経済成長

▶ **研究開発の特徴**：経済的外部性。

　研究開発によって広い意味での知的な資本ストックが蓄積され，当該企業のみならず，経済全体の生産に貢献する。

各企業は自らの創業者利得を求めて研究開発を行うが、それが知的資本ストックの蓄積という外部経済効果を経済全体にもたらし、ますます経済成長が促進される。

知的資本 $A(K)$ の蓄積により、K, L ともに生産性が向上するから、全体としての生産関数の形 $F(K, L)$ が上方にシフトする。

$$Y = A(K)F(K, L)$$

物理的な労働供給が一定であっても資本ストック K が増大することで、長期的に資本の限界生産は逓減しない。

[3] 公共資本

▶ **財政政策の経済成長率に与える効果**：政府は税収を公共資本のためにのみ用いるとする。マクロ生産関数は、次式となる。g は公共資本（＝公共投資）の大きさである。

$$Y = AK^{1-\alpha}g^\alpha \qquad 0 < \alpha < 1$$

民間資本の他に公共資本が存在し、両方の資本を組み合わせることで、GDP が生産される。

政府の予算制約式

$$g = \tau k$$

τ は税率である。

──→成長率は、税率の関数としてモデルのなかで内生的に決定される。

【税率と成長率】

税率が低いときには、税率とともに成長率は上昇するが、税率が高くなると、それ以上税率を上げると成長率はかえって低下する。

【税率あるいは公共投資の拡大が経済成長に与える効果】

- 税率 τ の上昇が私的な資本収益率を直接減少させる効果。──→経済成長を抑制する。

- $\tau = \dfrac{g}{k}$ の上昇が相対的に公共資本の拡大をもたらし、民間資本の限界生産を上昇させ、成長率を上昇させる効果。──→公共投資をするほど、経済成長が促進される。

例題9.4

政府の大きさと経済成長率の関係は，実証的にも関心を集めている．公共投資が経済成長を促進するか抑制するかは，実証分析において，それほど確定的な結論は得られていない．

[4] 成長率の最大化は望ましいか

成長率を高くすると，将来の世代にとっては利用可能な資源が多いから望ましい．

現在の世代にとっては貯蓄を多くするために消費を切り詰める必要がある．

──→成長率を高くするのは将来の世代にはプラスであるが，現在の世代にはマイナスになる．

[5] 金融的要因の考察

資本市場が不完全であり，貸し出しの金利と借り入れの金利が一致していない場合，当初資金をたくさんもっている家計とそうでない家計で，資産蓄積のパターンが異なる．

当初発展途上であまり借入資金をもっていない国は，将来の所得をあてにして外国から資金を借り入れる．その場合の利子率が高ければ，十分な借り入れが行われず，高い経済成長も実現しにくい．

途上国の間での成長率格差の要因は，金融市場の整備状況にも大いに依存している．

例題9.3

AK モデルについて説明せよ。

AK モデルは，マクロの生産関数が

$$Y = AK$$

の形に定式化される成長モデルである（図9-1）。この生産関数では，資本の限界生産が A というパラメーターで外生的に与えられ，資本蓄積が進行しても逓減しない。初期値の資本ストックがどの水準であっても，最初から資本，GDP などの経済変数は一定の率で成長し，資本の限界生産は変化しない。その意味で，ソロー・モデルと異なり，定常状態への移行過程はない。

なお，労働という生産要素は明示的に考慮されていない。これは資本のなかに人的資本として物理的資本とともに考慮されていると解釈できる。人的資本と物理的資本の比率が常に一定に維持されるので，全体としての資本だけで議論することができる。

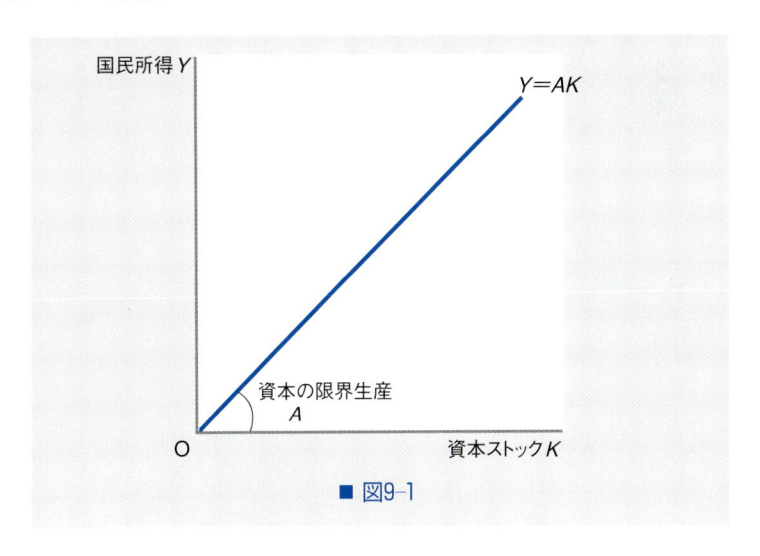

■ 図9-1

通常，AK モデルでは，最適な貯蓄・消費行動を想定して，A という資本の限界生産と時間選好率 ρ との差額に応じて，経済成長率が決定される。したがって，成長率は消費・貯蓄行動に依存する。たとえば，市場が競争的であるかどうかで家計の消費・貯蓄行動が異なることもあり得る。その場合は，長期的な経済成長率が市場の競争状態とも関係してくる。あるいは，国際比較においても，各国の市場機能の程度，政策の相違などで，同じ技術をもつ生産関数を前提としても，長期的な成長率の格差を説明することも可能となる。

　AK モデルを発展させた内生的な成長モデルとしては，
（1）資本の概念を広くとらえて，人的資本の蓄積を重するモデル
（2）収穫逓増の生産技術を導入するモデル
（3）経済外部性を導入するモデル
（4）研究開発を内生的に考慮するモデル
などがある。

例題9.4

公共投資と経済成長率との関係を説明せよ。

　税率あるいは公共投資の拡大が経済成長に与える効果は，2つある。1つの効果は，税率 τ の上昇が私的な資本収益率を直接減少させる効果である。税金を負担することで，家計貯蓄の課税後の収益率が低下すると，貯蓄することがあまり有利ではなくなり，貯蓄が抑制される。これは，経済成長を抑制する方向に働く。もう1つの効果は，税率の上昇が相対的に公共資本の拡大をもたらし，これが民間資本の限界生産を上昇させ，成長率を上昇させる効果である。公共投資が生産面で民間投資の収益性を刺激する効果であり，この点からは，公共投資をするほど，経済成長が促進されることになる。

　政府の規模が小さいときには，第2の効果が支配的になるが，資本の限界生産は逓減するから，政府の規模が大きくなるにつれて，第1の効果が支配的になる。両方の効果がちょうど相殺しあうとき，成長率は最大になる。

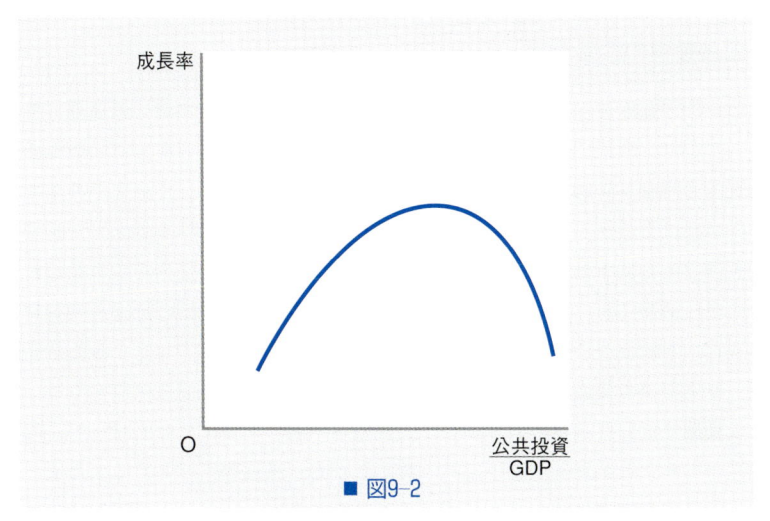

■ 図9-2

政府の大きさと経済成長率の関係は，実証的にも多くの研究結果が報告されている。それによると，成長率と公共投資率との間にそれほど有意なプラスの相関はみられない。さらに，公共投資のみならず，政府消費を含めた政府の規模と成長率との相関をみると，マイナスの関係を示していると考えられる。政府の消費的な支出の拡大が，経済成長にマイナスに効くのは直感的にももっともらしいであろう。

以上まとめると，公共投資が経済成長を促進するか抑制するかは，理論的にははっきりしない。また，実証分析においても，それほど確定的な結論は得られていない。

コラム

公共投資の生産性

わが国の高度成長期の公共資本の蓄積は，まず産業基盤整備に最重点に投資し，ついで，生活関連の公共資本の充実に重点をおき，そのあとで，両方の公共資本のバランスのとれた発展をはかるというものだった。これまでの多くの推計結果によると，公共資本の限界生産（限界的な生産への貢献度）が時間とともに次第に低下してきた。この理由として，公共資本の配分が産業基盤整備から生活関連にシフトしてきたことが考えられる。理論的にいえば，公共資本のもたらす総便益の限界的な価値が民間資本の限界生産と等しくなる蓄積経路が，日本経済の最適成長経路である。両方の資本の限界便益を比較すると，高度成長期では公共資本の限界便益が民間資本の限界便益よりも上回っていた可能性があり，公共資本が過小であった。しかし，最近のデータでは，必ずしも両方の資本の限界生産が乖離しているともいえない。これは，現実の公共投資の便益が低下傾向にあることを意味する。

問題

◆9.4 以下の文章のなかで正しいものはどれか。
（ア）AK モデルでは，資本蓄積とともに資本の限界生産が逓減する。
（イ）AK モデルでは，労働人口の成長率が長期的な経済成長の制約になる。
（ウ）AK モデルでは，人口が成長しなくてもプラスの成長が可能である。
（エ）内生的成長モデルでは，研究開発は重要ではない。
（オ）知的資本を考慮しても，人口が成長しない限り，長期的な成長率はプラスにはならない。

◆9.5 以下の文章の（ ）に適当な用語を入れよ。
　税率が上昇すると，私的な資本収益率は（ ）して，経済成長を（ ）する。公共投資が増加すると，民間資本の限界生産は（ ）して，経済成長を（ ）する。どちらの効果が大きいかは確定しないが，税率が（ ）ほど，また，公共資本が（ ）ほど，経済成長を抑制する。

◆9.6 以下の文章のなかで正しいものはどれか。
（ア）人的資本とは，機械などの資本設備を動かす労働のことである。
（イ）人的資本の量は，労働者の労働時間が増加する場合にのみ，大きくなる。
（ウ）人的資本の量は，かならずしも労働者の労働時間とは比例しない。
（エ）人的資本の蓄積は，教育投資の大きさに依存する。
（オ）人的資本の乏しい国は，物理的な資本を相対的に多く蓄積している。

（→解答は p.290）

● 9.3 不平等と経済成長

［１］所得再分配と税率

　国によって異なる長期的な成長率の格差を説明しようとする試みは，内生的成長理論の大きな関心の１つである。所得分配の不平等な国ほど成長率が小さい。

　<u>所得格差の激しい国</u>では，<u>所得再分配</u>の必要性が高い。低所得者の割合が大きく，彼らの意向で税率が決定されるとすれば，公平性をより重視するために，税率はかなり高い水準になる。

　経済成長率は，<u>所得格差</u>の小さい国よりも，所得格差の大きな国の方が低くなる。

例題9.5

［２］教育投資の外部性

　ある人が若いときに教育を受けて，自分の人的資本をより蓄積すると，その人のみならず経済全体にとっても，所得が増加するという<u>外部経済</u>がある。

　所得格差が大きければ，それだけ<u>教育投資</u>をする人の数が小さくなり，経済全体としての成長率も小さくなる。

例題9.5

日本の所得格差は，長期的にどのように変化してきたか。

経済成長と所得格差の関係は，クズネッツ仮説として知られている。それによると，経済成長の初期段階では所得格差は拡大するが，経済成長とともに所得格差は縮小する。その直感的な説明は，以下の通りである。

経済成長の初期段階では一部のエリート層に集中して資源を配分することで，新しい経済成長が可能となる。その後，経済成長がより大規模に進展するためには，中間層を巻き込む必要がある。そのためには所得格差は縮小する方が望ましい。政府による所得再分配政策が経済成長の観点からも必要とされる。また，経済成長の結果労働の限界生産が上昇すると，一般の労働者の所得も増加するから，この点からも所得格差は縮小する傾向になる（図9-3）。

わが国でも明治以降の経済成長の初期段階では経済格差は拡大したが，経済成長が軌道に乗った戦後の高度成長期には所得格差は縮小に向かった。1980年代以降わが国では経済格差が拡大する傾向にある（表9-2）。その理由として，バブルによる資産格差の拡大，高齢化による格差の拡大とともに，欧米に追いつく従来型の経済成長が終わりとなり，新しい経済発展の段階をむかえていることも影響している。

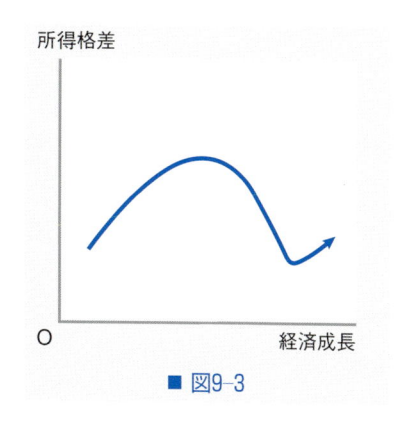

■ 図9-3

■ 表9-2　所得格差の程度（ジニ係数）

ジニ係数が大きいほど所得格差の程度も大きい。

調査年	ジニ係数	
	当初所得	再分配所得
1993	0.4394	0.3645
1996	0.4412	0.3606
1999	0.4720	0.3814
2002	0.4983	0.3812
2005	0.5263	0.3873

（備考）1. 厚生労働省「平成17年所得再分配調査」による。
2. 再分配所得とは，当初所得に社会保障給付金と医療等の現物給付を加え，社会保険料と税金を除いたもの。

（出所）総務省「今週の指標 No.834」

例題9.6

経済成長はかならずしも望ましくないかもしれない。どういう状況で経済成長と経済厚生の改善とは両立しなくなるか。

経済成長は，高ければ高いほどよいというものではない。新古典派の経済成長モデルで長期的に1人あたりの消費水準が最大になる資本蓄積水準は，黄金律（golden rule）と呼ばれている。黄金律を実現するために，長期的により資本蓄積を促進することが必要であれば，長期での消費は最大になる。

しかし，経済成長を刺激しようとすると，その移行プロセスでは貯蓄が必要になるから，消費を抑制しなければならない。つまり，長期的な消費の拡大のために，移行プロセスでは消費を犠牲にする必要がある。ところが，資本が当初過大に蓄積されていれば，黄金率に移行するためにむしろ，消費を拡大して，資本を食いつぶすことが要求される。これは，移行プロセスでの消費を拡大させる。

このケースでは，すべての時点での消費を犠牲にすることなく，黄金率に移行できる。逆にいうと，このケースでは，黄金率と比較して，動学的に資源が有効に利用されていないともいえる。この意味で，このケースを動学的に非効率なケースと呼んでいる。

内生的成長モデルでは，長期的にも一定の率で成長することが可能である。したがって，長期的な消費を最大にするには，成長率を最大にすることが望ましい。しかし，成長率を最大にすると，初期時点での消費水準は抑制せざるを得ない。短期的な消費の抑制と長期的な消費の成長のどちらを重視するかで，成長率の最大化が望ましいかどうかが評価できる。

なお，所得格差を考えると，経済全体のGDPあるいは1人当たりの消費量が大きくなったとしても，経済厚生は改善されないかもしれない。とくに人的資本の蓄積による経済成長の場合は，高等教育を受けた階層ほど経済成長の便益をより享受できる。その結果，経済成長が高くなるほど，階層間での所得格差も増大しやすい。こうしたケースでは，かならずしも経

済成長と経済厚生とは両立しないだろう。また，経済成長が環境汚染を伴う場合も，環境の質を考慮しない経済成長とそれを重視する経済厚生との間で，両立しないケースも起きるだろう。

> **コラム**
>
> **グローバル化と競争**
>
> 　大競争（メガコンペティション）時代の企業にとっては，世界標準を目的とする製品の開発や世界市場での国際展開が，市場で生き残り成長していく条件になっている。護送船団方式による行政の保護や企業間の株式持ち合い制度などで，日本的な経済，経営環境で活動してきた日本企業にとっては，変革の時代を迎えている。とくに，成長著しいアジア市場でどのように展開するかは，重要なポイントである。世界全体を1つの市場とするグローバル化が進展すると，規模の経済性や範囲の経済性が大きくなり，1つの企業が支配的な地位を占めるようになる。弱肉強食という市場経済の冷酷な一面が顕著になる。しかし，企業でも産業でも，長期的に支配的な地位にあり続けることは困難である。一度成功すると，現状維持の傾向が強くなり，新しい変化に適応できなくなる。一国の成長と衰退も同じ観点から解釈できるだろう。

問題

◆9.7 以下の現象のうち途上国に当てはまらないものはどれか。
（ア）1人あたりの所得の低さ
（イ）GDP成長率の低さ
（ウ）インフラ投資の重要性
（エ）相対的に低い教育水準
（オ）人口増加率の低さ

◆9.8 先進諸国と途上国との1人あたりの所得の格差について，正しい文章はどれか。
（ア）この格差は，市場経済を採用している途上国とでは縮小しているが，計画経済を採用している途上国とでは拡大している。
（イ）統計的に有意な格差を計測すること自体が無理である。
（ウ）先進諸国からの経済援助の拡大とともに，格差は縮小している。
（エ）公共資本の蓄積に重点を置いている途上国とでは，格差は縮小している。
（オ）格差はかならずしも縮小しておらず，場合によっては拡大している国もある。

◆9.9 経済成長に関する以下の文章のうちで，正しいものはどれか。
（ア）経済成長と政治的な自由度とは無関係である。
（イ）政治的に自由な国ほど経済成長率は高い。
（ウ）政治的に自由な国ほど経済成長率は低い。
（エ）経済成長の初期段階では，政治的に自由な国ほど経済成長率は高い。
（オ）経済成長がある程度進展すると，政治的に自由な国ほど経済成長率は高い。

（→解答はp.290）

10 マクロ・ダイナミックス

経済成長と並んで景気循環に関する議論は古くから活発に行われてきた。この章では，景気循環に関する代表的なマクロ理論を整理する。さらに，最近のわが国での経験をふまえて，資産価格の変動に関する議論も紹介する。

KEY CONCEPTS

● 10.1 景気循環

[1] 景気循環のパターン

▶ **経済全体の活動水準**：GDP はあるときには活発になり，あるときには不活発になりながら，規則的に変化している。

例題10.1

ある程度の長期間をとると，経済全体の活動水準は規則的に拡張と収縮を繰り返している。このような経済の動きを，景気循環と呼ぶ。

景気循環は，4つの局面に分けられる。

▶ **拡張期**：経済活動が上昇しつつある局面。
▶ **景気の山**：拡張期が終わって経済活動水準が低下しはじめる時期。
▶ **収縮期**：経済活動の下降局面。
▶ **景気の谷**：経済活動が底に達して景気が回復しはじめる時期。

▶ **景気の周期**：1つの景気循環の長さ。1つの山から次の山までの長さで定義される。
▶ **振幅**：景気の山と谷の乖離の程度。

■ 図10−1　景気循環のパターン

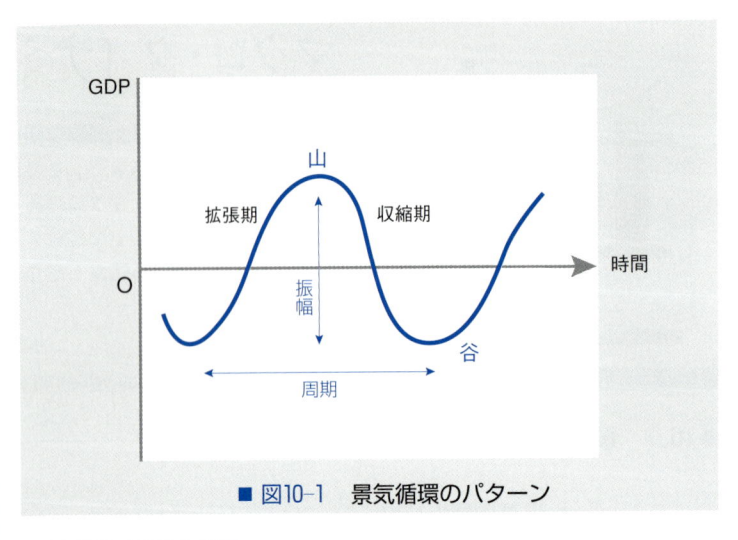

[2] 景気循環の分類
▶ **在庫循環（キッチン循環）**：周期が3年から4年くらいの短期の循環。
▶ **設備投資循環**：周期が7年から10年くらいの循環。
▶ **建設循環**：周期が20年くらいの循環。
▶ **コンドラチェフの波**：周期が数十年という長い循環。

例題10.1

わが国の景気循環について，説明せよ。

　わが国では戦後50年ほどの間に12個の景気循環が記録されており，1993年10月以降が12番目の循環に相当する。こうした景気局面の区分は，経済企画庁の公式の景気循環日付にもとづいている。これは，景気動向指数の一致系列の動きを参考にしつつ，他の主要な経済指標の動きや専門家の意見を勘案して決定されてきた。

　ここで，景気動向指数とは，あらかじめ選定された景気の動向に敏感な経済指標をいくつか選定して，それらが以前よりも上昇しているか低下しているかを指数化して判断するものである。この値が50％を上回る場合が景気拡張期であり，下回る場合が景気後退期である。

　ところで，経済企画庁の景気基準は周期が約40ヵ月の在庫循環に対応している。高度成長期ではトレンドとして経済が成長していたので，拡張期の方が長く（約30ヵ月），後退期が短い（約15ヵ月）。この時期は固定レート制度の時期でもあったために，1ドル360円という固定レート制度を維持するという制約で，政策的に循環が引き起こされた面もある。すなわち，景気がよくなると，輸入が増加して国際収支は赤字になるが，これは円安の圧力を生むので，長期的に容認できない。したがって，国際収支の赤字を改善すべく，輸入を抑制するために金融引き締め政策が採用されて，景気が後退する。その結果，輸入が減少し，国際収支が黒字になると，金融政策の引き締めが解除されて，また，景気が改善しはじめる。このような金融政策による景気循環を，ストップ・ゴー政策と呼んでいる。

　変動レートに移行してからは，こうした政策による景気循環はみられなくなった。しかし，1980年代後半のバブル景気と1990年代に入ってからのバブル後遺症としての不況は，政策の失敗の結果であるという指摘もある。

問題

◆10.1 以下の文章の（ ）に適当な用語を入れよ。
　　景気循環は通常（ ）つの局面に分けられる。このうち，経済活動が上昇しつつある時期を（ ），下降しつつある時期を（ ）という。

◆10.2 以下の文章のなかで正しいものはどれか。
　（ア）経済のなかにはいろいろな産業，地域が含まれているので，一国全体の経済活動が同じように動くのは希である。
　（イ）経済活動はあるトレンドで成長しており，景気循環はそれほど大きな変動を示していない。
　（ウ）景気循環では経済活動が上昇する拡張期が一般的であり，景気の後退は一時的な現象にすぎない。
　（エ）景気循環では経済活動が低下する後退期が一般的であり，景気の拡大は一時的な現象にすぎない。
　（オ）現実の景気循環はかならずしも規則的な変動を示しておらず，景気の周期も一定ではない。

◆10.3 投資に関する以下の文章のうち，正しいものはどれか。
　（ア）規模としては設備投資がもっとも大きいが，景気循環では在庫投資が重要な役割を果たしている。
　（イ）設備投資は規模も大きく，景気循環でも重要な役割を果たしているが，在庫投資は景気とは独立である。
　（ウ）規模は在庫投資の方が大きいが，景気循環では設備投資が重要な役割を果たしている。
　（エ）設備投資は GDP にのみ依存しているので，景気循環では重要な役割をもたない。
　（オ）上のどれも当てはまらない。

（→解答は p.290）

10.2 外生的循環モデル

[1] 乗数と投資の相互作用

▶ **乗数過程**：当初の外生的なショックがそれ以上の規模の総需要の変動をもたらすという累積的な性格をもっている。

乗数過程は総需要の拡大が生産のさらなる拡大を引き起こすが，それ自体では発散しない。

所得増の一部が，かならず貯蓄として所得増から消えてしまう。

▶ **投資**：所得が増加すると，企業の期待がより強気になり，同じ利子率のもとでも投資需要が刺激される。

▶ **乗数と設備投資との相互作用**：経済が拡張しているとき，乗数効果によって所得が増加すると，生産の増加によって，現存の生産設備は適正な生産設備の値よりも小さくなる。これは設備投資を刺激するから，再び乗数過程を通して，所得を増加させる。これがさらに生産設備に対する投資意欲を刺激して，拡張のプロセスが続く。

例題10.2

[2] 数式による説明

▶ **投資（I）と GDP（Y）との間**：乗数の関係。

$$Y_t = \alpha I_t$$

α は乗数値。投資 I の一定倍（α）だけ GDP が生産される。

単純な投資関数の定式化

$$I_t = v Y_{t-1}$$

前期の所得の一定倍の投資が誘発される。前期の所得が高ければ，将来の所得の予想も高くなり，企業の投資意欲が刺激される。

投資の式を乗数の式に代入すると，次式を得る。

$$Y_t = \alpha v Y_{t-1}$$

⟶ αv が 1 よりも大きければ，GDP は拡大を続ける。

$\dfrac{Y_t}{Y_{t-1}} = \alpha v > 1$ なら $Y_t > Y_{t-1}$ となる。

[3] 景気の反転

▶**景気を反転させる要因**：生産能力の上限・労働力の制約・石油などの原料の不足。

生産能力に対する限界が認識され，生産コストが上昇するなどして，企業の期待が弱気になると，設備投資意欲も減少する。その結果，需要も低迷して，生産活動も停滞する。

$\alpha v < 1$であれば，累積的な縮小過程が続く。

[4] 景気の回復

累積的な収縮局面が終わりとなり，景気が回復するためには，新しい経済成長を支える力が必要。

新しい技術が開発されて，新しい市場が開拓され，企業の投資意欲が回復すれば，経済は拡張期に入る。

投資意欲の回復があれば，乗数過程が働いて，景気は再び拡大に向かう。

$\alpha v > 1$の状況に戻れば，景気が回復し，GDPの上昇局面が生じる。投資意欲が回復してvの値が大きくなることが景気の反転の条件である。

▶**景気対策の政策的な含意**：長期的な成長のトレンドが同じであれば，なるべく景気循環の振幅の幅の小さい方が，資本をより効率的に利用でき，資源配分上望ましい。

例題10.3

例題10.2

景気循環を投資との関係で説明せよ。

　標準的なケインズ・モデル（＝*IS–LM* のモデル）では，投資は利子率のみに依存すると考えてきた。しかし，投資の限界効率自体がモデルのなかで内生的に変化する可能性を考える方がもっともらしい。すなわち，所得が増加すると企業の期待がより強気になり，同じ利子率のもとでも投資需要が刺激される。

　まず，在庫投資が所得に依存する点を考えてみよう。企業は在庫と生産（＝所得）との間にある適正な関係を維持する。生産が増加して，適正在庫の水準も増加するとき，企業は在庫投資を活発にする。在庫投資の増加はまず所得を増加させるが，その一部は消費の増加となり，企業に対する財の需要をまた増加させる。その結果，予期せざる出荷増によって，現実の在庫が減少し，再び適正在庫水準よりも現実の在庫水準が落ち込む。こうして，乗数と在庫投資の相互作用が続くと，在庫投資は常に適正値より低く，経済拡張の圧力が常に続く。

　次に，設備投資を考えてみよう。設備投資が所得に依存するのは，生産設備と生産量との間に適正な関係があるからと解釈できる。経済が拡張しているとき，乗数効果によって所得が増加すると，生産の増加によって，現存の生産設備は，適正な生産設備の値よりも小さくなる。これは設備投資を刺激するから，再び乗数過程を通して，所得を増加させる。

　在庫投資，設備投資いずれに注目しても，GDP の拡大により投資が刺激される可能性を考慮すると，発散的な累積的拡大のプロセスが生じる。逆に，GDP の減少により投資が抑制されることで，景気後退期の累積的な縮小も説明できる。

例題10.3

景気循環の振幅を小さくする政策について，正しいのはどれか。
（ア）ケインズ的な立場では，景気が大きく振幅するほど資源配分上望ましい。
（イ）ケインズ的な立場では，景気があまり振幅しないほど資源配分上望ましい。
（ウ）ケインズ的な立場では，景気の振幅は資源配分上気にする必要がない。
（エ）新古典派の立場では，景気が大きく振幅するほど資源配分上望ましい。
（オ）新古典派の立場では，景気があまり振幅しないほど資源配分上望ましい。

答え：（イ）

ケインズ的な立場では，景気が大きく振幅すれば，拡張期での過剰な資本の操業と縮小期での過大な資本の不完全操業という資源の無駄を引き起こす。長期的な成長のトレンドが同じであれば，なるべく景気循環の振幅の幅の小さい方が，資本をより効率的に利用でき，資源配分上望ましい。

労働雇用についても同じことが当てはまる。景気の後退期には非自発的な失業者が大量に生まれる。景気が過熱すると，完全雇用水準以上に労働を投入しようとして，無理な残業などの労働強化が行われる。期間を通じて安定的な労働供給を確保する方が，労働供給の大幅な過剰と稀少という振れを伴うよりは，資源の効率的な活用という観点からも望ましい。

したがって，なるべく景気循環が大きくならないような政策的な介入が正当化される。財政金融政策によって景気の過熱を防いだり，景気の回復を促進したりする政策が，意味をもつ。

これに対して，新古典派的な立場では，政策的な介入によって景気循環の振幅を小さくする政策に批判がある。まず，そうした政策が可能かという点である。かりにそのような政策が望ましいとしても，政策発動の時期や規模が適切でなければ，かえって景気を不安定化させるかもしれない。

さらに，そのような政策が望ましいかどうかにも批判がある。市場メカニズムがうまく機能していれば，景気の変動自体に何らかの合理的な理由があるかもしれない。たとえば，新しい技術が利用可能になって景気がよくなれば，資本や労働投入が増加することは望ましいことであり，景気の拡大を無理に政策的に抑制する必要はない。逆に，景気が低迷してもそれが悪いショックの結果であるなら，総需要を無理に刺激する政策は，かえって市場メカニズムの調整機能を低下させる。

> **コラム**
>
> ### 不景気と経済停滞
>
> 　景気変動は，定義によって循環的な変動である。好況のときと不況のときが交代で生じると，景気が変動するという。本文で説明するように，景気変動の理由として，経済に与えるショックがランダムに変動することも考えられる。あるいは，マクロ経済の中に内在的に景気循環をもたらすメカニズムがあるかもしれない。また，政策的なショックや制約などのために，本来不安定であるはずの経済が循環するという考え方もある。いずれにしても，循環する以上，不況期の後には好況期になると予想できる。したがって，10年以上も経済が停滞する状況が続くとすれば，それは景気循環の1つの局面というよりは，トレンドとしての成長＝潜在的成長に構造的な問題があると考える方が自然であろう。もちろん，10年以上にわたってマイナスのショックがたびたび発生したと考えることもできる。しかし，本来ランダムに変動するはずのショックが一定の方向で起きるとすれば，統計的に考えると，それは循環がたまたま長引いたというよりは，潜在的成長自体が影響を受けたと解釈すべきであろう。ところで，景気循環の1局面での不況期であれば，人々は現在の不況期が相対的にもっとも苦しいと判断するはずである。いまを我慢して何とか乗りきれば，将来に明るい展望がもてると思っているはずである。その場合は，不況期に貯蓄を食いつぶして消費を維持し，好況期に貯蓄をして消費を抑制する行動をとる。逆に，経済の停滞であると認識している場合には，将来の所得も減少すると予想できるので，いまから消費は減少し，むしろ貯蓄が増加するだろう。

問題

◆10.4　以下の（　）に適当な用語を入れよ。

　　景気を反転させる要因としては（　）がある。たとえば，労働力の制約である。（　）の限界が市場では生産コストの（　）として表面化する。その結果，設備投資が（　）すると，生産活動も停滞する。

◆10.5　以下の文章のなかで正しいものはどれか。
　（ア）乗数過程は発散するので，景気の拡大を説明できる。
　（イ）企業の期待が好転すれば，景気は改善する。
　（ウ）乗数過程は不安定だから，景気はいったん後退すると自律的に回復するのは困難である。
　（エ）乗数過程は安定的だから，景気循環の理論としては役に立たない。
　（オ）景気の回復には政策的な景気刺激政策が不可欠である。

◆10.6　サムエルソンの乗数と加速度原理にもとづく景気循環モデルを説明せよ。

（→解答はp.290）

● 10.3 循環理論の発展

[1] 貨幣的循環の理論

▶ **マネタリストによる貨幣的要因にもとづく循環理論**：景気変動の要因がケインズ・モデルが強調するような実物投資の変動ではなく、予想されない貨幣供給量の変化である。

予想されない金融政策は期待インフレ率と現実のインフレ率との乖離をもたらして、実物的な効果をもつ。

撹乱的な金融政策の結果として、長期的には、GDP の拡大と縮小が交互に観察され、経済活動の循環が生まれる。

[2] 実物的循環理論

▶ **実物的循環理論**：実物的な生産性のショックによって表面上循環が生じると考える均衡循環理論。

ある経済主体の意思決定（たとえば企業の投資計画）には何らかの時間的要素が必要であり、計画が完全に実行されるまでに時間の遅れがある。

その計画が実行される前に何らかの外生的なショックが生じると、計画とは異なるものが実現してしまう。このような外生的なショックが撹乱的に次から次へと生じると、結果として経済活動が活発になったり、不活発になったりして、マクロの経済変数が循環運動を示す。

この理論では、景気循環それ自体には何ら資源配分上の浪費がないと想定しているから、景気変動をなだらかにする政策的な対応は必要ない。

例題10.4

[3] 内生的循環モデル

循環の動き自体を発生させるメカニズムがモデルのなかに内生的に存在することを説明する理論。

あるマクロ変数、たとえば資本ストックの t 期の水準を k_t で表し、

$$k_{t+1} = \phi(k_t)$$

で示される動学的な関係を考えてみる。

例題10.5　この ϕ 曲線が右上がりでかつ次第にその傾きが逓減的であれば，長期均衡点に収束していく。この場合には，内生的な循環は生じない（図10-2）。

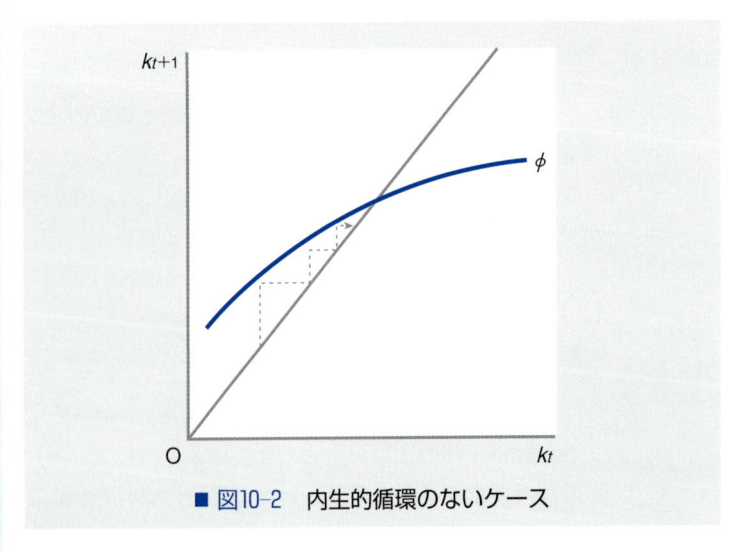

■ 図10-2　内生的循環のないケース

▶ **循環が生じるケース**：ある点を超えてこの ϕ 曲線が右下がりになれば，循環の可能性がでてくる。

例題10.4

景気循環が供給サイドのランダムなショックの結果生じるとしよう。総需要が変動しても何ら景気循環が生じないで，主として，供給ショックの結果のみで景気循環が生じるとすれば，どのような総需要，総供給曲線を想定することができるか。

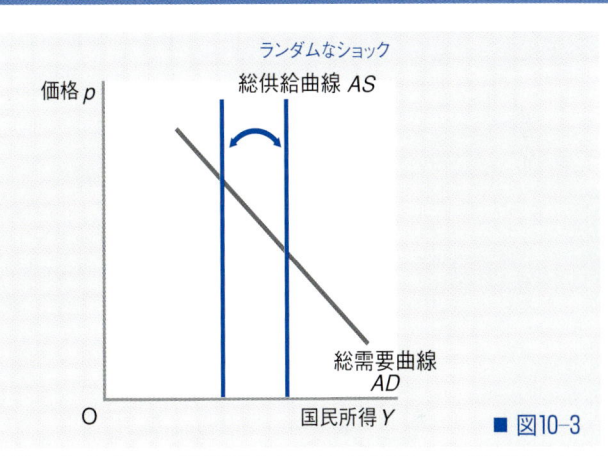

■ 図10–3

第5章で説明したように，総需要曲線 AD は通常の右下がりであるが，総供給曲線 AS が完全に非弾力的なケースである（図10-3）。すなわち，GDPが完全に総供給の変動のみに対応しているから，総需要が変化してもGDP（$=Y$）は変化しない。このような状態は，総供給曲線が垂直に立っており，価格に対して非弾力的な場合に相当する。総需要が変化しても，GDPは何ら変化せず，すべての需要ショックは価格（p）の変動で完全に吸収される。

こうしたケースでは，景気循環は同じような経済活動の繰り返しとしてではなく，単なる撹乱的ショックに対する反応の結果である。したがって，経済活動水準の低迷の時期がたとえ長く続いたとしても，景気が悪化しているのではなくて，単に撹乱的なショックがたまたまそうした状況を引き起こしたにすぎない。景気循環それ自体には何ら資源配分上の浪費がないから，景気変動を政策的になだらかにする必要がない。

例題10.5

内生的な景気循環モデルについて説明せよ。

モデルのなかに循環のメカニズムが内在すると考えるのが，内生的な循環モデルである。たとえば，経済活動水準を表す指標として資本ストックの大きさ k を取り上げよう。図10-4は，縦軸に来期の資本 k_{t+1}，横軸に今期の資本 k_t をとって，その関係を表したものである。

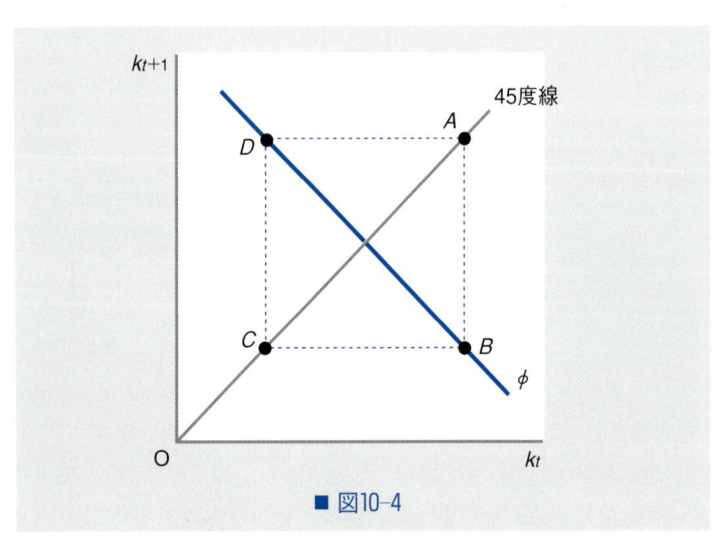

■ 図10-4

k が資本ストックとすれば，ϕ 曲線は貯蓄の大きさに対応している。今期の資本ストックを所与とすると，今期の貯蓄が大きいと，来期の資本ストックも大きくなる。資本ストックの蓄積水準が小さい場合に，資本が増大すれば貯蓄も増加し，資本ストックが大きいときに，逆に資本が増大すると貯蓄が減少するとすれば，図のような右下がりの ϕ 曲線が導出できる。

さて，図において A 点に対応する k_t が当初の点であるとしよう。このとき，k_{t+1} は B の高さで与えられるから，横軸では k_{t+1} は C 点になる。C 点で k が与えられると，次の期の k すなわち k_{t+2} は D 点に対応する高さになる。したがって，横軸では A 点になる。D 点と A 点とが同じ縦軸上にあれば，

次の k の水準は B 点の大きさになり，その次は D 点の水準になる。こうして，k の大きさは高水準の A，D 点と低水準の B，C 点とを交互に繰り返す。つまり，外生的なショックに頼らずに内生的に循環運動が生まれる。

たとえば，
$$k_{t+1} = -k_t + 10$$
という関係が近似的に（均衡点の近くで）みられるとしよう。$k_0 = 5$ であれば，定常値 5 をずっととり続けるが，$k_0 = 2$ であれば，$k_1 = 8$，$k_2 = 2$，$k_3 = 8$ と 2 と 8 を交互に繰り返す。$k_0 = 3$ であれば，3 と 7 を交互に繰り返す。

問 題

◆10.7 以下の（ ）に適当な用語を入れよ。
　　均衡循環理論では，景気循環それ自体に（ ）の失敗はない。資源配分は（ ）であるから，景気が後退しているからといって，景気（ ）としての政策発動は必要ない。

◆10.8 以下の文章のなかで正しいものはどれか。
（ア）マネタリストのモデルでは，攪乱的な金融政策の結果として，景気循環が生まれる。
（イ）マネタリストのモデルでは，攪乱的な財政政策の結果として，景気循環が生まれる。
（ウ）実物的循環理論では，攪乱的な金融政策の結果として，景気循環が生まれる。
（エ）実物的循環理論でも，景気変動を政策的になだらかにする方が望ましい。
（オ）マネタリストのモデルでも，景気変動を政策的になだらかにする方が望ましい。

◆10.9 以下の文章のなかで正しいものはどれか。
（ア）実物的循環理論では，生産性のショック次第では循環が生じることも生じないこともある。
（イ）実物的循環理論では，生産性のショックが外生的に起きるので，循環が生じることはない。
（ウ）ケインズ的な乗数過程と加速度原理の投資理論にもとづく景気循環モデルでは，かならず内生的な循環が生じる。
（エ）マネタリストのモデルでは，内生的な景気循環を説明することができる。
（オ）実物的循環理論では，生産性のショックの代表例として，在庫投資の変動を想定している。

（→解答はp.291）

10.4 資産価格とバブル

[1] 資産価格の理論
▶ **資産価格の変動**：将来の期待を反映している。
▶ **株価**：その時点から無限の先までの配当の割引現在価値に等しくなる。

[2] 配当仮説の数式による定式化
t 期における株式投資と安全資産である債券投資との裁定。

p_t を t 期の株価，d_t を t 期の配当，r を安全資産である債券の利子率とすると，次式が成立する。

$$p_t(1+r) = p_{t+1} + d_t$$

▶ **左辺**：p_t 円で株式を1株買う代わりに，債券投資する場合の $t+1$ 期での収益（＋元本）。
▶ **右辺**：p_t 円で株式を1株購入し，$t+1$ 期にその株式を売却する場合の $t+1$ 期での収入。
▶ **合理的期待形成のもっとも単純なケース**：p_{t+1} は t 期に完全予見されると想定する。
▶ **株式のマーケット・ファンダメンタルズ**：利子裁定式から，p_t は無限の先までの配当の流列の割引現在価値（＝理論値）に等しくなる。
▶ **配当仮説**：無限の先までの予想配当流列を債券利子率で割り引いた現在価値で，株価が決まる。
▶ **リスク・プレミアム**：リスクを考慮すると，株価はそうでない場合よりも低下する。リスク・プレミアムの分だけ，将来の配当を現在価値化する際の割引率が上昇する。

[3] 配当仮説とバブル
配当仮説だけが裁定式を満たすわけではない。

$$p_t = p_t^* + b_t \quad (p^*：配当仮説で決まる株価の理論値)$$

例題10.6 ▶ **バブル**：現実の資産価格のうち理論値で説明しきれない部分（b_t）。

b_t は，株価がファンダメンタルズ（＝理論値）から乖離した程度を反映しており，バブルに対応している。

$$b_t(1+r) = b_{t+1}$$

例題10.7　が成立していれば，バブルも裁定式を満たす。←──合理的バブル

[4] バブルの発生メカニズム

バブルが無限に持続可能なためには，市場への無限の数の参加者が次から次へ登場する必要がある。

- 一種のネズミ講のような無限数のゲーム（Ponzi game）。
- 非常にまれにしか起こらないが，いったん生じると大きな影響のある事態に対する合理的な反応（ペソ問題）。
- 市場の参加者にある種の制約があるとき，全く本質的でない要因でバブルが発生しうるケース。
- 貨幣のように本来価値のないものが世代間で流通している現象。

▶ **資産価格の一般理論**：株価に関する配当仮説は，資産一般の価格の決まり方に適用できる。現実の世界ではバブルが無視できない。

例題10.6

1980年代後半のわが国のバブル経済について説明せよ。

わが国では1980年代の後半に株価と地価の高騰が起きた。一般的には，80年代後半における資産価格の高騰と90年代に入ってからの急落はバブルとその崩壊であると考えられている。経済学の立場では，将来のファンダメンタルズに関する予想が変化したために生じた資産価格の上昇はバブルではなく，また，その予想の変化によって生じた資産価格の低下もバブルの崩壊ではない。バブルかどうかを検証するには，ファンダメンタルズに関する予想の変化と，ファンダメンタルズとは無関係な要因にもとづく変化を区別しなければならない。

1980年代後半のわが国では，金融緩和政策によって利子率が低下した。また，景気の上昇に伴い企業の期待収益も増加した。さらに，金融緩和政策が中長期的に続くという期待が一般的であった。これらの要因は資産価格を上昇させたが，こうした理由はファンダメンタルズの変化に対応していて，バブルとはいえない。ファンダメンタルズで説明のつかない資産価格の上昇分がバブルである。

さらに，90年代に入ってからの資産価格の急落も，利子率の上昇，景気後退に伴う企業収益の悪化，旧ソ連の崩壊に伴う混乱，イラクによるクウェート侵攻による湾岸危機など，将来のファンダメンタルズの悪化につながるショックが原因であったとも考えられる。こうした要因では説明がつかないほど大幅に資産価格が急落したとすれば，その部分がバブルの崩壊と解釈できる。

例題10.7

合理的なバブルの理論について説明せよ。

　株や土地などの資産への投資については，ファンダメンタルを反映した理論値を超えて株価や地価が上昇しても，それが実現している限りにおいて，誰も損をしない。他の大多数の投資家が理論値を上回る資産価格を期待して行動するのであれば，個々の投資家も同じように行動することで利益を上げることができる。この意味では，バブル的な投資であっても，個々の投資家のレベルでは合理的といえる。これによって生じるバブルが合理的なバブルである。

　これは，ケインズが指摘した「美人投票」に対応している。「美人投票」とは，自分が美人と思う人を投票するのではなくて，大多数の人が美人と思う人を当てるために投票するという投票行動である。資産への投票の場合も，その資産が将来どれだけの収益を生むと自分が評価するかではなくて，大多数の投資家がその資産の将来収益をどのように評価しているかを当てることが，よい投資家の条件となる。このとき，他の大多数の投資家がファンダメンタルズにもとづいてきちんとその資産を評価しているかどうかは，無関係である。かりに理論値以上の過大な収益を予想しているとしても，それにもとづいて投資をすれば，その資産の価格が上昇して，実際にそれだけの収益（＝キャピタル・ゲイン）が実現してしまう。このように期待がそのまま実現することを自己実現期待と呼ぶが，合理的なバブルは自己実現期待を伴うバブルである。

問題

◆10.10 以下の文章のうちで正しいものはどれか。
（ア）配当仮説では，株価は現在の配当水準に連動して決まる。
（イ）配当仮説では，利子率が上昇すると，株価も上昇する。
（ウ）配当仮説は，無限の先まで株を保有する投資家にのみあてはまる。
（エ）リスク・プレミアムを考慮すると，株価は上昇する。
（オ）配当仮説で説明しきれない株価の動きは，バブルである。

◆10.11 以下の文章の（　）のなかに適当な用語を入れよ。
　バブルが継続するときには，無限にその資産に対する（　）が生じるか，あるいは，バブルの（　）が不確実である。ねずみ講のような（　）のゲームは，バブルの1つである。

◆10.12 次の設問に答えよ。
（ア）配当が毎年100，利子率が5％の株の理論値を求めよ。
（イ）配当が今年100で今後3％で上昇することが期待できる場合，（イ）の株の理論値はどうなるか。

◆10.13 配当が毎年50，利子率が3％，リスク・プレミアムが2％であるとする。市場での株価が2000であるとすれば，
（ア）理論値はいくらか。
（イ）バブルはどのくらい発生しているか。

（→解答はp.291）

11 中立命題とマクロ政策の有効性

この章では，完全な市場機能を前提とする新古典派のマクロ理論の立場から，マクロ政策の有効性がどの程度あり得るのかという問題を，世代間再分配政策と政府支出政策を中心に取り上げる。これに対して，ケインズ的な立場から，より合理的な経済主体の行動を前提とするニュー・ケインジアンの議論も紹介する。

KEY CONCEPTS

●11.1 世代間再分配政策

[1] マクロ政策の有効性

世代間の再分配政策は，マクロの経済政策として重要な意味をもつ。

世代間再分配政策の有効性は，ケインズ・モデルと新古典派モデルの大きな相違点の1つである。

[2] 年金政策の世代間再分配効果

▶ 積立方式：若いときに積み立てた年金基金を市場で運用して，その世代が老年期になってから，老年期に給付として使う。
　──→同じ世代内では長生きする人としない人の間での再分配が行われるが，世代間での再分配は行われない。
▶ 賦課方式：若い世代の年金負担を資産運用することなく，その時期の老年世代への年金給付にそのまま回す。
　──→世代間での再分配が行われる。

(1) 積立方式のマクロ効果

公的年金政策自体は，マクロの効果をもたない。経済全体の貯蓄は，私的な貯蓄と公的な年金積立金の増加（＝公的年金負担）の合計であるから，公的年金を増加させてもマクロの貯蓄は変化せず，資本蓄積にも影響は生じない。

(2) 賦課方式のマクロ効果

年金政策はマクロ的な効果をもつ。老年世代への所得再分配によって，老年世代の生涯を通じる所得の現在価値が増大すると，老年世代の消費は増加するが，青年世代の消費は減少する。
──→青年世代から老年世代へ実質的な所得の移転が行われる。

［3］リカードの中立命題

公債発行で，税金を支払うタイミングは変わる。しかし，税負担の総額は変化しない。どのような公債発行政策でも，税負担の現在価値は政府支出の現在価値に一致する。

▶ **リカードの中立命題**：家計が生涯の予算制約式にもとづいて最適な貯蓄・消費計画を建てるとすれば，公債の発行は経済全体に実質的な効果をもたらさない。

同一世代内で発行と償還とが完結している公債政策と積立方式の年金政策は，同じである。
←──→財政収支尻である財政赤字，黒字の発生パターンは大きく異なる。

政府の収支尻である財政赤字，黒字の情報は，政策判断の基準として有益ではない。

［4］世代間の公債発行

▶ **世代間での公債発行**：同一世代内で公債の発行と償還とが完結しないで，公債の償還のための課税を将来世代に転嫁するケース。

公債発行は中立的ではなく，世代間で再分配効果をもつ。公債発行による減税政策はその時点での消費を拡大させるマクロ的な効果をもつ。

このケースと賦課方式の年金政策とは，まったく同じ政策である。両方の政策ともに，t 期の消費が拡大し，$t+1$ 期には老年世代の消費は拡大するが，青年世代の消費は抑制される。
←──→政府の収支尻には差異がある。

賦課方式の年金政策では，政府の収支は毎期均等する。

公債発行の場合では，t 期に公債発行分だけ財政収支は赤字となり，$t+1$ 期に公債を償還するために財政収支は黒字となる。

[5] 世代会計
各世代別に，政府からの受け取り（＝年金給付，補助金，公債の償還金など）マイナス政府への支払金（＝税負担，年金負担，公債の購入など）で定義されるネットの負担の現在価値を推計する。

例題11.2　──→マクロ経済政策の効果を分析する上で重要な情報を与える。

[6] バローの中立命題
年金や公債発行などの公的な世代間での再分配が，私的な再分配によって中立化されるから，公的な再分配は政策的な意味がない。
　──→世代会計も有益な情報を与えない。
▶バローの議論：親の世代が子どもの世代の経済状態（子どもの効用）に関心をもつという利他的な選好を前提として，親が子供に遺産を残すことを重視する。
　──→親の世代が子どもの世代への遺産を自発的に増加させることで，公的な世代間再分配効果が完全に相殺される。

例題11.1

【中立命題が成立する4つの条件】
- 資本市場が完全である。
- 撹乱的な税が存在しない。
- 将来の政府の財政政策や所得，増税が予想できる。
- 政府の計画期間と民間の計画期間が同じである。

例題11.1

バローの中立命題について説明せよ。

親の世代, 子の世代それぞれの消費の値を C_1, C_2 と定義する。この総消費水準が大きければ, それぞれの世代の効用水準 V も大きくなる。親は自分の消費から得られる効用のみならず, 子どもの消費から得られる効用にも関心がある。すなわち, 親の効用関数を次のように定式化する。

$$U = V(C_1) + \delta V(C_2)$$

ここで, $0 < \delta < 1$ は利他的な遺産動機の強さを示す。

親が子供に残す遺産の大きさを e とすると, 親と子の（現在価値でみた）予算制約式は, 次式となる。

$$C_1 = Y_1 - e - T_1$$
$$C_2 = Y_2 + (1+r)e - T_2$$

ここで, Y_1, Y_2 は親, 子の所得, r は利子率, T_1, T_2 は親, 子の支払う税金である。親が老年期に $(1+r)e$ だけの遺産を子どもに残すために, 親の青年期でみて e だけの所得を犠牲にすればよい。

政府の予算制約は,

$$T_1 + b = 0$$
$$T_2 = (1+r)b$$

ここで, b は公債発行であり, 単純化のために外国で発行すると考える。また, 政府支出は 0 とおく。

さて, 親は効用を最大にするように, 2 つの予算制約式のもとで, T_1, T_2 を所与として, C_1 と e の最適な配分を決める。2 つの制約式より, 遺産 e を消去すると, 親と子の世代の統合された予算制約式は次のようになる。

$$C_1 + \frac{C_2}{1+r} = Y_1 + \frac{Y_2}{1+r} - \left[T_1 + \frac{T_2}{1+r}\right]$$
$$= Y_1 + \frac{Y_2}{1+r}$$

最後の等式は, 政府の予算制約を考慮することで得られる。

この式は，T_1, T_2という政府の再分配政策に依存していない。つまり，政府が世代の枠を超える公債を発行して，それを償還するための課税を将来世代に転嫁しても，何ら影響を受けない。したがって，C_1, C_2の大きさも，政府の再分配政策とは独立になる。親の世代の効用も，子の世代の効用も，それぞれの世代の各期の最適な消費量も，何ら影響されない。これが**バローの中立命題**である。

コラム

中立命題の実証分析

　中立命題の現実的妥当性は，そのときの経済環境にも依存する実証的な分析課題である。中立命題の実証分析でよく用いられているアプローチは，マクロの時系列データを用いた消費関数の推定による検証である。中立命題は，異時点間の消費の最適な配分問題として定式化できるからである。これは，マクロ消費関数に政府支出以外の財政変数を追加して推定し，追加した財政変数が有意に効くかどうかで，中立命題の現実的な妥当性を検証するものである。政府支出一定の下で，減税や公債発行などのその他の財政変数の変化がマクロ的な効果をもたないことが，中立命題の政策的な意味だからである。これまでの成果によると，中立命題が完全に成立しているとはいえないが，ある程度は成立しているといえよう。とくに，赤字公債が発行されるようになった1975年以降の最近の時期については，ある程度中立命題的な状況にあるといえる。

例題11.2
財政赤字と世代会計の関係について，説明せよ。

　どちらもバローの中立命題を前提としない点では，同じである。しかし，財政赤字と世代会計とはいくつかの重要な点で相違がある。

　世代会計はストックの指標であるのに対して，財政赤字はフローの指標である。リカードの中立命題が成立していれば，財政赤字ではなく世代会計が有益な指標になる。リカードの中立命題が成立するためには，家計が将来の予算制約も考慮して，現在価値化した予算制約のもとで，最適な消費・貯蓄計画を立てているとの想定が，重要である。この想定がどの程度現実的かは，流動性制約や資本市場の不完全性などのために，現在価値のみで家計の行動が表現できなくなることを，どの程度重要視するかにかかっている。

　ケインズ的な世界では，流動性の制約のためにリカードの中立命題が成立していない状況を現実的と考えている。新古典派の世界では，逆にリカードの中立命題を前提としており，流動性制約は重要視していない。ケインズ的な世界がより現実的であるとすれば，フローの財政赤字の方がより有益な財政指標になる。

■ 表11-1

有益な指針	リカードの中立命題	バローの中立命題
財政赤字	×	×
世代会計	○	×

問 題

◆11.1 以下の文章のなかで正しいものはどれか。
（ア）公債発行をどのように変化させても，税負担の現在価値と政府支出の現在価値は一致する。
（イ）公債発行を増加すると，税負担よりも政府支出を多くすることができる。
（ウ）公債の中立命題は，ケインズ・モデルの財政政策の有効性を補強する。
（エ）バローの中立命題が成立しても，賦課方式の年金制度は世代間の再分配効果をもっている。
（オ）積立方式の年金制度は，マクロ的には賦課方式の年金制度と同じ世代間の再分配効果をもっている。

◆11.2 以下の文章の（ ）に適当な用語を入れよ。
　世代会計は（ ）ごとに政府からの受け取りと（ ）を現在価値でみて合計する。世代間の（ ）政策の効果をみる上で重要な指標である。

◆11.3 以下の政策を今期導入するとしよう。今期の財政収支はどうなるか。
（ア）賦課方式の年金
（イ）積立方式の年金
（ウ）公債発行による減税
（エ）公債発行による公共投資
（オ）（イ）＋（エ）

（→解答はp.291）

● 11.2 政府支出拡大の乗数効果

［1］新古典派のマクロ・モデル

財市場での需給均衡式として，次式を得る。

$$Y_s(r) = C(Y_p - G_p) + I(r) + G$$

投資需要 I は，利子率 r の減少関数である。

消費需要 C は，恒常的な可処分所得水準 $Y_p - G_p$ に依存する。ここで Y_p は恒常的な所得水準であり，$G_p = T_p$ は恒常的な政府支出水準＝恒常的な税負担水準である。恒常的な可処分所得からの消費性向は，1に等しい。政府支出 G は政策変数である。Y_s は供給を意味する。

▶ **供給サイド**：新古典派のモデルでは，常に労働者は完全雇用されている。家計の労働供給が増加すれば，生産水準も増加する。

▶ **異時点間の代替効果**：総供給は r の増加関数である。

——→現在と将来を比較すると，利子率の上昇によって，現在よりも将来の余暇の消費が有利になる。家計は現在よりも将来の余暇の消費をいままで以上にしようとして，労働供給を将来から現在へと代替する。

例題11.3

このような新古典派のマクロ・モデルを図示する。この図11-1は，縦軸に利子率 r，横軸に Y_d，Y_s をとっている。

総供給曲線 Y_s は右上がりであり，総需要曲線 Y_d は右下がりである。両曲線の交点 E が，財市場の均衡点を示す。

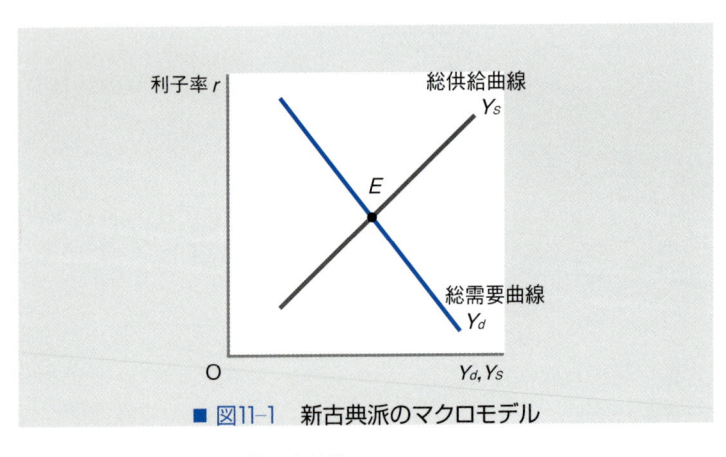

■ 図11-1　新古典派のマクロモデル

[2] 政府支出拡大の場合分け

新古典派のマクロ・モデルでは，現在の政府支出の拡大だけを意味するのか，将来の政府支出の拡大も意味するのかで，乗数の大きさは異なる。

①**一時的拡大** 現在の政府支出は拡大するが，恒常的な政府支出は変化しない（$\Delta G > 0$，$\Delta G_p = 0$）
②**恒常的拡大 A** 現在の政府支出は拡大しないが，恒常的な政府支出が拡大する（$\Delta G = 0$，$\Delta G_p > 0$）
③**恒常的拡大 B** 現在の政府支出も恒常的な政府支出も拡大する（$\Delta G = \Delta G_p > 0$）

[3] 一時的拡大

政府支出の拡大により総需要曲線 Y_d は右へシフトする。したがって，均衡点は E_0 から E_1 へ移動する。所得は増加し，利子率は上昇する。

かりに利子率が上昇しないとしたときの政府支出拡大の乗数効果は，1にとどまる（図11-2）。

——→乗数の大きさはプラスであるが，1よりは小さい。

$$0 < \frac{\Delta Y}{\Delta G} < 1$$

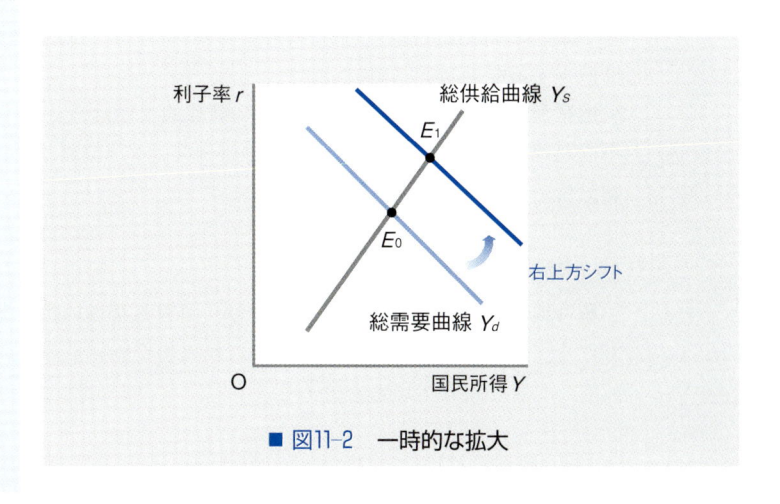

■ 図11-2 一時的な拡大

[4] 恒常的拡大 A

将来の政府支出を拡大する約束のみであり，現在の政府支出 G は変化しない。G_p の拡大は将来の税負担の拡大を予想させて，消費需要に抑制的に働く。

⟶乗数効果は，マイナス1とゼロの間になる。

$$-1 < \frac{\Delta Y}{\Delta G_p} < 0$$

[5] 恒常的拡大 B

①と②が同時に生じたケースである。

①では Y_d 曲線が右にシフトし，②では Y_d 曲線が左にシフトする。しかも，シフトの大きさはそれぞれ1である。したがって，両方が同時に生じると，結局 Y_d 曲線は何らシフトしない。

⟶乗数はゼロになる。

[6] 代替性の程度

政府支出と民間消費との代替の程度を γ で表し，有効消費 C^* を次のように定式化する。

$$C^* = C + \gamma G$$

▶ **民間消費に与える直接の代替的影響**：1単位の政府支出の拡大は，γ 単位の民間支出の拡大と同じとみなせるから，γ 単位だけ民間消費は減少する。

▶ **恒常所得に与える効果**：1単位の恒常的な政府支出の拡大は γ 単位だけの恒常的な実質的所得を増加させて，γ 単位だけ消費需要を刺激する。

[7] 政府支出の評価

新古典派の経済政策では，通常 γ は1よりも小さい状況を想定している。政府の規模がすでにあまりにも大きくなりすぎて，大きな政府の弊害が現れていると考える。

例題11.3

新古典派モデルでは，実質GDPの減少はつぎのどの理由で生じるか。
（ア）総需要の増加
（イ）総需要の減少
（ウ）労働市場への供給の増加
（エ）投資の増加
（オ）上のどれでもない

答え：（オ）

新古典派モデルでは，常に完全雇用が均衡で実現している。供給側の要因が変化しない限り，需要側の要因が変化しても，それは価格の調整で完全に吸収されるので，実質GDPは変化しない。

（ア）は価格の上昇を引き起こし，（イ）は価格の下落を引き起こすだけである。（ウ）は供給側の変化であるから，実質GDPの変化になるが，方向が逆である。つまり，実質GDPは増加する。（エ）も需要側の要因である。長期的には投資の増加で供給側の要因である資本ストックが増加するから，実質GDPの増加要因になる。

ただし，上の議論は利子率と実質GDPの図で，総供給曲線 Y_S が垂直であるケースを想定している。利子率が上昇すると，異時点間の代替効果が生じるから，これを考慮すると，総供給曲線が右上がりになる。この場合は総需要が減少すると，総需要曲線 Y_D が左下方にシフトして，実質GDPは減少する。すなわち，（イ）が正解となる。

例題11.4

新古典派モデルの説明として正しくないものはどれか。
（ア）利子率は資金の需給が均衡するように決まる。
（イ）賃金と物価の調整で完全雇用が実現する。
（ウ）利子率は投資と貯蓄が均衡するように決まる。
（エ）財市場と生産要素市場での完全競争を想定している。
（オ）政府支出の拡大は、1以上の乗数効果をもたらす。

答え：（オ）

　新古典派モデルは家計が長期的な視点で消費・貯蓄行動をすると考えるモデルである。政府支出の拡大という場合、現在の政府支出の拡大だけを意味するのか、将来の政府支出の拡大も意味するのかで、乗数の大きさは異なってくる。新古典派のモデルでは、家計は将来の政府のマクロ経済政策の変化も考慮に入れて、消費計画を立てるという合理的な個人が想定されている。

　消費は現在の所得ではなく恒常的な所得水準に依存しているから、一時的な政府支出の拡大の場合、所得が拡大しても、ケインズ・モデルのように消費がさらに拡大する拡張的なプロセスは働かない。政府支出の拡大で利子率が上昇し、投資が抑制されると、所得の拡大は一部相殺される。したがって、最終的な乗数の大きさはプラスであるが、1よりは小さくなる。

　政府支出が今期から恒常的に上昇する場合、政府支出の増加による総需要の拡大をちょうど相殺するように、同額だけ消費需要が減少して、結局総需要は変化しない。政府支出の拡大が民間投資ではなく、民間の消費をクラウド・アウト（押しのける）状況になっている。恒常的な政府支出の拡大は恒常的な税収の拡大に対応しているから、家計はその分恒常的な可処分所得が減少すると解釈して、消費意欲を低下させる。これが拡張的な政府支出の効果を相殺する。つまり、この場合の乗数はゼロになる。

問題

◆11.4 完全雇用以下の水準に経済があるとき，新古典派モデルではどのようなことが生じるか。
 （ア）賃金や物価が下落するが，利子率や投資は変化しない。
 （イ）物価や賃金が下落し続けて，完全雇用が実現する。
 （ウ）貨幣の実質残高は減少する。
 （エ）利子率は上昇する。
 （オ）物価は上昇する。

◆11.5 新古典派のモデルで緊縮的な財政政策の効果はどれか。
 （ア）実質利子率は変化しない
 （イ）総需要は増加する。
 （ウ）実質生産は減少する。
 （エ）物価水準は上昇する。
 （オ）雇用は増加する。

◆11.6 以下の文章のなかで正しいものはどれか。
 （ア）新古典派のモデルでも，政府支出拡大の乗数効果は1以上になる。
 （イ）新古典派のモデルでも，財政赤字はマクロ的に大きな効果をもっている。
 （ウ）新古典派のモデルでも，政府支出の拡大は減税よりもGDPを拡大する効果が大きい。
 （エ）新古典派のモデルでも，政府支出拡大のマクロ効果はその政府支出を家計がどのように評価するのかとは無関係である。
 （オ）新古典派のモデルでも，総需要が増加すれば少しは生産量は増加する。

（→解答はp.291）

●11.3 新古典派モデルにおける財政金融政策

［１］公債のクッション政策

▶ **一括固定税**：人頭税のように１人あたりいくらという金額を一括して徴収する。その人の経済的な活動とは無関係に税負担が決定される税。

一括固定税が利用できない状況では，中立命題は成立しない。

▶ **公債のクッション政策**：一括固定税が利用できないときの最適な公債政策として，ミクロ的な超過負担の最小化を意図する。

——→公債発行は，景気後退，政府支出の一時的な拡大などの外生的なショックを吸収するように，クッションとして変動すべきである。

例題11.5

【累進的な所得税との比較】

長期的に同じ総税収を確保するのであれば，毎年毎年の税収を変動させない方が，超過負担の総額は小さくなる。

景気の低迷がバブルの崩壊や信用不安という一時的な外生的ショックによるものであれば，税収の低迷に対しては，無理に増税を行ったり，政府支出を削減したりしないで，公債の発行で対応する方が望ましい。

例題11.6

［２］貨幣の中立性

金融政策の有効性については，ケインジアンとマネタリストの間で論争が行われてきた。

▶ **新古典派＝マネタリストの立場**：期待インフレ率の調整を考慮すると，フィリップス曲線は長期的には垂直になるから，インフレ率を加速させても失業率は低下しない。

▶ **ケインジアンの立場**：失業率とインフレ率を同時に低下させることはできないが，どちらかを犠牲にすれば，もう一方を改善することができる。トレード・オフの関係が存在する。

▶ **貨幣の中立性**：労働者が労働供給する場合や企業が財を販売する場合には，ある財と別の財・サービスとの交換を行っているから，その相対価格（＝実質価格）が問題となる。単なる名目価格は貨幣と

の交換価格であって，計算上の意味しかない。
　──→長期的には現実のインフレ率は期待インフレ率と一致するから，金融政策は何ら効果をもたない。

[3] 新マネタリストの立場
▶ **合理的期待形成を前提とする新マネタリストの議論**：短期的にもインフレ期待は現実のインフレ率とそれほど乖離しない。人々は与えられる条件のもとで最適にインフレ率の期待を形成するから，継続的にインフレ期待が現実のインフレ期待から乖離すると考えるのは，非合理的である。
　──→短期的にも意図した形で金融政策が効果をもち続けるのは困難になる。

例題11.7　インフレ率が予想以上に変化するという予想外のショックがあるときのみ，短期的な金融政策は効果をもつ。短期的にも裁量的な金融政策の効果はない。

[4] インフレ課税
▶ **インフレ課税**：インフレ率と貨幣の実質残高との積。インフレ保有による経済的な損失。政府が収入を得られるのは，インフレ課税の分だけ家計から政府部門に購買力が移転されるからである。
　──→このような移転は課税と同じ効果をもつ。

公債発行による課税のタイミングがマクロ的な効果をもたないという中立命題は，インフレ課税を考慮しても基本的に成立する。リカード・バローの中立命題が成立している状況では，このようなインフレ政策はマクロ的な効果をもたない。つまり，金融政策は無効になる。

11.3　新古典派モデルにおける財政金融政策

例題11.5

公債のクッション政策について説明せよ。

　外生的なショックのため，一時的に政府支出が拡大したり，税収が落ち込んだりするとき，均衡予算を維持するよりは公債の発行で対応するのが，現実的といえる。税制を変更するのにも，政府支出の内容や大きさを変更するのにも，現実の世界ではさまざまの調整コストがかかる。

　最適課税問題では，近似的に，資源配分の効率性からのコストは限界税率の2乗に比例することが知られている。たとえば所得税の限界税率を上昇させることは，労働供給とレジャーに関する合理的な個人の選択に重大な歪みを与え，資源配分の効率性からみて重大な損失をもたらす。したがって，このコストをできる限り小さくするには，長期的に限界税率を一定にすることが望ましい。

　そのために，税率や税体系は短期的にはそれほど変動しないことが望ましい。しかし，外生的なショック（たとえば，石油ショックや阪神大震災など）のために，税収や政府支出は短期的に変動するかも知れない。したがって，公債発行は，予想しない景気後退，政府支出の一時的な拡大などの外生的なショックを吸収するように，クッションとして変動すべきであると主張する。

　図11-3に示すように，政府支出がある期間だけ一時的に増加するとすれば，それにあわせて税収を変動させるよりは，その期の税収の増加をある程度抑制して，長期的に少しずつ税収を増加させることが望ましい。外生的なショックがある期間は政府支出が税収を上回るから，財政赤字になり，公債が発行される。この公債は長期的な財政黒字で次第に償還される。この考え方は，中長期的視点から，財政の安定化と経済の安定化をはかるものとして，それなりにもっともらしいといえる。

■ 図11-3

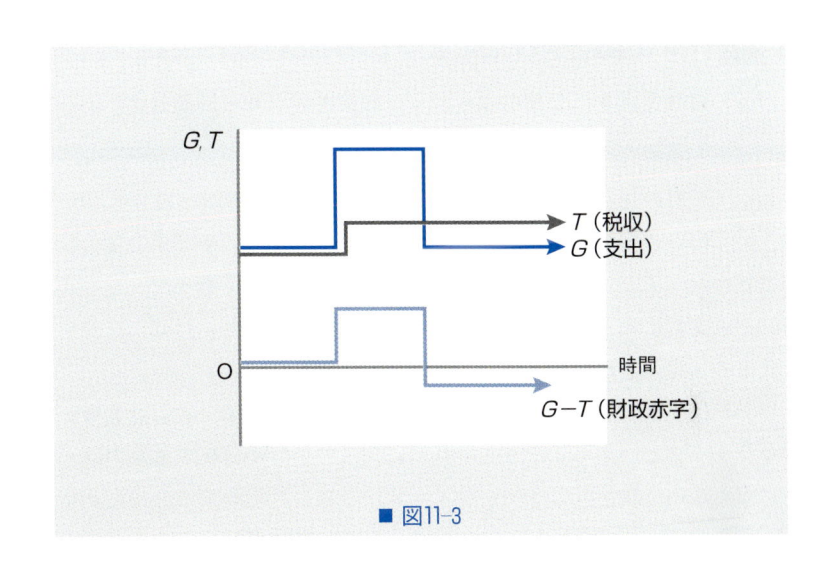

コラム

ケインズ的立場からのマクロ調整機能

　ケインズ的な立場でも，必ずしも景気対策だけが財政赤字の機能ではない。乗数効果がゼロでも，ケインズ的な立場から財政赤字の有用性が議論されている。これは，政府が財政赤字を用いて，民間部門の代わりに異時点間の最適化行動を行うものである。すなわち，人々は異時点間の貯蓄・消費行動について最適な選択ができないとしよう。たとえば，将来の所得をあてにして現在借入によって（借金をして）消費を増やそうとしても，高い金利を払わないと，借金ができない場合が多い。そのような人々は，「流動性制約」に直面している。このとき，景気の変動による消費の変動を自己責任に基づく貯蓄・消費行動では相殺できない。その結果，不況期には消費が大きく落ち込んでしまい，逆に好況期には消費が必要以上に増大してしまう。政府はこれを相殺するために，不況期に減税したり，政府消費を増加させたりして，実質的に民間消費の落ち込みを相殺することが，望ましい政策となる。先進諸国における実証分析では，財政赤字を活用した政府消費や移転支出の変動によって，GDP の変動というマクロ・ショックがある程度緩和されたことが認められている。

例題11.6

わが国の財政運営を，公債のクッション政策の観点から評価せよ。

　わが国の財政運営が公債のクッション政策として解釈できるかについては，いくつかの実証研究がある。わが国では1960年代の半ばまでは公債発行は行われてこなかった。それまでは均衡財政が原則であった。したがって，それまでに大きな外生的なショックが生じていたとすれば，クッション政策のメリットが発揮されなかったといえるだろう。

　1960年代半ば以降では，1965年の不況期と1973年の第一次石油危機が大きなショックといえる。そうした時期に大量の公債が発行されたのは，政策当局あるいは政治家の意図がケインズ的な景気対抗政策であったとしても，実質的にはクッション政策として発行されたと理解することができる。1970年代最後の第二次石油危機の時期にも公債が大量に発行されたが，1980年代に入って公債発行は縮減された。

　80年代は財政再建路線が採用された時代である。そして，1990年代に入って景気が低迷する時期が長期化するにつれて，財政赤字が拡大し，公債発行も増加している。1990年代の半ばまではほぼクッション政策に相当する公債発行と解釈できる。

　しかし，1997年の財政構造改革が挫折した以降の大量の公債発行は，クッション政策の枠をはるかに超えた危機的なものと思われる。

例題11.7

予想外の拡張的な金融政策の短期的な効果は，次のうちでどれか。
（ア）実質生産の低下
（イ）雇用の減少
（ウ）実質利子率の低下
（エ）インフレ率の低下
（オ）利潤の増加

答え：（ウ）

　予想外の拡張的な金融政策は，期待インフレ率をそれほど上昇させないうちに，現実のインフレ率を上昇させる効果をもつ。実質利子率は名目利子率マイナス期待インフレ率で定義されるから，名目利子率が低下する分だけ実質利子率も低下する。

　簡単化のため，短期的に期待インフレ率を所与とすれば，拡張的な金融政策で LM 曲線が右下方にシフトして，実質GDPは増加し，雇用も増加し，名目利子率は低下する。また，インフレ需要曲線 AD とインフレ供給曲線 AS の図11–4で考えると，インフレ需要曲線が上方にシフトするから，インフレ率 π も上昇し，金融刺激策が続く場合はインフレ率が上昇したままになる。したがって，やがては期待インフレ率が調整されて，実質GDPを拡大させる効果は相殺される。しかし，短期的には実質利子率の低下と生産，雇用の拡大が起きる。

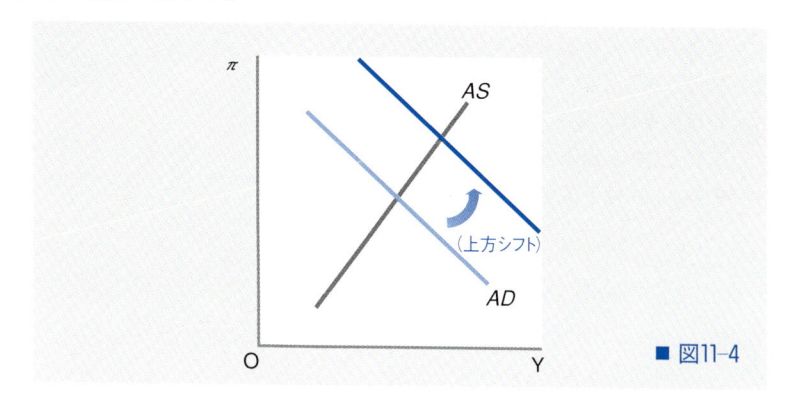

■ 図11–4

問題

◆11.7 以下の文章の（　）に適当な用語を入れよ。
　（　）が利用可能でない場合，最適な公債発行はミクロ的な（　）の最小化である。その結果，公債発行は（　）的なショックを緩和するクッションとして発行すべきである。

◆11.8 以下の文章のうちで正しいものはどれか。
（ア）一括固定税は，ミクロ的な超過負担をもたらす税である。
（イ）公債のクッション政策は，公債の中立命題が成立しない状況を想定している。
（ウ）公債のクッション政策は，ケインズ的な景気刺激策を想定している。
（エ）公債のクッション政策は，それによってGDPが刺激されることは想定していない。
（オ）外生的なショックがあっても，均衡財政を維持する方が望ましい。

◆11.9 以下のケースでの公債発行のうちで，クッション政策としての公債発行はどれか。
（ア）所得税を減税するために発行
（イ）公共投資の財源として発行
（ウ）大震災の復興財源として発行
（エ）金融システムの安定化のために発行
（オ）借換債として発行

◆11.10 新古典派のモデルで，貯蓄性向が上昇したとする。以下の文章のうちで正しいものはどれか。
（ア）実質GDPと物価水準は上昇する。
（イ）物価水準は上昇するが，実質GDPは一定である。
（ウ）物価水準は下落するが，実質GDPは一定である。
（エ）実質GDPと物価水準は低下する。
（オ）実質GDPは下落するが，物価水準は上昇する。

◆11.11 完全雇用を実現するように価格が伸縮的に決まる経済で，生産と物価水準がともに上昇したとしよう。どのような理由が考えられるか。

◆11.12 不況期の景気対策としての金融政策の有効性は，以下のどの要因に大きく関係しているか。
（ア）利子率の低下でどの程度企業の投資意欲が刺激されるか。
（イ）議会がどの程度金利の引き下げに納得するか。
（ウ）中央銀行がどれだけ信用の拡大を抑制するか。
（エ）不況がどの程度国際的な要因によるか。
（オ）（ア）と（イ）

◆11.13 次の文章のなかで，新古典派の理論と整合的なものはどれか。
（ア）価格と賃金が伸縮的で，期待が合理的に形成されれば，政策は無効である。
（イ）価格が伸縮的であり，賃金はかならずしも伸縮的でなくても，期待が合理的に形成されれば，政策は無効である。
（ウ）価格が伸縮的でなくても，賃金が伸縮的であり，期待が合理的に形成されれば，政策は無効である。
（エ）期待が合理的に形成されれば，賃金や価格決定のメカニズム如何にかかわらず，政策は無効である。
（オ）価格と賃金が伸縮的で，期待が合理的に形成されれば，財政政策は無効であるが，金融政策は有効になる。

（→解答は p.292）

●11.4 ニュー・ケインジアンの理論

例題11.8

よりミクロ的な最適化行動を明示した観点から，企業と労働者の合理的な行動を前提としてケインズ・モデルの理論的な基礎を再構築する試みが行われている。

とくに，雇用の理論では，暗黙の契約理論，効率的賃金仮説，内部市場モデルなどが発展してきた。これらの考え方をまとめて，ニュー・ケインジアンの理論と呼ぶ。

[1] 暗黙の契約理論

▶**暗黙の契約の理論**：労働者が企業よりも危険回避的であり，賃金の変動を好まないとすれば，景気の状況にかかわらず，一定の貨幣賃金が支払われる。企業は危険に対して中立的であれば，長期的な賃金支払いの総額にのみ関心があるから，そのような契約を受け入れる。

この理論は，長期的に貨幣賃金率が安定して，労働市場の短期的な需要と供給を一致する水準に調整されない貨幣賃金率の硬直性を説明できる。非自発的な失業も説明できる。

[2] 効率的賃金仮説

▶**効率的賃金仮説**：実質賃金の水準が労働者の労働意欲，すなわち労働生産性に影響を与える。実質賃金を切り下げると労働者の意欲が減退するから，労働市場で非自発的失業が存在しても，企業にとって賃金率を引き下げるのが有利になるとは限らない。

──→貨幣賃金率の硬直性ではなく，実質賃金率の硬直性を説明する理論である。

例題11.9

[3] 内部労働市場の理論

▶**内部労働者**：すでに企業に雇用されている労働者。
▶**外部労働者**：企業に雇用されないで失業中の労働者。

内部労働者と外部労働者は同じではなく，企業にとって内部労働者を解雇して外部労働者を雇用するにはコストがかかる。

　賃金決定は内部労働者によって組織される労働組合と企業との交渉で決まる。

　一度外部労働者となって企業の外に出てしまうと，雇用されるのが困難になる。

[4] その他の考え方

▶ **メニュー・コスト**：価格を変更するには調整コストが必要である。たとえば，メニューを書き換えなければならない。大幅な市場条件の変動でなければ，あえて価格を調整しない方がその企業にとっては望ましい。

　──→価格の調整があまり進まず，財の数量調整が支配的となる。不況になっても労働市場において貨幣賃金率の調整が進みにくく，非自発的失業が解消されない。

　新古典派的な世界から少し仮定を変えることで，かなりケインズ的な状況になり得る。

▶ **需要の外部性**：ある企業が販売価格を切り下げると，一般物価水準も多少は下がるから，実質貨幣供給が増大し，他の企業の需要を増大させる。しかし，個々の企業の意思決定においては，このような外部性は考慮されず，社会的に望ましい価格の引き下げが行われない。

▶ **ヒステレシスの理論**：長期均衡への調整プロセスの長さや当初のショックの大きさ自体が，長期均衡の水準そのものに影響する。

例題11.8

合理的期待形成にあてはまる文章は次のうちどれか。
(ア) マクロ経済政策は無効であり，裁量的に用いるべきではない。
(イ) 総需要を抑制することで，不況を引き起こさないでインフレを抑えることは常に可能である。
(ウ) 租税政策は無効であるが，貨幣供給の変化は経済成長を刺激することができる。
(エ) 人々は将来の期待を形成する際に，できる限り多くの情報を用いる。
(オ) 上のすべて。

答え：(エ)

　合理的期待形成それ自体は，単に期待形成に関する仮説であり，経済政策の有効性について特別の意味をかならずしももっていない。多くの場合，新古典派のモデルを想定することで，経済政策の無効を導いているが，モデルの前提次第では，合理的期待形成を想定しても，マクロ政策が有効になることもあり得る。

　ニュー・ケインジアンのモデルは，そうした試みとして理解できる。たとえば，メニュー・コストの議論では，期待形成自体は合理的であっても調整コストが0でなければ，一見非合理的な反応をすることが望ましい場合もある。

例題11.9

効率的賃金仮説について説明せよ。

　労働者は，同じ時間働いても，どの程度まじめに働くかで実質的な労働供給の大きさは異なるだろう。制度的に一定の労働時間働くことが決まっている場合でも，その中身は労働者の努力水準に依存する。効率的賃金仮説は，こうした観点に注目して，実質賃金の水準が労働者の労働意欲（すなわち労働生産性）に影響を与えるという主張である。実質賃金を切り下げると労働者の意欲が減退するから，労働市場で非自発的失業が存在しても，企業にとって賃金率を引き下げるのが有利になるとは限らない。

　たとえば，企業の生産関数を次のように定式化しよう。

$$Y = F[e(w)N]$$

ここで，Y は生産量，N は雇用量，e は労働者がどれだけまじめに生産活動に従事するかを示す努力水準，w は実質賃金率を意味する。効率賃金仮説では e は w の増加関数である。すなわち，労働者は実質賃金率が高いほど，同じ時間働いてもより熱心に働くと考える。また，e は賃金率が小さいときには逓増的に増加するが，やがてはその増加の程度は逓減的になると考える。

　企業は，利潤 π を最大にするように，w と N を決定する。このとき実質賃金率は，$e(w)$ 関数の形からユニークに決定され，他の経済的要因とは独立になる。すなわち，実質賃金率の硬直性が説明される。最適な実質賃金率のもとでは努力の賃金弾力性が1になる。これは労働者の供給行動とは独立であるから，非自発的失業が存在しても，何ら賃金や雇用の調整が行われないことになる。労働市場で超過供給の状態にあっても，賃金率を切り下げることで努力水準が大きく低下すると，企業の採算上マイナスになる。

問題

◆11.14 新古典派経済学とケインズ経済学の不況対策における相違を説明するものとして，もっともらしいのはどれか。
（ア）新古典派経済学は総供給を増加させる政策を支持し，ケインズ経済学は総需要を抑制する政策を支持する。
（イ）新古典派経済学は総供給を増加させる政策を支持し，ケインズ経済学は総需要を増加する政策を支持する。
（ウ）新古典派経済学は総供給を抑制させる政策を支持し，ケインズ経済学は総需要を抑制する政策を支持する。
（エ）新古典派経済学は総供給を抑制させる政策を支持し，ケインズ経済学は総需要を増加する政策を支持する。
（オ）新古典派経済学は総需要を増加させる政策を支持し，ケインズ経済学は総供給を抑制する政策を支持する。

◆11.15 以下の文章の（ ）に適当な用語を入れよ。
　ニュー・ケインジアンの理論では，企業と（ ）の合理的な行動を前提として，ケインズ・モデルの（ ）的な基礎を再構築するさまざまな試みが行われている。とくに，暗黙の契約理論など，（ ）の分野で発展してきた。

◆11.16 以下の文章のうちで正しいものはどれか。
（ア）暗黙の契約理論では，労働者よりも企業の方が危険回避的であると想定する。
（イ）効率的賃金仮説では，実質賃金と労働意欲との相関を重視する。
（ウ）内部労働市場の理論では，内部労働者よりも外部労働者の方が安いコストで雇用できることを重視する。
（エ）メニュー・コストとは，政府がマクロ政策のメニューを変更する際のコストである。
（オ）ヒステレシスの理論では，期待と現実との乖離に応じて，期待を調整することを重要視する。

◆11.17 貯蓄のパラドックスについて，あてはまる文章はどれか。
（ア）すべてのマクロ経済学のモデルにかかわる。

（イ）投資が GDP とプラスに相関するという特殊の前提をおくケインズ経済学にあてはまる。
（ウ）新古典派モデルでは，完全雇用 GDP が常に実現されるように価格が調整されているので，あてはまらない。
（エ）貯蓄の増加は投資の増加をもたらし，総需要と経済成長を促進するので，すべてのマクロ経済学のモデルにあてはまらない。
（オ）過去にはあてはまったが，インフレに名目利子率が十分反応するようになると，あてはまらなくなった。

（→解答は p.292）

12 マクロ経済政策と政策当局

この章では，マクロ経済政策当局の行動原理に焦点を当てる。ケインズ的なマクロ経済政策の背後にある政策当局は，国民経済全体の経済厚生を考慮している良識の府であり，民間部門よりも賢い存在である。しかし，現実には政権政党はかならずしも国民経済全体の厚生を最大化するとは限らない。

KEY CONCEPTS

●12.1 ルールか裁量か

[1] 政策のラグ

▶ **政策の遅れ（ラグ）**：現実の政策においては，どのような政策でもある程度時間的な遅れをもつ。

政策の遅れは，3つに分類される。
- 認知の遅れ
- 実行の遅れ
- 効果の遅れ

金融政策の場合には，実行の遅れは比較的小さいが，効果に関しては時間がかかる。財政政策の場合は，実行の遅れがあるものの，効果に関してはそれほどの遅れはない。また，認知に関しては両方の政策とも遅れる。

例題12.1　──→ ともすれば必要な時期に適切な政策上の対応がとれない。

▶ **ルールか裁量か**：裁量的な政策を採用しないで，ルールとして財政金融政策を運用する方が，景気のなだらかな循環にはプラスに効くかもしれない。

▶ **裁量を重視するケインズ的な立場**：ある程度政策のラグを正確に予想できる。政策の効果も期待できる。

──→ 積極的な政策的介入が望ましい。

▶ **ルールを重視する新古典派の立場**：政策のラグを正確に予想するこ

とも，また，政策の効果自体についても懐疑的。
　——→積極的な介入による撹乱的な悪影響が大きい。

［２］動学的不整合性
▶ **動学的不整合性の問題**：時間がたつにつれて，最適な経済政策がそのつど変更できるとすれば，ある時点での最適な経済政策は，その後の経済環境の変化を考慮に入れて，次の時点で再決定するときに最適でなくなる。
▶ **時間に関して首尾一貫性にかける（動学的不整合な）政策**：政府にとって将来何かする（あるいはしない）という約束をして，将来新しい時点で経済環境が異なるときにもう一度再決定した場合，その約束を実行するのが望ましくないような状況。

　政策当局が動学的不整合の問題に直面して，政策を時間とともに変更していくと，民間部門がやがてはそれを予想して行動するようになるから，政策自体の効果は小さくなる。
　——→そうした状況は，政策当局が政策の変更をしない場合よりも，結果として民間部門の経済厚生を低下させてしまう。

例題12.2

例題12.1

政策当局が，民間の調査機関よりも今年の経済見通しに関して，より低めの経済成長を予想しているとしよう。この政府の予想と整合的なものは，次のうちどれか。
（ア）財政赤字と利子率は高めの予想をする。
（イ）財政赤字は高めに，利子率は低めに予想する。
（ウ）財政赤字も利子率も低めに予想する。
（エ）財政赤字は低めに，利子率は高めに予想する。
（オ）財政赤字と利子率は民間と同じ予想をする。

答え：（ア）あるいは（イ）

　成長率が低めであれば，税収もあまり見積もることはできない。したがって，財政赤字は高めに予想しているはずである。利子率の予想は，低めの成長の理由として何を考えているかに依存する。公債がたくさん発行されるから，その分だけ金利は高めに予想されている。逆に，民間の投資需要が落ち込んで低成長になると想定しているのであれば，利子率は低下する。

　1990年代のわが国では，政府の経済見通し（翌年度のGDP成長率の見通し）は多くの場合過大であった。これは，政府が翌年度の経済活動を正確に予想できないからであるが，同時に，政府が政治的な意図であえて高めの経済見通しを立てた可能性もある。経済見通しが高ければ，税収も多く見積もることができて，財政収支はその分だけ改善される。あるいは，その分だけ余計に公債を発行することもできる。財政再建を建前としながらも，公共投資の拡大やばらまき福祉によって有権者の支持を集めようとすると，あえて高めの経済見通しをする必要があったとも考えられる。

例題12.2

動学的不整合性について説明せよ。

「ルールか裁量か」という問題は，最近では動学的不整合性という新しい観点から議論されている。最適な経済政策が時間がたつにつれてそのつど変更できるとすれば，ある時点での最適な経済政策は，その後の経済環境の変化を考慮に入れて，次の時点で再決定するときに，最適でなくなる可能性がある。これが動学的不整合性の問題である。

たとえば，教師が学生にテストをするケースを考えてみよう。教師の目的はテストによって学生の間で成績順に序列をつけることではなく，テストの準備のための勉強をしっかりしてもらうことだとしよう。この場合，教師の最適な政策は，テストをすると予告して学生にその準備をさせ，直前になってテストを取りやめるか，あるいは，テストの採点をいい加減にすることである。なぜなら，学生がテストの準備のために勉強した後では，教師にとってテストをして，採点をきちんとすることのメリットはないからである。多くの大学では採点答案を学生に返却しない。

このように，政府にとって将来何かする（あるいはしない）という約束をして，将来新しい時点で経済環境が変化するなかで，もう一度再決定した場合，その約束を実行するのが望ましくないような状況は，時間に関して首尾一貫性に欠ける（動学的不整合な）政策と呼ばれる。

マクロ経済政策の例では，インフレ政策があてはまる。予想外のインフレは政府の収入を増加させる一方で，失業を減らすことができる。したがって，政府は予想外のインフレを起こす誘因をもつ。しかし，そうした政府の金融政策を民間部門があらかじめ予想してしまうと，インフレを起こしても失業は減少せず，インフレのコストだけが生じてしまう。

問題

◆12.1 景気対抗政策として政府支出を用いる欠点としてもっともらしいのは，次のうちどれか。
（ア）減税政策ほどには有効でないから。
（イ）政府が稀少な資源を浪費してしまうから。
（ウ）政府支出の乗数効果は，景気が好況のときにのみよくあてはまるから。
（エ）移転支出を拡大しても，総需要を刺激しないから。
（オ）不完全雇用のときに限って，政府支出は総需要を刺激することができるから。

◆12.2 失業率が2％から5％に上昇したとする。以下のどの文章が正しいか。
（ア）自然失業率が4％であるとすると，まだインフレ懸念が心配である。
（イ）自然失業率が6％であるとすると，まだインフレ懸念が心配である。
（ウ）自然失業率が6％であるとすると，経済成長の低下が心配である。
（エ）自然失業率が2％であるとすると，経済成長の低下が心配である。
（オ）自然失業率が7％であるとすると，インフレ懸念は心配ではない。

◆12.3 以下の文章の（　）に適当な用語を入れよ。
政策の遅れを考慮すると，（　）政策はかならずしも望ましいとはいえない。たとえば，財政政策の場合は政策を（　）するのに遅れがあるし，金融政策の場合は政策の（　）に遅れがある。

◆12.4 以下のどのような状況で財政当局と金融当局の対立が起きやすいか。
（ア）GDPは上昇しているが，税収も増加している。
（イ）金融当局がインフレを抑制するために，緊縮的政策をとっているが，財政当局は公債を増発している。
（ウ）金融当局は失業を抑制するために，拡張的な政策をとっているが，財政当局は公債を増発している。
（エ）財政引き締め政策によって，公債は減少し，利子率は低下している。
（オ）上のいずれでもない。

（→解答はp.292）

● 12.2 マクロ政策と政党

［1］政党の行動原理

政策当局として当初のマクロ経済政策に関する公約を守るのが望ましいかどうかは，実際に政策を担当する与党の行動原理とも関係してくる。

▶ **政権交代**：政党は，将来の政策当局者や民間部門の人々との駆け引きのなかで決まる制約のなかで，政党自身の選好を最大にするように戦略的に行動すると考える方が，もっともらしい。

政党の誘因や制約は政治的な制度とかかわっているから，政治過程との関連が重要になる。

［2］政党の目的関数

【政策担当政党（＝与党）の政治家の行動原理】
▶ **政権獲得目的**：できる限り政権にとどまっていたい。
▶ **党派的目的**：政党によって政策目的や政策に対する評価が異なり，あるいは，異なる政治団体の経済的な利益をそれぞれの政党が代表している。

例題12.3

［3］中位投票者定理

▶ **中位投票者定理**：多数決原理でマクロ政策が決定されるとすると，平均的な所得水準の人の選好する水準が最終的に選択される。

2大政党政治において対立する政党の政策は中位投票者の支持を獲得するために，次第に共通のものとなり，どちらが政権をとっても実際に行われる政策は同じになる。

例題12.4　──▶政策の収束

［4］政治的景気循環論

【3つの前提】
・政策当局者は，政権の維持にのみ関心がある。
・彼らは，第5章で説明したような失業率とインフレ率とのトレー

ド・オフ関係を示すフィリップス曲線をうまく利用する。
• 有権者は，政治家にいつもだまされている。

　政権を担当している政治家は，選挙の前に拡張的な財政金融政策をとり，財政赤字を拡大させ，利子率を低下させる。そして，景気を良くして選挙に勝利し，選挙の後で財政金融政策を引き締めて，財政赤字を削減し，利子率を引き上げる。その結果，1つの選挙が終わって次の選挙が始まるまでの期間が1つの景気循環の期間であり，選挙の前に景気は上昇し，選挙のあとに下降に転じる。

[5] 党派的景気循環論

　大きな政府を志向する政権の場合には，拡張的な財政金融政策によって，景気が拡大する。

　小さな政府を志向する政権に交代すると，緊縮的な財政金融政策が追求され，景気の拡大はとまり，縮小に向かう。

　何らかの理由で政権が交代し，政策の選好の異なる政党間で異なった政策が展開される結果として，景気循環が引き起こされる。

例題12.5

[6] 公債発行の役割

　政権交代の可能性があるときに公債の発行が重要な役割を示す。すなわち，公債残高はストックの変数であるから，短期的には大きく変化できない。

　政権交代の可能性があれば，現在政権についている政党は公債発行量を操作して，将来の別の政党が政権についた場合にも，自らの望ましいと考える財政政策の方へ将来の政権の財政政策を左右する。

[7] 政府支出の質の評価

　政府支出の質＝種類に関する評価の相違は，政権交代と公債発行量との関係を説明する有力な根拠になる。

　──→政治的に安定的で政権交代の可能性が小さい国ほど，公債発行量も小さくなる。

例題12.3

政党の目的について説明せよ。

　政策担当政党（＝与党）の政治家の行動原理としては，通常2つのものが考えられる。

　1つは，彼らができる限り政権にとどまっていたいと考えていると定式化するものである。この立場では政権の維持が唯一の目的であり，そのためであれば，どんなマクロ政策も受け入れる。このケースでは，どんな政党に属する人であれ，選挙民の支持の最大化をはかろうとするから，彼らの目的関数は選挙民と同じである。

　もう1つの仮定は，政党によって政策目的や政策に対する評価が異なり，あるいは，異なる政治団体の経済的な利益をそれぞれの政党が代表していると考える。政権維持のためであっても，自らの理念とあわない政策の変更は，受け入れられない。この場合には，異なった政党の代表者は異なった党派的な目的関数をもつ。

　もし政治家が政権の維持にのみ関心があるのなら，彼らの唯一の目的は選挙に勝利することである。もし政治家が党派的な選好をもつか，異なる圧力団体の利害を代表しているのであれば，彼らは選挙に勝つことを，望ましい政策を実行するための手段として捉えている。

　一般的には，政党の目的のなかにこれら2つの要因は共存しているだろう。党派的な政治家でも，政権につく可能性が増加すれば，それは望ましい。必要な政策はとにかく政権につくことによってしか，実施されないからである。これら2つのケースの相違は，政治家によって最大化される目的の相違である。純粋に政権維持を目標とする政治家は，誰でも同じ目的（＝政権の獲得）をもっているのに対し，党派的な政治家はそれぞれ異なった目的をもっている。

例題12.4

政策の収束について説明せよ。

政権獲得のみを目的とする政党行動のモデルでは，中位投票者定理があてはまる。たとえば，政府支出の大きさがマクロ経済政策の争点であるとしよう。望ましい政府支出に対する水準が各家計で異なり，所得の低い人ほど景気で悪影響を受ける程度も大きいから，政府支出の拡大や失業対策などで大きな政府を望む。このとき，多数決原理で政府支出の水準が決定されるとすると，平均的な所得水準の人の選好する水準が最終的に選択されるだろう。それよりも大きな水準では，中所得者以上の人が反対するし，それよりも小さな水準では，中所得者以下の人が反対するからである。

すなわち，2大政党政治において対立する政党の政策は，中位投票者の支持を獲得するために次第に共通のものとなり，どちらが政権をとっても実際に行われるマクロ政策は同じになる。平均的な所得階層，経済問題についての平均的な選好をもっているいわゆる中流階層の人々の利害を反映するのが選挙で勝利する近道である以上，実際にとられる政策は，わが国でいえば自民党政権でも民主党政権でも同じになってしまう。

最近の日本の現状をみると，この考え方は，それほど的外れでもないように思われる。野党の政策も，その経済的側面では与党とほとんど変わらない。日本の政党あるいは政治家は，政権の獲得のみを目的としているからこそ，どの政党と連立をくむかは政策次元の問題ではなくなり，数カ月で連立政権の構成が変わり得るという不安定な状況を作り出している。また，所属政党を転々としながら，常に政権与党に参加し続けている政治家もみられる。そうした政治家は，自分固有の理念よりも大臣の椅子の方により魅力を感じるのである。

例題12.5

党派的景気循環について説明せよ。

　大きな政府を志向する政権の場合には，拡張的な財政金融政策によって，景気が拡大するが，小さな政府を志向する政権に交代すると，緊縮的な財政金融政策が追求され，景気の拡大は止まり，縮小に向かう。党派的な立場の相違が政党間で大きいほど，また，政権交代が予想外の結果であるほど，政権交代による経済政策の相違がマクロ経済に与える影響も大きくなる。

　たとえば，2つの政党（1と2）の金融政策がインフレ率に反映されるとしよう。政党1のとるインフレ率と政党2のとるインフレ率は，選挙前にはどちらの政党が勝利するかわからないので，どちらも期待値である。選挙前の期待インフレ率は，2つの政党のインフレ率の加重平均となる。そのウェイトはその政党が選挙に勝利する確率に対応する。この期待インフレ率と実際のインフレ率との乖離が大きいほど，政権交代のマクロ経済へのショックは大きくなる。

　何らかの理由で政権が交代し，政策の選好の異なる政党間で異なった政策が展開される結果として，景気循環が引き起こされる。では，どのような理由で政権交代が起こるだろうか。1つは，選挙民の選好が変化したケースであり，もう1つは異なる選好をもつ選挙民の参入によって，中位投票者の母集団が変化するケースである。前者は，高度成長から低成長へ経済の環境が大きく変化した場合などに対応し，後者は，農村から都市への大規模な人口移動や外国からの移民の増加などに対応している。

問題

◆12.5 以下の文章の（　）に適当な用語を入れよ．
　政策当局がマクロ経済政策を決定する場合，実際には（　）という政党の行動原理を無視できない．2大政党においては，対立する政党は（　）の支持を獲得するために，政策は次第に（　）になる．

◆12.6 以下の政策は，政権獲得，党派的いずれの政党目的と考えられるか．
（ア）選挙のときには消費税の引き上げに反対していたが，選挙後与党になったので消費税を引き上げた．
（イ）選挙が近づいたので，福祉予算を増額した．
（ウ）選挙が近づいたので，公共事業を増額した．
（エ）選挙の公約に消費税の引き上げを掲げて，敗北した．
（オ）有権者に占める高齢者の割合が高くなったので，高齢者重視の政策を公約した．

◆12.7 以下の文章のうちで正しいものはどれか．
（ア）政治的景気循環のモデルでは，有権者はいつも政治家にだまされている．
（イ）党派的景気循環の理論は，政権獲得のみを目的とする政党を想定している．
（ウ）政治的景気循環のモデルは，選挙の時期が選択できる日本の衆議院選挙のような制度でよくあてはまる．
（エ）政治的に安定している国ほど，財政赤字を安心して出せる．
（オ）党派的な政党間での政権交代でも，政策の相違はそれほど生じない．

◆12.8 以下の文章の（　）に適当な用語を入れよ．
　政権交代の可能性があるときには（　）が重要な役割をもつ．（　）はストック変数なので，（　）的には変化できない．その結果，大量に（　）が発行されることも起きる．

◆12.9 政党と裁量的マクロ政策との関係を説明せよ．

（→解答はp.292, 293）

●12.3　政府の失敗

[1]　政府が失敗する理由
▶ **政治の経済理論＝公共選択の理論**：政府の目的は，現実には，公共のためにその社会の構成員の経済厚生を最大にするという理想主義的なものではなく，利害の異なる各経済主体（政党や，政治家，官僚，圧力団体など）の対立を調整するものである。

例題12.6

　──→現実主義的な立場で政府の行動を説明する。
▶ **現実の政治過程を説明しようとする公共選択の理論**：政府の経済行動を説明する有力な1つの研究方法である。

[2]　小さな政府への動き
▶ **ケインズ的な立場**：福祉国家を志向する。
▶ **新古典派の立場**：小さな政府や規制の緩和のメリットを最大限に評価する。

　どちらの立場を選択するかは，マクロ経済政策を議論する上での最大の課題である。

[3]　マクロ経済学の将来
　問題は，政府の失敗と市場の失敗の両方を比較することである。そうした比較をより有意義にすることで，マクロ経済学は現実の政策問題を分析する用具として重要になる。

例題12.7

例題12.6

景気対策に政府が失敗する理由を説明せよ。

　政府が適切な経済政策を実行しようとしても，現実の経済環境は複雑である。政府に入手できる情報は限定されているし，予想できないショックも数多く生じている。適切なタイミングで適切な政策を実行することは，きわめて困難であろう。

　たとえば，信用秩序を維持するために，各金融機関がどれだけ負担（直接的な資金負担以外にもリストラなども含まれる）をするかという問題を考えてみよう。信用秩序の維持は公共財であり，各金融機関は安定的な信用システムによって大きなメリットを受ける。ある金融機関が破綻すると，何らかの支援をしない限り，信用秩序の維持が困難になるとしよう。各金融機関はどれだけの支援＝負担（救済合併や融資なども含む）をするだろうか。それぞれの金融機関にとってもっとも都合が良いのは，破綻した金融機関の処理が他の金融機関の負担で行われることである。このとき，自らは懐を痛めることなく，信用秩序の維持というメリットを享受できる。

　具体的な金融破綻が表面化するたびに，他の金融機関のうちでどれがどれだけの支援をするかをそのつど裁量的に決める奉加帳方式では，上でのコミットのないケースと同じであり，金融システム全体としての不良債権の処理が遅れて，金融不安も長期化する。1990年代に金融不安の処理が長期化したのも，破綻処理のメカニズムについてきちんとしたルールが存在しなかったことが大きい。これに対して，最初からある透明なルールを設定して，それにしたがって不良債権の処理を進める場合には，各金融機関は最初からある程度思い切った負担やリストラを受け入れやすく，結果として，早期に信用秩序の安定化につながる。

例題12.7

1990年代以降のわが国マクロ政策の課題について説明せよ。

　1990年代以降の経済環境が厳しいからこそ，早めに構造改革に目途をつける意義も大きい。減税と歳出の効率化や民間金融の活性化による財政・金融両面での小さな政府を実現して民間経済を再生させるためには，改革のスピードを加速させる方が望ましいだろう。歳出の効率化によって財政再建のメリットが増加するから，財政構造改革の収束目標を早めに達成する方が，理論的にももっともらしい。

　金融システムでの不良債権の処理も同様の点があてはまる。早めに，破綻金融機関の処理を終わらせて，ビッグバンの目途をつける方が，信用秩序の安定性のためにも，また，日本経済の活性化のためにも望ましい。たとえば，財政改革の最終目標年度やペイオフの開始年度を前倒しすることも検討に値する。そうした拘束の強化によってはじめて，財政制度や金融市場の効率化が進展するだろう。しかし，現実の構造改革の実施状況をみると，目先の小さな利益を最優先する形で，逆方向への懸案先延ばしの圧力が支配的である。

　こうした長期的な視点を重視する政策が実施できるかどうかは，政治の指導力がどの程度あるかにもかかっている。民主主義の制度では，政治の主人公は国民である。国民が長期的な視点も考慮して賢明な政治的意思を表明し，それにしたがって政府が政策を適切に決定しているならば，予想外のショックにも適切に対応できるような裁量的な政策，市場の失敗への適切な介入，あるいはマクロの不安定性を緩和するケインズ政策にもそれなりのメリットはある。しかし，現実の政治の意思決定に問題があるとすれば，次善の選択として，透明なルールにコミットして，政府の裁量的な政策を発動せず，なるべく市場を信頼するという方向が，よりメリットを生むだろう。

問 題

◆12.10 わが国の公共投資政策について説明せよ。

◆12.11 以下の文章のうちで正しくないものはどれか。
（ア）ハーベイ・ロードの立場では，政府が最適に経済政策を決定していると考える。
（イ）公共選択の理論では，現実の政治過程を利害関係者の調整の場として考える。
（ウ）新古典派的な立場では，小さな政府や規制の緩和を重視する。
（エ）ケインズ的な立場では，景気対策よりも規制の緩和を重視する。
（オ）市場が失敗しても政府も失敗すると予想されるときには，政策的な介入はかならずしも望ましくない。

◆12.12 政府が失敗する例としてもっともらしいのは，以下のうちでどれか。
（ア）アメリカの外圧に配慮して，不必要な景気刺激政策を採用した。
（イ）選挙が近いので，無駄な公共投資を拡大した。
（ウ）予想外のショックが起きたので，適切な対応がとれなかった。
（エ）民間部門が政府頼みの姿勢をとっているので，構造改革が遅れた。
（オ）景気循環の転換点を適切に認識できなかったので，景気対策が遅れた。

（→解答は p.293）

問題解答

■第1章 マクロ経済学とマクロ経済

- 1.1 一般，部分
- 1.2 （オ）。（ア）はマクロ経済学の分析対象。（イ）はミクロ経済学の分析対象。（ウ）ケインズ経済学はマクロ経済学の代表的なモデルである。（エ）新古典派モデルの方が，ミクロ的基礎を重視する。
- 1.3 （オ）。ルーカスは合理的期待形成仮説によって，1995年に受賞した。
- 1.4 （エ）。所得税を差し引くのは正しい計算に含まれる。他の項目は，引き算と足し算が逆になっている。
- 1.5 （ウ）。これは，国民所得勘定の恒等式にもとづく。（ア）は正しい文章であるが，生産と所得との関係ではない。（イ）（エ）も（オ）も同様に正しい記述ではあるが，問題文とは直接には関係しない。
- 1.6 （イ）。純投資がゼロであることは，粗投資と資本減耗が等しいことを意味する。資本減耗分だけの投資が行われた。
- 1.7 （ア）。二重計算を回避することは重要であるが，付加価値の計算も同様に重要である。
- 1.8 実質GDPは，名目GDPを物価水準で割ったものに等しい。

$$実質\text{GDP} = \frac{名目\text{GDP}}{物価水準}$$

したがって，実質GDPの変化率は名目GDPの変化率から物価水準の変化率を差し引いたものになる。この数値例では，それぞれの変化率はともに5%であるから，実質GDPは一定になっている。

- 1.9 327.7−324.3＝3.4 したがって，物価の上昇率は$\frac{3.4}{324.3}=1.05\%$となる。
- 1.10 （オ）。実質GDPが減少するのは，生産された財・サービスの物理的な量が減少した（ア）か，一般物価水準が増加して，実質的に生産された付加価値が減少した（イ）か，いずれ

か，あるいはその両方である。
- 1.11　名目GDPは10%上昇した。物価水準も10%上昇した。したがって，実質GDPは一定のままであった。
- 1.12　$3-2.4=0.6$，0.6%増加した。

■第2章　乗数モデル

- 2.1　価格，数量，不況
- 2.2　（オ）。地価はケインズ・モデルではあまり問題とされない。これは通常のマクロ・モデルでは，生産要素として土地を明示的に考慮しないからである。
- 2.3　（ウ）と（エ）。ヒックスはケインズ・モデルに明快な解釈を与えて，IS-LMの枠組みを構築した。サムエルソンは，ケインズ・モデルを拡張して，新古典派総合の考え方を発展させた。ルーカスはケインズ・モデルを批判して，合理的期待形成のマクロ・モデルを構築した。
- 2.4　限界貯蓄性向は，$\dfrac{250-50}{2000-1500}=0.4$したがって，限界消費性向は$1-0.4=0.6$となる。
- 2.5　消費，0，1，平均，限界，平均
- 2.6　$0.8\times0.8\times10000=6400$，6400円。
- 2.7　（ウ）。限界消費性向は，0.8で一定。しかし，平均消費性向は，$\dfrac{100}{Y}+0.8$であるから，所得とともに逓減する。
- 2.8　乗数は，$\dfrac{1}{1-\frac{2}{3}}=3$となる。GDPを完全雇用にもっていくには

　　$1500-1200=300$

だけ増加させる必要がある。したがって，そのために必要となる政府支出の増加幅は

　　$\dfrac{300}{3}=100$

となる。

- 2.9　（オ）。平均消費性向は，$\dfrac{300}{500}=0.6$であるが，限界消費性向や限界貯蓄性向がいくらかは，これだけの情報ではわからない。したがって，乗数もわからない。
- 2.10　（エ）。財市場で需要が増加したケースであるから，在庫が減少し，生産=所得は増加する。
- 2.11

  （1）財市場の均衡条件より

  　　$80+0.6Y+10+30=Y$

これより Y を求めると，

$Y=300$

（2）乗数は

$$\frac{1}{1-0.6}=2.5$$

である。政府支出が30だけ増加するから，GDP は

$30\times 2.5=75$

だけ増加する。

◆ 2.12　（エ）。投資であれ，消費であれ，政府支出であれ，外生的にある需要が変化する場合に，それが GDP をどれだけ変化させるかその大きさが，乗数である。

◆ 2.13　総需要が均衡 GDP よりも小さいので，意図せざる在庫が増加する。

◆ 2.14　減税乗数の公式に0.75を代入すると，

$$\frac{0.75}{1-0.75}=3$$

減税乗数は3である。したがって，20の減税によって GDP は60だけ増加する。つまり，新しい GDP は

$180+60=240$

となる。

◆ 2.15　税率が0.25であるから，20の所得の増加は15の可処分所得の増加に等しい。したがって，消費は

$15\times 0.8=12$

だけ増加する。

◆ 2.16　50兆円の所得の増加は$20=50\times 0.6$兆円の可処分所得の増加をもたらす。したがって，

$20\times 0.8=16$

16兆円の消費の増加をもたらす。

◆ 2.17　財市場の均衡条件より

$Y=20+0.90\,(Y-100)+50+100$

したがって

$Y=800$（均衡 GDP）

$C=20+0.9\,(800-700)=650$（消費量）

となる。

◆ 2.18　$s=1-c$ だから

$$\frac{1}{1-(1-s)(1-t)}=\frac{1}{t+s\,(1-t)}$$

となる。

- ◆ 2.19　（ア）。公共投資乗数が減税乗数よりも1だけ大きいのは，公共投資が直接GDPの需要項目に入っていることを反映している。
- ◆ 2.20　（イ）
- ◆ 2.21　税収，財政赤字，限界消費性向（あるいは限界貯蓄性向），1
- ◆ 2.22　（イ）。減税すれば，GDPは増加するから，消費も増加する。

■第3章　*IS-LM* 分析

- ◆ 3.1　（ウ）。（ア）（エ）（オ）は取引需要である。（イ）は予備的需要と呼ばれている。
- ◆ 3.2　（イ）。利子率が高いので，貨幣の資産需要は減少する。取引需要も小さいから，貨幣需要が全体として小さい。貨幣を節約するために，貨幣の流通速度は大きくなっている。
- ◆ 3.3　増加，減少，利子率，右下がり，流動性選好
- ◆ 3.4　（イ）。*IS* 曲線は，財市場が均衡する利子率とGDPの任意の組合せである。
- ◆ 3.5　（ウ）。利子率の上昇はあまり投資需要を抑制しない。少なくとも，利子率が低下することで投資が減少するとは考えられない。法人税の増加は投資抑制要因であるが，ケインズ的な立場ではあまり重要視しない。
- ◆ 3.6　財，GDP，右下がり，緩やか，急
- ◆ 3.7　（ウ）。限界消費性向は，消費関数の形を決めるパラメーターである。消費関数は財市場の均衡条件には効いているが，貨幣市場の均衡条件とは無関係である。したがって，消費関数の大きさは *LM* 曲線とは関係がない。また，政府支出も財市場の均衡条件とのみ関係する。政府支出が増加すると，*IS* 曲線は左方に100だけシフトするが，*LM* 曲線はシフトしない。
- ◆ 3.8　（イ）。（ア）*LM* 曲線は右下方にシフトする。（イ）物価の上昇で実質的な貨幣供給が減少した。（ウ）*LM* 曲線は右下方にシフトする。（エ）*LM* 曲線は水平になる。（オ）財市場の均衡と *LM* 曲線とは無関係である。
- ◆ 3.9　減少，下落，増加，右上がり
- ◆ 3.10　財，貨幣，完全雇用
- ◆ 3.11

　（1）財市場の均衡条件より

　　　$Y = 200 - 20r + 0.8Y$

　　　$Y = 1000 - 100r$

　これが *IS* 曲線である。

　（2）貨幣市場の均衡条件より

　　　$100 = 0.4Y - 20r$

$Y=250+50r$

これが LM 曲線である。

(3) IS, LM 2つの式を連立させて，Y と r について解くと

$Y=500$, $r=5$

となる。

◆ 3.12 （オ）
◆ 3.13 （イ）。LM 曲線が右下方にシフトする。
◆ 3.14 （ア）。投資需要の外生的な増加は，政府支出の増加と同様に，IS 曲線を右上方にシフトさせる。

■第4章　財政金融政策

◆ 4.1　増税政策によって IS 曲線は左下方にシフトする。したがって，GDP は低下し，利子率も低下する。しかし，45度線の乗数モデルが想定している場合よりは，GDP の減少の幅は大きくない。その理由は，利子率の低下が投資需要を刺激するからである。
◆ 4.2　（エ）。クラウディング・アウト効果に対応している。
◆ 4.3　（エ）。IS 曲線が右上方にシフトする効果である。
◆ 4.4　資産，増加，刺激
◆ 4.5　（ウ）。消費に対する資産効果は，IS 曲線をシフトさせる効果であり，IS 曲線の傾きには影響しない。
◆ 4.6　IS 曲線は

$Y=1000-100r+0.05B$

LM 曲線は

$Y=250+50r-0.1B$

これらの B に1000を代入して Y を求めると，

$Y=450$

また，1100を代入して Y を求めると

$Y=445$

すなわち，均衡所得は450から445へと5だけ減少する。

◆ 4.7　（ウ）。（ウ）以外の要因は，IS 曲線をシフトさせる。
◆ 4.8　（ウ）。LM 曲線のシフトを押さえることが有効である。貨幣需要の増加に併せて貨幣供給を増加させれば，LM 曲線はシフトしない。したがって，GDP と利子率はいままでと同じになる。
◆ 4.9　（ウ）。拡張的な財政金融政策が望ましい。
◆ 4.10　（エ）。消費が拡大すると，IS 曲線は右上方にシフトする。縮小的な財政金融政策が望

ましい。
- 4.11 利子率の低下が消費を刺激して，GDP を拡大する効果が加わる分だけ，IS 曲線の傾きはより緩やかになる。したがって，LM 曲線をシフトさせる金融政策の効果は，そうでない場合よりも大きくなる。
- 4.12 （ア）。（イ）（ウ）（エ）は貨幣供給を減少させる。（オ）は貨幣供給とは無関係。
- 4.13 （ウ）。公債の購入（買いオペ）で，貨幣供給は増加する。
- 4.14 （エ）

貨幣乗数は $\dfrac{1}{\text{法定準備率}\, x}$ だから，

$$4 = \dfrac{1}{x}$$

より

$$x = 0.25$$

したがって，

$$40000 \times 0.25 = 10000$$

となる。

- 4.15 （エ）。準備率の引き下げで，準備金は減少する。その結果，貨幣供給は増加する。
- 4.16 利子率が上昇するので，債券価格は低下する。
- 4.17 貨幣の取引需要の減少で，同じ利子率と GDP のもとで生じる貨幣需要は減少する。したがって，LM 曲線は右下方にシフトする。IS 曲線が通常の右下がりの形状をもっているとすれば，GDP は増加し，利子率は低下する。

■第5章　失業とインフレーション

- 5.1 （エ）。失業手当をもらっている人は失業者に含まれる。雇用されていない人であっても，かならずしも求職活動をしているとは限らない。
- 5.2 （ア）。労働者の能力が市場で必要とされるものと合わないときの失業が，構造的な失業である。
- 5.3 限界生産，限界費用，増加，物価水準，貨幣錯覚
- 5.4 （ア）。（イ）物価が上昇すれば，実質賃金は減少するので，労働需要は増加する。（ウ）（エ）労働投入が増加すると，生産は増加するが，その限界生産は低下する。（オ）総供給曲線は，物価と GDP のプラスの関係を示す。
- 5.5 （オ）。総需要曲線が上方にシフトすると，物価の上昇と GDP の増加が起きる。
- 5.6 マイナス，プラス，財，労働
- 5.7 （ア）。IS 曲線が垂直であれば，物価の変動で LM 曲線がシフトしても，GDP は変化し

ないので，総需要曲線も垂直になる．*LM* 曲線が垂直であれば，物価の変動で *LM* 曲線は左右にシフトするから，総需要曲線は右下がりとなる．逆に，*LM* 曲線が水平であれば，物価が変動しても *LM* 曲線はシフトしないから，総需要曲線は垂直になる．

◆ 5.8 （イ）．完全雇用になると，賃金は上昇する．完全雇用は望ましい状態だから，中央銀行がとくに政策的に介入する必要性はない．

◆ 5.9 総供給曲線，均衡 GDP，労働，財政政策

◆ 5.10 $Y=10$, $p=1$

◆ 5.11 （ウ）．デマンド（需要）インフレは需要の増大によるインフレを意味する．

◆ 5.12 （エ）．生産性の上昇（物価下落要因）と貨幣供給の増加（物価上昇要因）がバランスしていれば，物価は上昇しない．

◆ 5.13 （エ）．賃金の上昇は物価上昇要因，生産性の上昇は物価下落要因である．

◆ 5.14 （ア）

◆ 5.15 （ウ）．（イ）名目利子率＝実質利子率＋期待インフレ率．（オ）期待インフレ率は貨幣供給が増加している場合には，プラスになる．

◆ 5.16 貨幣錯覚，賃金率，GDP，トレード・オフ

■第6章 開放経済

◆ 6.1 非居住者，統括，経常，資本

◆ 6.2 （エ）．経常収支の赤字は，国内経済が外国から消費を上回る資金需要を調達することを意味する．輸入は輸出よりも大きくなる．国内消費の一部は政府消費である．政府が税収以上に消費している場合には，国債を発行して誰かから借り入れる必要がある．外国の投資家の国債購入も政府の財政赤字の資金調達の源である．その部分は，経常収支の赤字に反映されている．経常収支の赤字＝財政収支の黒字＋民間の貯蓄投資差額　の関係がある．民間の貯蓄投資差額が赤字であれば，外国からの資金で経常収支の赤字と財政赤字とは両立可能である．

◆ 6.3 （イ）

◆ 6.4 GDP は減少する．

◆ 6.5 （ア）．GDP は増加するから，その点からは輸入も増加する．しかし，限界輸入性向の低下自体は輸入を減少させる．したがって，輸入が最終的に増加するか減少するかは不確定となる．

◆ 6.6　単純なケースでの乗数が4であるから，限界消費性向は0.75になる．したがって，税制と輸入を考慮した乗数は，

$$\frac{1}{1-0.75+0.75\times 0.2+0.05}=2.22$$

となる．

◆ 6.7　(エ)。限界輸入性向は限界消費性向よりも小さい。

◆ 6.8　(エ)。輸入は GDP と正に相関している。輸出は GDP とは独立である。したがって，純輸出は GDP とは負に相関している。為替レートの上昇は，円安を意味する。円安は輸出を刺激して，輸入を抑制する。したがって，純輸出を刺激する。

◆ 6.9　上昇，資本流入，増加，一定，増加

◆ 6.10　財政政策で完全雇用を実現することはできるが，金融政策を併用することで国際収支の均衡と完全雇用とを同時に達成することはできない。これは，金融政策を完全雇用の実現に用いたとしても，同じである。完全雇用を実現すると，それ以上 GDP を変化させようがない。したがって，国際収支をさらに変化させるためには，為替レートを調整するしかない。

◆ 6.11　(ウ) 以外のすべて。限界輸入性向がプラスである限り，開放経済の乗数の方が小さくなる。

◆ 6.12　純輸出，一致，不変

◆ 6.13　円安を防止するには，円に対する需要を増加させる必要がある。貨幣供給量を抑制して，金利を上昇させると，円での投資の収益が上昇するから，円に対する需要（外国からの資本流入）を刺激して，円高の圧力をもたらす。

◆ 6.14　(ウ)。資本移動がゼロであれば，財政政策の効果は無効にならない。外国からの波及効果を隔離する効果がある。

◆ 6.15　(ア) 財市場の均衡条件より

$$Y = 10 + 0.8Y + 20 + 10$$
$$Y = 200$$

(イ) 乗数は5だから，10だけ政府支出が拡大すると，Y は50増加して，250になる。なお，e が純輸出をゼロにするように決定されている。

◆ 6.16　増加，減少，政策協調

◆ 6.17　(ア)。2国モデルでは，自国政府は利子率を動かせる。自国の GDP が増加すれば，相手国の GDP を増加させる効果があるので，閉鎖経済と同じ乗数になる。

◆ 6.18　外国が協力政策をとる場合は自国は非協力政策をとる方が利益が大きい。また，外国が非協力政策をとる場合も自国は非協力政策をとる方が利益が大きい。したがって，自国は非協力政策をとる。同じことは，外国の政策決定でもあてはまるから，外国も非協力政策をとる。これが，均衡になる。しかし，もしお互いに協力政策をとるなら，お互いに非協力政策をとる場合よりも，どちらの国も得をする。これは，ゲーム論では「囚人のディレンマ」と呼ばれる現象であり，政策協調の必要性と同時にその実現の困難さを示している。

◆ 6.19　短期的には価格は硬直的である。同じ財について国際間で価格の差があったとしても，短期的にはそれは解消されないだろう。購買力平価仮説は，価格の調整が完全に行われる環境で成立する。

◆ 6.20　為替レートの変動と実質利子率の変動は，現実のデータでみてもよく妥当している。たとえば，1980年代のアメリカは高金利であったが，外国からの投資をひきつけた。ドルへの需要が増加し，ドル高の要因になった。

◆ 6.21　短期資金は金利の高いところへ動く。また，円安が予想されるならば，金利が同じであっても資金は日本からアメリカに動く。さらに，貿易収支の黒字の国から赤字の国へも動く。

◆ 6.22　(イ)。短期よりも長期の方がよくあてはまる。

◆ 6.23　(イ)。途上国の高い失業や発展計画のまずさは長期的な現象であり，それが累積債務問題の直接の原因ではない。労働の限界生産が低下したという証拠はない。腐敗も直接の原因ではない。途上国では資本は過剰ではない。1980年代の高金利は外国から資本を借りる際の費用を上昇させて，それに世界的な不況の影響が重なった。

■第7章　経済成長モデル

◆ 7.1　$\dfrac{0.2}{4}=0.05$。すなわち，5％となる。

◆ 7.2　(ウ)。(イ) 必要資本係数は一定である。(エ) 支出成長率は低くなる。(オ) 一致するとは限らない。

◆ 7.3　資本，労働，需要，適正，在庫

◆ 7.4　(ア) 適正成長率の式より

$$G_w=\dfrac{0.3}{v}$$

また，適正成長率 G_w が労働増加率0.06に等しいから

$$0.06=\dfrac{0.3}{v}$$

$$v=5$$

(イ) 労働分配率が0.6だから資本の分配率は0.4になる。資本の収益率 r は

$$0.4=\dfrac{rK}{Y}$$

より

$$r=\dfrac{0.4}{5}=0.08$$

となる。

◆ 7.5　支出，適正，支出，適正

◆ 7.6　(エ)。自然成長率は労働供給と技術進歩で与えられるが，どちらも外生的とみなされている。

◆ 7.7　(エ)。必要資本係数や貯蓄率は一定を想定している。

◆ 7.8 すべて正しい。
◆ 7.9 自然成長率，一定，低下
◆ 7.10 (ア)。貯蓄が増加するような財政政策であれば，資本・労働比率は上昇する。
◆ 7.11 資本の弾力性は0.4である。したがって，5％の資本の成長は
　　　　0.05×0.4＝0.02
　つまり，2％の生産の増加となる。
◆ 7.12 (ウ)
　ハロッド・ドーマー・モデルが示すように，資本係数と成長率とは負の関係がある。
◆ 7.13 1990年代まで急速に経済成長を遂げてきた東アジアの諸国について，成長会計を実証分析した代表的な文献に，1995年に出版されたヤングの研究がある。それによると，香港，シンガポール，韓国，台湾の1960年から1990年までの30年間の経済成長を例にとると，平均年率ほぼ10％前後のうち，技術進歩の貢献分は2％程度かそれ以下であり，きわめて小さい。いいかえると，これらの国では労働人口の急激な上昇と製造業を中心とする資本蓄積によって経済成長が支えられてきた。彼の実証研究は，高い経済成長がかならずしも高い技術革新の結果ではないことを示している。
◆ 7.14 (ウ)。技術進歩はデータで扱いにくいので，残差で推計している。

■第8章 経済成長と貯蓄，投資

◆ 8.1 インフレの予想に対応して，いまのうちに消費を増加させるだろう。完全雇用の状態では，資本蓄積は抑制される。貯蓄の減少は資金供給を抑制して，利子率を上昇させ，設備投資を抑制する。経済成長は低下する。
◆ 8.2 (エ)。消費は所得の増加関数であり，利子率の減少関数と考えられる。また，今期の消費からの限界消費性向は1よりも小さい。したがって，これらの条件を満たすものは，(エ)である。
◆ 8.3 (オ)。ケインズ的な消費関数では一時的な所得と恒常的な所得を区別しないで，今期の所得が増加すれば，消費も増加すると考えている。
◆ 8.4 (オ)
◆ 8.5 上昇，下落，上昇，大きく
◆ 8.6 (イ)。わが国の貯蓄率は，1970年代の半ばにもっとも高い水準を記録した。
◆ 8.7 (ア)。いずれの投資も，利子率とは負に関係している。
◆ 8.8 (イ)。利子率の上昇で採算のとれる投資が減少するので，資本蓄積も抑制される。
◆ 8.9 (オ)

■第9章　内生的成長モデル

- 9.1　(ア)。ソロー・モデルでは長期的に成長率は収束すると考えられる。しかし、現実のデータではこれは必ずしも成立しない。この点を説明しようとするのが、内生的成長モデルである。
- 9.2　消費・貯蓄、資本の限界生産、低下、ソロー
- 9.3　(ウ)(オ)(ア)(イ)(エ)
- 9.4　(ウ)。AK モデルは内生的成長モデルのもっとも単純な枠組みであり、外生的に労働供給が増加しなくても、長期的に経済が成長可能である。
- 9.5　低下、抑制、増加、刺激、高い、大きい
- 9.6　(ウ)(エ)。人的資本の蓄積と物理的な資本の蓄積とは、プラスの相関関係がある。
- 9.7　(オ)。人口増加率はかなり高い。
- 9.8　(オ)。かならずしも途上国の平均的な姿で判断する限り、格差は縮小していない。
- 9.9　(オ)。一般的にいえば、政治的な自由度と経済成長との相関はあまりない。しかし、ある程度経済が成長すると、政治的な自由度は経済成長にプラスになる。

■第10章　マクロ・ダイナミックス

- 10.1　4、拡張期、縮小期
- 10.2　(オ)。景気循環はマクロ的な現象であるから、ある程度規則性をもっているが、現実のそれぞれの具体的な景気循環では、いろいろな環境変化が異なるために、きれいな規則性は観察されにくい。
- 10.3　(ア)。設備投資はもっとも大きな規模の投資であるが、在庫投資の方が景気循環の過程ではより大きな変動を示している。
- 10.4　生産能力の上限、生産能力、上昇、停滞
- 10.5　(イ)。(ア)(ウ) 乗数過程のみでは発散しない。(エ) 安定的であっても、投資変動と組み合わせることで、景気循環のモデルに有用である。(オ) 自律的に回復する可能性は排除できない。
- 10.6　サムエルソンのモデルは、以下のように定式化される。

$$C_t = bY_{t-1}$$
$$I_t = v\ (C_t - C_{t-1})$$
$$Y_t = C_t + I_t$$

ここで、C は消費、I は投資、Y は GDP である。最初の式は、消費が前期の所得の一定割合であることを意味し、次の式は投資が消費の増加に対応することを意味する。前者は乗数に、後者は加速度原理に相当する。これら3式より

$$Y_t = b(1+v)Y_{t-1} - bvY_{t-2}$$

となる。

　この式は Y に関する2階の定差方程式であり，b, v のパラメーターの値が大きければ，サイクルを伴いながら発散する経路が得られる。

◆ 10.7　市場，効率，対抗政策
◆ 10.8　（ア）。実物的循環理論では，金融政策とは別の実物要因で循環が生まれる。
◆ 10.9　（ア）。（ウ）サムエルソンのモデルが示すように，パラメーターの大きさ次第で，内生的な循環が生じることも生じないこともある。
◆ 10.10　（オ）。（ア）現在の配当水準以上に将来の配当の予想が重要な要因である。（イ）（エ）いずれも株価を下落させる。
◆ 10.11　需要，崩壊，無限数
◆ 10.12

（ア）$\dfrac{100}{0.05} = 2000$

（イ）$\dfrac{100}{0.05 - 0.03} = 5000$

つまり，株価は3000だけ上昇する。

◆ 10.13

（ア）$\dfrac{50}{0.03 + 0.02} = 1000$，理論値は1000である。

（イ）$2000 - 1000 = 1000$，バブルの大きさは1000である。

■第11章　中立命題とマクロ政策の有効性

◆ 11.1　（ア）。政府の異時点間の予算制約式より，税収の現在価値は政府支出の現在価値に等しい。公債の中立命題は，財政赤字のマクロ効果を無効にし，世代間の再分配効果も無効にする。
◆ 11.2　世代，支払い，再分配
◆ 11.3　（ア）財政収支は均衡（イ）財政黒字（ウ）財政赤字（エ）財政赤字（オ）財政収支は均衡
◆ 11.4　（イ）。物価や賃金が過大であるから超過供給にある。したがって，物価や賃金が十分に下落すれば，完全効用が実現し，財市場も均衡すると考える。
◆ 11.5　（ア）。緊縮的な財政政策であっても，供給が変化しない以上，実質生産も実質総需要も変化しない。物価水準は下落するが，実質利子率は一定になる。
◆ 11.6　（オ）。政府支出の乗数効果は1以下になる。場合によってはマイナスになり得る。減税の乗数効果はゼロである。

- 11.7　一括固定税，超過負担，外生
- 11.8　（エ）。クッション政策は，GDP刺激政策ではない。GDPを所与として，その下でのミクロ的な悪影響を小さくする政策である。
- 11.9　（ウ）。大震災は一回限りの大きなショックであるから，クッション政策の適用すべき例である。
- 11.10　（ウ）。新古典派の世界では短期的に供給が一定である限り，実質のGDPも変化しない。消費性向の下落で総需要が減少する分だけ，物価水準は下落するが，実質のGDPは一定となる。
- 11.11　完全雇用が実現しているから，潜在的な実質GDPが増加する場合のみ，実質GDPは増加する。したがって，潜在的なGDPを増加させる供給側でのプラスの効果が生じた場合である。また，物価水準も上昇しているから，総需要も増加しているはずである。潜在的なGDPの増加以上の大きさで総需要が増加している場合に，実質GDPの増加とともに物価の上昇もみられる。
- 11.12　（ア）
- 11.13　（ア）。新古典派の理論では，価格と賃金の伸縮性と合理的な期待形成を前提としている。伸縮的な価格と賃金の調整によって，常にGDPは総供給と等しい。総需要の変動は何らGDPを変化させない。政策の変化は，名目価格や名目賃金を変化させるが，実質GDPや実質賃金を変化させない。
- 11.14　（イ）。新古典派の立場では供給が対象であり，ケインズ的な立場では需要が対象になる。
- 11.15　労働者，ミクロ，雇用
- 11.16　（イ）。労働意欲が実質賃金とプラスに相関するので，労働市場で失業がある場合でも，単純に賃金は下がらないと考える。
- 11.17　（ウ）。貯蓄のパラドックスは，ケインズ経済学の大きな特徴である。新古典派モデルでは，貯蓄性向の上昇は，物価水準の低下をもたらすのみである。

■第12章　マクロ経済政策と政策当局

- 12.1　（イ）。政府支出が資源配分を民から官に振り返ることで，無駄な支出が増加する懸念がある。
- 12.2　（イ）。自然失業率よりも現実の失業率が大きい場合は，まだ賃金は上昇するから，インフレ懸念は否定できない。
- 12.3　裁量的な，実施，効果
- 12.4　（イ）。金融政策が緊縮的であり，財政政策が拡張的であれば，対立しやすい。
- 12.5　与党，中位投票者，同じ

◆ 12.6 （ア）（イ）（ウ）（オ）は政権獲得目的，（エ）は党派的な目的

◆ 12.7 （ア）。（エ）政治的に不安定な国ほど，財政赤字は多くなっている。

◆ 12.8 公債，公債，短期，公債

◆ 12.9 政党が政権獲得のみを目的として行動している場合には，政治的な理由で景気循環の振幅が大きくなる。政治的なバイアスが経済的には必要のないショックを生み出すことで，国民経済にも大きなコストをもたらす。また，党派的な目的を政党がもっている場合には，政権交代自体が政治的なショックであり，マクロ経済に大きな撹乱をもたらす。したがって，いずれの目的を政党がもっている場合でも，政党の裁量のもとで経済政策が変更できるとすれば，政治的なショックの市場経済に与えるコストは大きい。その意味では，政権交代があっても，政党の政策にある程度制約を与えるようなルールを構築することに，それなりの意味がある。憲法など容易に変更できない法律上の制約のなかで，財政，金融政策の基本的な枠組みを設定することは，こうした意味で有益である。

◆ 12.10 わが国の場合，ケインズ的な需要面での公共投資の刺激策により大きな関心が向けられてきた。事実，1990年代の度重なる景気対策でもみられるように，これまで景気対策としてもっとも重要視されてきたのが，補正予算での公共投資拡大政策であった。このような需要面での公共投資の有効性をはかる指標が，公共投資乗数である。第2章でも説明したように，公共投資乗数は，1兆円の公共投資によって何兆円のGDP（＝国内総生産）が増加するかを表す大きさであり，これは需要面からの公共投資の刺激効果の大きさを測っている。

ところが，この乗数の値が最近ではかなり小さくなっている。経済企画庁のマクロ・モデルによると，高度成長期には4から5程度もあった乗数が，最近では1を少し上回る程度に低下している。事後的なデータでみる限り，1990年代に入っての度重なる積極的財政政策も，目立った効力を発揮しておらず，景気対策の有用性が疑問視されるようになってきた。したがって，需要サイドからの公共投資の拡大のメリットは小さくなっている。

◆ 12.11 （エ）。（エ）ケインズ政策では，総需要の管理が最大の関心事である。

◆ 12.12 すべてもっともらしい。

索引

あ行

アヴェイラビリティー 194
アナウンスメント効果 85
アニマル・スピリッツ 191, 194, 195
安定的な信用システム 277
暗黙の契約の理論 258

遺産 189, 239
　――動機 240
異時点間の代替効果 244
1次同次 172
一物一価の法則 153
一括固定税 250
一般均衡分析 2
一般均衡モデル 61
意図せざる在庫 163
インフレ課税 251
インフレ期待 117
インフレ供給関数 117
インフレ供給曲線 109
インフレ需要関数 117
インフレ需要曲線 109

売りオペ 85

円高 154
　――のメリット・デメリット 154

黄金律 212

か行

大きな政府 40, 274
オークン係数 109
オークンの法則 109
卸売物価指数 14

買いオペ 85
外部経済 210
価格上昇の効果 93
価格政策 84
価格調整 17
家事サービス 9
活動水準 5
株価 231
株式市場 195
　――での企業の効果 192
株式のマーケット・ファンダメンタルズ 231
貨幣供給 45
　――の増加 78
　――のメカニズム 83
　――量の変化 225
貨幣錯覚 92
貨幣市場 56
　――の均衡 56, 69
　――の増大 57
貨幣需要の利子弾力性 67, 68
貨幣乗数 78
貨幣数量説 46
貨幣的循環の理論 225

貨幣の機能　43
貨幣の信用乗数　83
貨幣の信用創造乗数　83
貨幣の中立性　250
貨幣の利子弾力性　56, 59
貨幣の流通速度　46
為替レート　125, 152
　　——のランダム・ウォーク　153
完全雇用国民所得　61
完全雇用財政赤字　38

技術進歩　173, 179, 202
　　——の外部性　202
基準金利　85
期待インフレ率　117
キッチン循環　216
キャピタル・ゲイン　9
教育投資　202, 210
供給サイド　244
均衡国民所得　19
均衡雇用量　92
均衡循環理論　22
均衡成長　161
均衡予算乗数　37
　　——の定理　37
金融収支　127
金融政策　78, 84, 166, 173
　　——の効果　45, 84
　　——の効果（小国のケース）　141

クズネッツ仮説　211
クラウディング・アウト効果　71
　　政府支出の——　67, 69

景気循環　215, 216
景気対策の政策的な含意　220
景気の回復　220
景気の反転　220
景気の山・谷・周期　215
景気を反転させる要因　220
経済成長率　181
経済全体の活動水準　215

経常勘定　125
経常収支の不均衡　125
ケインズ, J. M.　3
ケインズ・モデル　2
ケインズ経済学　43
　　——の基本的な立場　17
　　——の総需要管理政策　61
限界支出性向　27
限界消費性向　21, 27
限界生産　91
限界生産力逓減　92
限界貯蓄性向　21
限界投資性向　35
減税乗数　32, 38
建設循環　216

公開市場操作　85
交換　43
公共資本　203
公共選択の理論　276
公債　238
　　——のクッション政策　250
　　——の発行　73, 252, 271
恒常所得　182
恒常所得仮説　182
　　——の前提　182
構造的な財政赤字　71
公定歩合　84
公的年金政策　237
購買力平価説　152
効率的賃金仮説　258, 261
合理的期待形成　250, 260
合理的な個人　248
合理的バブル　232
高齢化社会　189
固定為替レート制　125
国際収支表　125
国内総固定資本形成　13
国内総生産（GDP）　3, 7, 10
国民所得　50, 51, 56
国民総生産（GNP）　3, 10
コンドラチェフの波　216

索引　295

さ 行

在庫循環　216
在庫投資　191
財市場　50
　　——と貨幣市場の両方の均衡　61
　　——の均衡　69, 130, 160
　　——の均衡条件　28
　　——の需要と供給が一致する条件
財政政策　111, 166, 173
　　——の経済成長率に与える影響　203
　　——の効果　137, 140
　　——を考慮した適正成長率　166
最適課税問題　252
最適成長モデル　197
再分配効果　238
サムエルソン, P. A.　3
3面等価の原則　8

時間選好率　182, 188
資産価格の一般理論　231, 232
　　——の変動　231
資産効果　73
資産需要　43
支出成長率　160
市場価格表示の国民所得　15
市場の不完全性　2
自然失業率　108
自然成長率　161
実質賃金の水準　261
実質賃金率　92
実質利子率　117
実物的循環理論　225
自発的失業　113
シフト・パラメーター　51
資本　172
　　——の限界生産　191
　　——の限界費用　192
資本移動　136, 140, 147
資本勘定　125
資本収支　127
資本ストックの成長　179

資本取引　127
収穫逓減　172
住宅投資　191
需要　17
　　——の外部性　259
純額　7
循環的な財政赤字　71
準備率の逆数　86
準備率の操作　85
純輸出　130
乗数　3, 27
　　——と設備投資との相互作用　219
乗数過程　219
消費関数　21, 50
消費者物価指数　14
所得　8
所得格差　210
所得再分配　210
新古典派成長モデルでの生産関数　172
新古典派総合　3
新古典派的なマクロ経済学　4
新古典派の成長理論　172
新古典派の投資理論　191
　　——の便法　192
新古典派のマクロ・モデル　244
新古典派モデル　2, 145
　　——での長期均衡　197
人的資本としての労働供給　202
新マネタリスト　251
信用創造　83, 86
　　——の乗数　86
信用秩序の維持　277

数量　17
数量政策　84
数量調整　17
ストック調整原理による投資理論　192
ストックの指標　242

税金の減額　19
政権獲得目的　270
政権交代　270

政権の維持　272
政策の遅れ（ラグ）　265
生産関数　91
生産要素間の代替　172
政治経済の経済理論　276
政治的景気循環論　270
税制の自動安定化機能　33
成長会計　177
成長率　204
　――の収束　197
政党の行動原理　270
政党の目的関数　270
政府支出　30, 51, 246, 271
　――拡大　67
　――乗数　38
　――の外国貿易乗数　130
　――の拡大　19
　――のクラウディング・アウト効果　67, 69
政府の収支　73
政府の予算制約　37, 73
世代会計　239
世代間の再分配政策　237
世代間での公債発行　238
世代間の資産の移転　189
設備投資　191
設備投資循環　216
全要素生産性　177, 179

総供給関数　93
総資産蓄積水準　47
総需要関数　99
総需要管理政策　63
総需要曲線　99
租税関数　32

た 行

対外資産負債残高表　128
体系の安定性　74, 173, 276

小さな政府　40, 274, 276
中位投票者　273

　――定理　270
中間財　11
貯蓄美徳仮説　187, 188
貯蓄率　181

積立方式　237

定常状態　174
適正成長率　160, 162

動学的に非効率なケース　212
動学的不整合性　268
　――の問題　266
投機的需要　43
投資　191～193, 219
　――の2面性　159
　――の限界効率　50, 191, 194
　――の限界費用　191, 194
　――の最適水準　194
　――の利子弾力性　51, 68
投資関数　50
投資係数　160
党派的　272
　――景気循環論　271
　――目的　270
トービン効果　173
トービンのq　192, 195
ドーンブッシュ・モデル　145
富の蓄積手段　43
取引需要　43
ドルの維持可能性　153
トレード・オフの関係　119

な 行

内生的循環モデル　225
内生的な成長モデル　197, 202
内生的な労働供給　202
内部・外部労働者　258
ナイフの刃　161, 163

ニュー・ケインジアン　258

ネットの負担　239
年金政策　237

は 行

パーシェ指数　14
配当仮説　231
ハイパワード・マネー　83
バブル　231
バローの議論　239
バローの中立命題　239, 241
ハロッド・ドーマーの成長理論　159

東アジアの奇跡　200
非自発的失業　63
ヒステレシスの理論　259
ヒックス, J. R.　3
必要資本係数　159, 162

ファンダメンタルズ　153
フィッシャーの交換方程式　46
フィリップス曲線　108

ビルト・イン・スタビライザー　33
付加価値　7
賦課方式　237
物価指数　14
負の貯蓄　189
部分均衡分析　2
フリードマン, M.　3
　──の長期均衡　121
フローの概念　7
フローの指標　242
分配　8

平均消費性向　21
平均貯蓄性向　21
ペソ問題　232
変動為替制度の隔離効果　140
変動為替レート制　125

法定準備率　85
ボーナス仮説　186

補助金　19

ま 行

マークアップ原理　108
マイナスの生産活動　8
マクロ・バランス　37
マクロ一般均衡　110
マクロ経済学　1
マクロ指標　13
マクロの貯蓄　37
マクロの投資　37
摩擦的失業　113
マンデル・フレミングの命題　140
　──のモデル　136

ミクロ経済学　1
ミクロ的基礎　2
民間消費　30
民間投資　30

無限数のゲーム　232

名目利子率　117
メニュー・コスト　259

や 行

有効需要の原理　3, 27

要素表示の国民所得　15
預金準備率　83, 86

ら 行

ライフサイクル仮説　186
ラスパイレス指数　14

リカードの中立命題　238, 242
利子裁定式　152
利子率　50, 51, 56
リスク・プレミアム　231
利他的な選好　239
流動性選好仮説　43
流動性選好表　44, 45

流動性の制約　182
流動性のわな　45, 59, 67

累積債務問題　154
ルーカス，R. E. Jr　3, 4
ルールか裁量か　265

労働　172
労働意欲　261
労働供給の定式化　92
労働市場　92
　──の均衡　92
労働人口の成長　179
労働分配率　15

欧　字

AK モデル　202
GDP　3, 7, 10
GDPデフレーター　14
GNP　3, 10
IS-LM 分析　50
IS 曲線　50, 69, 73
Jカーブ効果　155
LM 曲線　56, 69, 73
NDP　7, 15

著者紹介

井堀 利宏（いほり としひろ）

1952年　岡山県に生まれる
1974年　東京大学経済学部卒業
1980年　ジョンズ・ホプキンズ大学Ph.D.
現　在　東京大学大学院経済学研究科教授

主要著書

『演習財政学』（新世社, 1995）
『公共経済の理論』（有斐閣, 1996）
『日本の財政改革』（ちくま新書, 1997）
『基礎コース 公共経済学』（新世社, 1998）
『経済学演習』（新世社, 1999）
『経済学で読み解く日本の政治』（東洋経済新報社, 1999）
『入門マクロ経済学 第2版』（新世社, 2003）
『入門ミクロ経済学 第2版』（新世社, 2004）
『財政学 第3版』（新世社, 2006）
『入門経済学 第2版』（新世社, 2007）
『財政 第3版』（岩波書店, 2008）
『コンパクト経済学』（新世社, 2009）

マクロ経済学演習

2000年6月10日ⓒ　　　初版発行
2010年7月25日　　　　初版第5刷発行

著　者　井堀利宏
発行者　木下敏孝
印刷者　加藤純男
製本者　関川安博

【発行】　株式会社　新世社
〒151-0051　東京都渋谷区千駄ヶ谷1丁目3番25号
☎(03)5474-8818(代)　サイエンスビル

【発売】　株式会社　サイエンス社
〒151-0051　東京都渋谷区千駄ヶ谷1丁目3番25号
営業☎(03)5474-8500(代)　振替　00170-7-2387
FAX☎(03)5474-8900

印刷　加藤文明社　　製本　関川製本所

≪検印省略≫

本書の内容を無断で複写複製することは，著作者および出版者の権利を侵害することがありますので，その場合にはあらかじめ小社あて許諾をお求め下さい。

ISBN 4-88384-013-1

PRINTED IN JAPAN

サイエンス社・新世社のホームページのご案内
http://www.saiensu.co.jp
ご意見・ご要望は
shin@saiensu.co.jp　まで．